GERMINAL CIVIKOV

SREBRENICA.
Der Kronzeuge

BRENNPUNKT OSTEUROPA

PROMEDIA

Bibliografische Information der Deutschen Bibliothek
Die Deutsche Bibliothek verzeichnet diese Publikation in
der Deutschen Nationalbibliografie; detaillierte bibliografische
Daten sind im Internet über http://dnb.ddb.de abrufbar.

© 2009 Promedia Druck- und Verlagsgesellschaft m.b.H., Wien
Homepage: www.mediashop.at
Alle Rechte vorbehalten
Lektorat: Martin M. Weinberger
Umschlaggestaltung: Gisela Scheubmayr
Buchgestaltung: Peter Redl
Druck: AZ Druck und Datentechnik GmbH
Printed in Germany
ISBN 978–3–85371–292–4

Germinal Civikov

SREBRENICA
Der Kronzeuge

Inhaltsverzeichnis

EINFÜHRUNG

Am 25. August 2003 trat der bosnische Kroate Dražen Erdemović vor dem Jugoslawien-Tribunal in Den Haag als Zeuge
der Anklage im Prozess gegen den ehemaligen jugoslawischen
Präsidenten Slobodan Milošević auf. Als Angehöriger einer
Spezialeinheit der bosnisch-serbischen Armee soll Erdemović
am 16. Juli 1995 gemeinsam mit sieben weiteren Angehörigen
seiner Einheit auf der Branjevo-Farm bei dem nördlich von Srebrenica gelegenen Dorf Pilica in Bosnien 1000 bis 1200 bosnisch-muslimische Zivilisten erschossen haben. Milošević hatte sich u.a. wegen Völkermords an den bosnischen Muslimen
zu verantworten, und Erdemovićs Zeugenaussage galt diesem
Völkermord, der in den Tagen nach dem Fall von Srebrenica am
11. Juli 1995 an mehreren Orten, so auch auf dem Gelände der
Branjevo-Farm bei Pilica, verübt worden sein soll. Die Aussage Erdemovićs gab keinerlei Anhaltspunkte für die Frage, ob
und inwiefern Milošević dafür verantwortlich war. Erdemović
bestätigte lediglich, dass der Massenmord auf der Branjevo-
Farm tatsächlich stattgefunden hatte. Für die persönliche Verantwortung Miloševićs hingegen hatte die Anklage weitere Beweise in Aussicht gestellt. Diese ist sie uns bis heute schuldig
geblieben. Das besondere Gewicht der Aussage von Erdemović
ergab sich allerdings daraus, dass er der einzige unmittelbare
Täter ist, der im Zeugenstand eine Massenerschießung von bosnisch-muslimischen Zivilisten durch Angehörige der bosnisch-
serbischen Armee bestätigte. Aufgrund seines 1996 abgelegten
Geständnisses wurde Erdemović 1997 vom Haager Tribunal zu
5 Jahren Haft verurteilt. Nach dreieinhalb Jahren war er wieder
auf freiem Fuß. Ein Kronzeuge, dessen Aussage auch in mehreren Prozessen vor und nach dem Milošević-Prozess verwendet
wurde, in denen es um eine Anklage des Völkermordes an den
bosnischen Muslimen nach dem Fall von Srebrenica ging.

Die Aussage von Erdemović am 25. August 2003, die ich
aufmerksam beobachtet habe, erschien mir sehr problematisch.
Es ist einfach unmöglich, in kaum 5 Stunden 1200 Menschen
auf die vom Zeugen dargestellte Art und Weise zu erschießen.
Das konnte man sich an den Fingern einer Hand ausrechnen,
aber die Richter ließen keinen Zweifel an dieser Zahl erkennen.

Mehrere Fragwürdigkeiten ergaben sich auch im Kreuzverhör, das dem Angeklagten Milošević unter großen Einschränkungen zugestanden wurde. Auf seine Hinterfragungen reagierten die Richter mit wachsender Nervosität, sie ließen manche Fragen gar nicht zu und drängten den Angeklagten, sein Kreuzverhör schnell zu beenden. Dabei dürfte es kein Problem sein, diese Fragwürdigkeiten aufzuklären, denn der Zeuge hatte alle seine Mittäter mit Vor- und Familiennamen genannt. Als aber Milošević die Frage stellte, wie es sich der Zeuge erkläre, dass nur er allein sich für dieses Massaker auf der Branjevo-Farm verantworten müsste, schnitt ihm der Richter das Wort ab. Das sei keine Frage für den Zeugen, sagte der Richter Richard May. Der Angeklagte hatte offensichtlich eine sehr empfindliche Stelle der Anklagebehörde des Tribunals berührt.

Ist das nicht merkwürdig? Es ist die Rede vom schlimmsten Verbrechen in Europa nach dem 2. Weltkrieg, das vom Tribunal als Völkermord eingestuft wurde, doch die Frage nach den anderen Tätern eines der größten Massaker innerhalb dieses Verbrechens darf nicht einmal gestellt werden? Ich nahm mir vor, alle zugänglichen Dokumente zum Fall Erdemović aufmerksam zu studieren, und meine Lektüre war von wachsendem Staunen begleitet. Seine Darstellung des Massenmords auf der Branjevo-Farm ist in ihren zahlreichen Varianten dermaßen widersprüchlich und inkonsistent, dass man sich bei fortgesetzter Lektüre immer öfter fragt, was sie mit all ihren offensichtlichen Unglaubwürdigkeiten eigentlich verbergen will. Vergeblich sucht man auch nach einer Erklärung für die Tatsache, dass die Richter, die Erdemović in mehreren Verfahren als Zeugen anhörten, kein einziges Mal seine Glaubwürdigkeit angezweifelt haben und nur ein einziges Mal die Frage stellten, ob der Ankläger nicht auch die Mittäter von Erdemović verhören und anklagen will.

Dražen Erdemović wurde am 3. März 1996 in Serbien festgenommen und schon beim ersten Verhör durch die jugoslawische Justiz am 6. März 1996 nannte er die Namen seiner sieben Mittäter, wie auch den Namen seines Kompaniechefs, auf dessen Befehl der Massenmord verübt worden sein soll. Von der jugoslawischen Justiz wurde zügig ein gerichtliches Verfahren gegen Erdemović eingeleitet, doch schon am 30. März wurde er dem Tribunal in Den Haag ausgeliefert, wo er als Angeklagter und später als Zeuge der Anklage in mehreren anderen Verfahren die Namen seiner Mittäter immer wieder aufzählte. Bis auf den heutigen Tag aber wurde keine dieser Personen als Täter angeklagt oder als Zeuge einvernommen. Das vorliegende Buch ist die Suche nach einer Erklärung dafür.

Nach der ersten Anhörung seines Geständnisses am 31. Mai 1996 in Den Haag wurde Erdemović auf ungewisse Zeit für vernehmungsunfähig erklärt, da er an posttraumatischen psychischen Störungen litt. Schon am 5. Juli 1996 trat aber der Vernehmungsunfähige als Zeuge der Anklage in der Anhörung gegen Karadžić und Mladić auf. Mit der Aussage von Erdemović begründeten die Richter den internationalen Haftbefehl gegen die zwei bosnisch-serbischen Bösewichte. War das vielleicht der Grund, weshalb sie für die manifeste Unglaubwürdigkeit dieser Aussage blind waren? Zugleich drängt sich die Frage auf, ob selbst dieser eine Täter vor dem Tribunal erschienen wäre, wenn nicht schon vorher die jugoslawische Polizei ihn verhaftet und die jugoslawische Justiz ein Verfahren gegen ihn eingeleitet hätte.

Dass in diesem Buch mehr Fragen gestellt als beantwortet werden, hat seine Gründe. Transparenz ist nicht gerade die größte Tugend des Jugoslawien-Tribunals. Was sich in den zahlreichen „halbgeschlossenen" und „ganz geschlossenen" Gerichtssitzungen unter Ausschluss der Öffentlichkeit zugetragen hat, ist nur wenigen bekannt. Und was sich am 16. Juli 1995 auf der Branjevo-Farm tatsächlich ereignet hat, würden wir erst wissen, wenn alle Täter verhört würden. Doch gerade das wurde und wird nicht getan. Bekanntlich ist aber die gut gestellte Frage bereits die halbe Antwort. Eines dürfte allerdings klar sein: In seiner Wahrheitssuche und Wahrheitsfindung verfährt das Jugoslawien-Tribunal nicht so, wie man es in unserer rechtsstaatlichen Tradition erwarten würde. Würde man es in einem normalen Strafverfahren akzeptieren, dass ein Richter einen Täter aufgrund seines Geständnisses zu einer extrem milden Strafe verurteilt, seine Mittäter aber nicht einmal verhört? Würden sich dann nicht alle Medien auf diesen Richter stürzen und unbedingt wissen wollen, was es damit alles auf sich hat? Will dieser Richter vielleicht die Aussage des Geständigen nicht durch die Aussagen seiner Mittäter in Gefahr bringen? Oder steckt viel mehr dahinter? Haben vielleicht diese Täter etwas zu erzählen, das die Öffentlichkeit nicht wissen darf? Werden hier vielleicht Täter in Schutz genommen, anstatt sie strafrechtlich zu verfolgen?

Im Fall Erdemović will aber auch die Öffentlichkeit dies alles offensichtlich nicht wissen und jubelt, dass ein gewisser Radovan Karadžić endlich diesem Richter vorgeführt und möglichst zu einer lebenslänglichen Strafe verurteilt wird. Im anstehenden Karadžić-Prozess wird Dražen Erdemović vermutlich wieder einmal aus seiner zweiten und beschützten Identität für die Dauer einer Gerichtssitzung heraustreten, um als beschützter und unsichtbarer Zeuge der Anklage zum vierten Mal über die Erschießung von 1200 bosnisch-muslimischen Zivilisten auf der Branjevo-Farm auszusagen. Der Gegenstand dieser Aussage gilt mittlerweile beim Tribunal als „established truth beyond a reasonable doubt", d.h. als eine etablierte Wahrheit, die nicht mehr zur Debatte steht. Sie zu hinterfragen wäre sinnlos. Tun wir es trotzdem.

Für die kritische Durchsicht des Manuskripts und für zahlreiche wertvolle Vorschläge bin ich Prof. Werner Sauer (Graz) zu herzlichem Dank verpflichtet.

Zur Zitierweise: Der Ursprung sämtlicher Zitate aus Gerichtsprotokollen und außergerichtlichen Vernehmungen ist aus dem Quellenverzeichnis zu entnehmen. Bei Zitaten aus Gerichtsprotokollen verweisen Ziffer und Seitenzahl auf die Dokumente (Transcripts), die das Jugoslawien-Tribunal in englischer Sprache auf seiner Internet-Seite zugänglich gemacht hat. Bei Zitaten aus den außergerichtlichen Vernehmungen – es handelt sich um öffentlich nicht zugängliche „Interviews" der Ermittler der Anklagebehörde des Tribunals mit Erdemović in zweisprachiger Ausfertigung – wird immer das Datum und in Klammern die Seitenzahl der englischen und serbokroatischen Sprachvariante angegeben. Relevante Auszüge aus diesen Dokumenten sind in der Beilage vorhanden. So weit wie möglich erfolgt die deutsche Übersetzung der Zitate aus der serbokroatischen Vorlage und nicht aus ihrer englischen Übersetzung.

Germinal Civikov

Den Haag, im Dezember 2008

„PROFIS WAREN WIR, KEINE SÖLDNER"

Unter diesem Titel erschien in der bosnisch-serbischen Zeitung *Nezavisne Novine* vom 21. November 2005 ein in mehrerer Hinsicht bemerkenswertes Interview. Der Mann, der als Profi und nicht als Söldner in die Geschichte eingehen will, ist Milorad Pelemiš, Kommandant einer Einheit der bosnisch-serbischen Armee (VRS), die unter dem Namen „10. Sabotageeinheit" im Sommer 1995 tatsächlich Geschichte machte. Aus dem Interview erfährt man ferner, dass besagter Milorad Pelemiš nicht untergetaucht ist, sondern ungestört mit Frau und Sohn in Belgrad ein normales Leben führt. Zum Interview trifft man sich in der Kneipe „Kod Ćike" in Novi Beograd. Auf die Frage, ob seine Adresse auch den Ermittlern des Haager Tribunals bekannt sein dürfte, antwortet Pelemiš, das sei ganz gewiss der Fall, aber darüber brauche er sich keine Sorgen zu machen.

Den Namen Milorad Pelemiš als Kommandanten der 10. Sabotageeinheit der bosnisch-serbischen Armee (VRS) bringt als Erster der bosnische Kroate Dražen Erdemović in die Öffentlichkeit, der als Angehöriger dieser Einheit schon 1996 vor mehreren Medien und zwei Justizbehörden ein grausiges Geständnis ablegt. Am 16. Juli 1995 habe er auf der Branjevo-Farm beim Ort Pilica in Bosnien, auf der Schweine für die VRS gezüchtet wurden, an der Erschießung von 1200 gefangenen bosnischen Muslimen aus Srebrenica teilgenommen. Dabei erwähnt er namentlich weitere sieben Angehörige dieser Einheit, die an der Erschießung teilgenommen hätten, und den Namen seines Vorgesetzten, eben Milorad Pelemiš, von dem der Befehl für die Erschießung der Gefangenen ergangen sein soll. Wie viele davon er persönlich erschossen habe, wisse er nicht genau, es müssten aber, sagt er, zwischen 70 und 100 gewesen sein. Aufgrund seines Geständnisses, nach dem er nicht nur an einem Massenmord teilgenommen, sondern auch persönlich Massenmord begangen hatte, wurde Erdemović vom Jugoslawien-Tribunal in Den Haag schließlich am 5. März 1998 zu gerade fünf Jahren verurteilt, von denen er überdies tatsächlich nur dreieinhalb Jahre absitzen musste. Mit seiner Verurteilung aber wurde die Geschichte von den 1200 exekutierten muslimischen Zivilisten der wichtigste direkte Beweis für ein Kriegsverbrechen, das vom Jugoslawien-Tribunal zum „Völkermord an den bosnischen Muslimen" erklärt wurde. Der Kommandant der 10. Sabotageeinheit der VRS, Milorad Pelemiš, der diesen Massenmord angeordnet haben soll, lebt ungestört in Belgrad und gibt Interviews für die Presse. Carla del Ponte, die langjährige Chefanklägerin des Tribunals, war anscheinend dermaßen mit der Jagd auf Karadžić und Mladić beschäftigt, dass sie für Pelemiš offenbar nicht einmal soviel Interesse aufbringen konnte, um ihn auch nur als Zeugen zu verhören. Im Interview gibt sich Pelemiš jedenfalls ganz unbesorgt:

NN: Haben die Haager Ermittler Sie verhört?
Pelemiš: Nein, niemals.
NN: Ob sie denn Ihre Adresse kennen?
Pelemiš: Wahrscheinlich kennen sie meine Adresse. Sie ist
    ja gar kein Geheimnis. (…)
NN: Fürchten Sie Den Haag?
Pelemiš: Nein. Warum sollte ich?[1]

Wir können aber weiter staunen. Dražen Erdemović ist nach wie vor der einzige Zeuge, der als Täter den Beweis für den Mord an 1200 muslimischen Zivilisten liefert, obgleich er als Angeklagter und später als Zeuge der Anklage in mehreren Strafverfahren beim Tribunal die Namen seiner Mittäter laut und deutlich nennt. Es sind dies Franc Kos, Marko Boškić, Zoran Goronja, Stanko Savanović, Brano Gojković, Aleksandar Cvetković und Vlastimir Golijan. Alle diese Namen sind der Anklagebehörde des Tribunals jedenfalls seit Anfang 1996 vertraut. Dem Protokoll zufolge erfahren die Richter von dieser merkwürdigen Angelegenheit bei der Anhörung am 19. November 1996 nach einer direkten Frage an den Ankläger Harmon, ob Erdemović bezüglich der Verbrechen, über die er ausgesagt hatte, auch die Identität der Täter bekannt gegeben habe. Harmon darauf:

Harmon: Immer, wenn ihm die Identität der Täter bekannt
    war, hat Herr Erdemović sie uns mitgeteilt. Der verant-
    wortliche Offizier der Einheit, der den Mord in Srebre-
    nica befohlen hat, ist Leutnant Pelemiš, der die Leitung
    der 10. Sabotageeinheit hat. Die Namen der Angehörigen
    der Exekutionsgruppe, die am Vorfall vom 16. (Juli 1995,
    d. A.) auf der Farm beteiligt waren, hat uns auch Herr

---

[1] „Bili smo profesionalci, a ne plaćenici" („Fachleute waren wir, keine Söldner"), in: *Nezavisne Novine* (Banja Luka), 21.11.2005.

Erdemović gegeben; der Anführer dieser Gruppe war Brano Gojković. Die anderen Angehörigen waren Aleksandar Cvetković, Marko Boškić, Zoran Goronja, Stanko Savanović, Vlastimir Golijan, Franc Kos, und er selber, Dražen Erdemović. Nun, die 10. Sabotageeinheit stand unter dem Kommando von Oberst Salapura. (3, S.209f.)[2]

Dennoch basiert die Anklage gegen Dražen Erdemović nur auf seinem Geständnis. Die Anklagebehörde hat bis auf den heutigen Tag keinen seiner Mittäter verhört, obgleich die meisten gar nicht untergetaucht sind. Über den Mord an 1200 Menschen, von acht Tätern auf der Branjevo-Farm begangen, kennen wir bis heute nur die Darstellung des Dražen Erdemović.

Aufgrund seines Schuldbekenntnisses wurde Dražen Erdemović zunächst im November 1996 zu 10 Jahren Haft verurteilt. Die Richter haben also seine Darstellung des Massenmordes als wahr angenommen. Eine andere Darstellung gibt es nicht. Bei der Anhörung von Dražen Erdemović 1996 waren übrigens die Richter noch erstaunt, dass die Anklagebehörde keine weiteren Täter vorzuführen hatte. Warum begnüge sich der Ankläger nur mit der Aussage dieses einen Täters, wollte der vorsitzende Richter Jorda wissen. Wo seien die anderen? Man solle sich keine Sorgen machen, es werde daran gearbeitet, beschwichtigte der Ankläger damals die Richter. (3, S.174f.) Die Frage des Richters Jorda wurde von Seiten des Tribunals kein zweites Mal gestellt. Bis heute nicht.

Acht Jahre später, im April 2004, wurde in Peabody bei Boston, USA, der bosnische Kroate Marko Boškić festgenommen. Ihm wurde vorgeworfen, im betrunkenen Zustand einen Verkehrsunfall verursacht und danach Fahrerflucht begangen zu haben. Aufgrund eines Tipps an die Justizbehörden von Massachusetts stellte man aber auch fest, dass Boškić im bosnischen Bürgerkrieg als Angehöriger einer berüchtigten Einheit der bosnisch-serbischen Armee gekämpft hatte, was er aber verschwieg, als er 1996 in München die Formulare zu seinem Emigrationsantrag in die USA ausgefüllt hatte. Boškić hat also falsche Angaben zu seiner Person gemacht, ein in den USA schweres Vergehen, das mit mehreren Jahren Gefängnis ge-

---

[2] Ziffer und Seitenzahl verweisen auf die im Quellenverzeichnis angeführten Gerichtsprotokolle (Transcripts) des Jugoslawien-Tribunals.

ahndet wird. Überdies sei er 1995 an einem Massenmord bei Srebrenica beteiligt gewesen. Schnell konnte festgestellt werden, dass Boškić einer der von Erdemović erwähnten acht Mittäter bei der Massenexekution auf der Branjevo-Farm war. Gegenüber Ermittlern der FBI gestand Boškić voll und ganz seine Mittäterschaft an diesem Massaker. Als aber Journalisten beim Tribunal von der Anklagebehörde wissen wollten, ob diese nicht die Überführung von Boškić nach Den Haag beantragen werde, hieß es, man sei eine überlastete Institution mit geringer Kapazität, nein, danke. Man müsse sich auf die „großen Fische" unter den Kriegsverbrechern beschränken, erklärte am 27. August 2004 Anton Nikiforov, Sprecher der Anklagebehörde des Tribunals.[3] Ein Mittäter am Mord von 1200 Menschen soll kein großer Fisch sein? Warum will die von Carla Del Ponte geleitete Anklagebehörde des Jugoslawien-Tribunals keinen der Mittäter von Dražen Erdemović verhören, geschweige denn anklagen?

Stellen wir uns vor, acht Halbstarke in Amsterdam prügeln einen Penner zu Tode und werfen ihn anschließend in die Gracht. In seiner Gewissensnot meldet sich später einer der Täter bei der Polizei, gesteht die Tat, nennt seine Mittäter und wird mit einer milden Strafe belohnt. Von seinen Mittätern will aber die Justiz nichts wissen. Man stelle sich einmal vor, wie in so einem Fall Politiker und Medien über die Justizbehörden herfallen würden. Im Falle Erdemović aber geht es seiner Aussage zufolge um den Mord an 1200 Menschen! Was ist das für eine Justizbehörde, die sich „Internationales Tribunal für die Kriegsverbrechen im ehemaligen Jugoslawien" nennt und behauptet, Kriegsverbrechen nach internationalen Standards strafrechtlich zu belangen? Ohne Wahrheit keine Gerechtigkeit, heißt es. Wie ist es bei diesem Tribunal um die Wahrheitssuche bestellt, die, so sagt man, die Grundlage aller Rechtsprechung ist?

In seinem Interview behauptet Milorad Pelemiš u.a., er sei bei dem Massenmord am 16. Juli 1995 nicht dabei gewesen. Er habe nichts davon gewusst, er habe in einem Krankenhaus gelegen, das lasse sich leicht überprüfen. Dražen Erdemović bestätigt zwar die Abwesenheit von Pelemiš beim Massaker,

---

[3] „Peabody Man Won´t Face UN Tribunal", in: *The Boston Globe*, 28. August 2004.

behauptet aber, dieser habe als Kommandant den Befehl zur Erschießung der Gefangenen gegeben. Marko Boškić behauptet vor den Justizbehörden in Boston, einen Tag vor dem Massaker habe Pelemiš ihm die Pistole an die Stirn gesetzt und ihn so gezwungen, sich dem Exekutionskommando anzuschließen.[4] Dies ist nur einer von Dutzenden Widersprüchen, die im Geständnis von Dražen Erdemović auftauchen, sobald man es mit einer anderen Darstellung abgleicht.

Was genau ist am 16. Juli 1995 auf der Branjevo-Farm beim Ort Pilica vorgegangen? Wer gab den Auftrag zur Erschießung der muslimischen Gefangenen? Wie wurde das Erschießungskommando rekrutiert? Wie wurde die Erschießung durchgeführt? Wie hoch ist die Zahl der Opfer? Wer war alles an diesem Verbrechen als Täter beteiligt und was ist die individuelle Verantwortung eines jeden einzelnen? Wie verläuft die so genannte Kommandolinie? Um auf diese Fragen auch nur annähernd zu antworten, müsste man an erster Stelle möglichst alle Beteiligten vernehmen. Aufgrund dieser Ermittlungen würde man dann vom Tribunal auch erwarten, alle Täter strafrechtlich zu verfolgen. Stattdessen begnügt sich das Tribunal allein mit dem Geständnis dieses Dražen Erdemović, dessen Glaubwürdigkeit überdies sehr fragwürdig ist, wie wir noch reichlich sehen werden, und erhebt dann dieses Geständnis in den Rang der endgültig festgestellten Wahrheit. Was geht hier als Wahrheitsfindung und Rechtsprechung eigentlich vor sich?

Die Geschichte des Dražen Erdemović

Geboren 1971 im Dorf Donja Dragunja bei Tuzla, besucht Dražen Erdemović eine Berufsschule, die er als Schlosser absolviert. Seinen Beruf hat er aber nie ausgeübt. Im Dezember 1990 wird er zum Militärdienst einberufen, wird in der Marschall-Tito-Kaserne in Belgrad zum Militärpolizisten ausgebildet und verrichtet seine Militärpflicht im zerfallenden Jugoslawien als Militärpolizist in der Region Vukovar. Nach einem Jahr regulären

---

4   „War crimes suspect charged in Boston", in: *The Boston Globe*, 27. August 2004.

Militärdienstes und weiteren vier Monaten als Reservist kehrt Erdemović im März 1992 nach Hause zurück. Danach fängt es auch in Bosnien zu gären an. Bosnische Muslime, Serben und Kroaten bewaffnen sich und stellen eigene Verbände auf. Im Mai kommt es zu den ersten Zusammenstößen und die Jugoslawische Volksarmee (JNA), zu dieser Zeit immer noch die einzig legitime bewaffnete Kraft in der Bundesrepublik Bosnien und Herzegowina, schickt Dražen Erdemović einen Einrückungsbefehl, dem er nicht Folge leistet. Er wollte in keine Armee mehr einrücken und an keiner Seite Krieg führen, erklärt Erdemović dazu wiederholt am 19. und 20. November 1996 vor den Richtern in Den Haag. Im Mai 1992 bekommt er auch einen Einberufungsbefehl von der muslimisch kontrollierten Armee von Bosnien und Herzegowina (ABiH), dem er Folge leistet. Er musste es tun, sagt er, er habe keine andere Wahl gehabt. Im Herbst 1992 wird in Tuzla auch eine Armee der bosnischen Kroaten aufgestellt (HVO), und Erdemović tritt sofort in sie über. Man bietet ihm den Dienst eines Militärpolizisten an, wozu er schon in der JNA ausgebildet worden war. Er wollte es nicht, erklärt Erdemović. Er wollte dem Krieg so fern wie nur möglich bleiben. Als Militärpolizist konnte er aber hinter der Frontlinie bleiben und lediglich an Checkpoints Dienst tun. Krieg führen und auf Menschen schießen wolle und wollte er nicht, beteuert er mehrmals. Als Militärpolizist der HVO habe er, Dražen Erdemović, außerdem vielen Serben geholfen, sich zu retten. Von Natur aus ein guter Mensch, habe er serbischen Zivilisten aus Tuzla und Umgebung geholfen, in die Republika Srpska zu fliehen. Bei einer dieser Hilfeleistungen wird er allerdings erwischt und kommt in Untersuchungshaft. Es droht ihm eine Gefängnisstrafe. Eine kurzfristige Haftunterbrechung benutzt er, um sich im November 1993 mit seiner serbischen Frau in die Republika Srpska abzusetzen. Auf die Frage der Richter, weshalb er aus der bosnisch-kroatischen Armee (HVO) desertiert sei, erklärt Erdemović bei seiner Anhörung in Den Haag am 19. November 1996:

> *Erdemović:* Weshalb ich die HVO verlassen habe? Deshalb, weil sie mich festgenommen haben, als ich einer Gruppe serbischer Zivilisten, die meisten davon Frauen und Kinder, geholfen habe. Soldaten der HVO haben mich festgenommen, sie haben mich geschlagen, als hätte ich die

ganze Welt ermordet. Ich habe Frauen und Kindern geholfen, deshalb. (3, S.189)

Als Kroate unter Serben habe er aber in der Republika Srpska
keinerlei Rechte gehabt und sei sich des Lebens nicht sicher gewesen. Auch für den Lebensunterhalt wäre kein Geld mehr da
gewesen. Daher habe er sich im April 1994 der bosnisch-serbischen Armee (VRS) angeboten. Er habe es nicht gewollt, sagt
er erneut. Er habe einfach keine andere Wahl gehabt. Man hätte
ihn auf der Straße festnehmen und zu einem kroatischen Spion
erklären können, er habe sein Leben retten wollen, er habe an
Frau und Kind denken müssen. Bei der Militärbehörde in Bijeljina habe man ihm eine kleine Einheit vorgeschlagen, die aus
lauter Kroaten, Muslimen und einem Slowenen bestanden habe,
wo er am besten aufgehoben wäre. So sagt er in seinem bisher
letzten Zeugenauftritt am 4. Mai 2007 Folgendes:

> *Erdemović*: Bevor ich ankam, hörte ich, dass in Bijeljina
> eine Einheit formiert wurde, die aus Kroaten, Muslimen
> und einem Slowenen zusammengestellt war, also ging
> ich zu der Militärverwaltung in Bijeljina und sie waren
> einverstanden, dass es für mich das Beste wäre, mich
> dieser Einheit anzuschließen, weil es in dieser Einheit
> andere Leute meiner ethnischen Zugehörigkeit gab, und
> so kam es zu meiner Entscheidung, mich dieser Einheit
> anzuschließen. (9, S.10933f.)

In aller Deutlichkeit äußert sich Erdemović zu der ethnischen
Zusammenstellung seiner Einheit auch als Zeuge der Anklage
im Milošević-Prozess 2003:

> *Milošević:* Wie war die nationale Struktur Ihrer Einheit, sa-
> gen Sie es mir, denn aus dem, was Sie hier gesagt haben,
> habe ich verstanden, dass es eine multinationale Abtei-
> lung war.
> *Erdemović:* Ja. Am Anfang gab es in dieser Einheit nur Kro-
> aten, einen Muslim, einen Slowenen, die... Diese Kro-
> aten haben Serben geholfen, aus Tuzla in das von der
> bosnisch-serbischen Armee kontrollierte Gebiet zu gelan-
> gen. Nachher, im Oktober, wurde die Einheit vergrößert
> und dann traten in sie Serben aus allen Teilen der Repub-
> lika Srpska ein. (8a, S.25186, 8b, S.322)[5]

---

[5]   Die Ziffern 8a und 8b verweisen auf die englischsprachige bzw. auf die
serbokroatische Sprachvariante des Gerichtsprotokolls im Milošević-Prozess (s. Quellenverzeichnis).

Eine merkwürdige Einheit der bosnisch-serbischen Armee fürwahr, in die Erdemović eintritt. Diese Einheit habe hauptsächlich Aufklärungsaufträge im feindlichen Hinterland durchgeführt. Er habe sich beim Kommandanten dieser Einheit gemeldet und dieser habe sich bei anderen Kroaten über ihn erkundigt. Die hätten ihn als eine gute und ehrenwerte Person beschrieben. Daraufhin habe ihn dieser Kommandant angenommen und ihm gleich auch den Dienstrang eines Sergeanten verliehen. So ist Dražen Erdemović in die 10. Sabotageeinheit der VRS geraten. Unter diesem Kommandanten sei alles OK gewesen, sagt Erdemović. Im Oktober 1994 aber habe Leutnant Milorad Pelemiš das Kommando übernommen, er habe zahlreiche Serben in die Einheit aufgenommen und dem Nationalismus Tür und Tor geöffnet. Als ein Kroate sei Erdemović alsbald in Konflikt mit Pelemiš und mit Oberst Petar Salapura geraten. Dieser habe als Chef der Aufklärung der VRS den Befehl über die 10. Sabotageeinheit geführt. Als Kommandant einer Gruppe habe Erdemović einen Einsatz nicht durchgeführt, weil dieser zu Opfern unter der Zivilbevölkerung geführt hätte, was er auf keinen Fall riskieren habe wollen. Auch mehrere bosnische Soldaten wären umgekommen, und eigene Verluste hätte es genauso gegeben. Also habe Erdemović den Einsatz abgeblasen und in einem Rapport die Gründe dargelegt. Einige Tage später sei Oberst Salapura gekommen, er habe Erdemović als einen Lügner beschimpft und ihm den Rang abgenommen.

> *Erdemović:* Einige Tage später traf Oberst Salapura vom Hauptquartier ein. Er war der höchste Aufklärungsoffizier im Generalstab. Wir, ich und andere anwesende Kommandeure, wurden zu einem Treffen eingeladen, bei dem es hauptsächlich um mein Verhalten und um das von gewissen anderen Personen ging. Sie warfen mir vor, zu lügen, dass ich mich nicht so benehmen dürfe, dass ich einen Gefangenen hatte gehen lassen, dass ich das Leben eines Gefangenen gerettet hatte (das ist der Mann, der heute als Zeuge aussagen wird), dass ich Befehle verweigere, usw. Daher wurde ich degradiert. (3, S.182f.)

Zu einem einfachen Soldaten degradiert, habe Erdemović alle möglichen Schikanen seitens seiner Vorgesetzten erleiden müssen. Am 10. Juli 1995 habe seine Einheit einen Einsatzbefehl erhalten. Wohin der Einsatz führen werde, habe man ihn als einfachen Soldaten nicht wissen lassen. Erst als man am Einsatzort angekommen war, habe er erfahren, dass es um die Einnahme von Srebrenica ging. Man habe in der Stadt höchstens 100 Zivilisten angetroffen. Vor dem Einmarsch habe der Kompaniechef Pelemiš den Befehl erteilt, auf keine Zivilisten zu schießen und sich nicht an der Zivilbevölkerung zu vergehen.

> *Erdemović:* Ja, es gab den Befehl, dass wir den Zivilisten nichts antun sollten, dass Soldaten Zivilisten nichts antun sollten. So, wie ich es zu der Zeit sehen konnte, schossen keine Soldaten auf Zivilisten, die sich ergeben hatten. (3, S.183f.)

Dennoch habe Pelemiš eine Weile später einem Soldaten befohlen, auf offener Straße einem jungen muslimischen Mann die Kehle durchzuschneiden, nur weil dieser im wehrfähigen Alter war. Einige Tage später habe Erdemović erneut einen Einsatzbefehl bekommen. Am 16. Juli 1995 in der Früh habe ihn der Kommandant Brano Gojković aufgefordert, sich einer Gruppe von weiteren sieben Soldaten anzuschließen und dem Wagen eines ihm unbekannten Oberstleutnants zu folgen. Erneut habe Erdemović keine Ahnung gehabt, wohin dieser Einsatz führe und was er beinhalte. Erst am Ankunftsort auf einer Farm beim Dorf Pilica habe der Kommandant Gojković wissen lassen, was der Auftrag war: Man werde gefangene Zivilisten aus Srebrenica erschießen, die gleich in Bussen ankommen würden. Erdemović habe sich dem heftig widersetzt. Ob sie denn verrückt seien, habe er gerufen. Keiner habe ihn aber unterstützt. Brano Gojković sei der Kommandant gewesen und habe über alles entschieden. Ein einfacher Soldat, habe Erdemović seine Befehle ausführen müssen. Er solle sein Gewehr abgeben und sich zu den Gefangenen stellen, damit er mit ihnen erschossen werde, habe Gojković zu Erdemović gesagt, als dieser seinem Befehl widersprochen habe. Erdemović habe keine andere Wahl gehabt, sagt er erneut, er habe gehorchen müssen. So habe man von 10 bis 15 Uhr auf der Branjevo-Farm 1200 Zivilisten erschossen. Dann habe Erdemović einen weiteren Erschießungsauftrag verweigert. Nachdem man mit den 1200 Gefangenen fertig war, habe der unbekannte Oberstleutnant nämlich angeordnet, 500 andere Gefangenen im Dorf Pilica zu erschießen, und da habe

Erdemović „Nein" gesagt. Einige aus seiner Gruppe hätten ihn unterstützt, woraufhin der Oberstleutnant eine andere Einheit diese Erschießung habe durchführen lassen. Für seinen Widerstand habe er jedoch teuer zahlen müssen. Einige Tage später, am 22. Juli 1995, habe ein Soldat aus seiner Einheit im Auftrag von Pelemiš und Salapura mehrmals auf ihn geschossen. Man habe ihn töten wollen, weil man geahnt habe, dass er sich dem Tribunal stellen und über die Erschießung der Gefangenen aussagen wollte.

FESTNAHME UND AUSLIEFERUNG

Am 3. März 1996 werden im Städtchen Bečej bei Novi Sad der bosnische Kroate Dražen Erdemović und der bosnische Serbe Radoslav Kremenović von der Polizei festgenommen. Die zwei jungen Männer, 25 und 29 Jahre alt, sind Staatsbürger Bosniens, was das zu dieser Zeit auch immer bedeuten mag, und als Angehörige der bosnisch-serbischen Armee (VRS) sind sie auch Staatsbürger der bosnischen Republika Srpska. Was das auch bedeuten mag. Von Kremenović wird allerdings behauptet, dass er auch Staatsbürger des allerletzten jugoslawischen Staates ist, nämlich der Bundesrepublik Jugoslawien (SRJ). Bei ihrer Festnahme sind Erdemović und Kremenović immer noch Angehörige einer Spezialeinheit der Armee der bosnischen Serben (VRS), eben der 10. Sabotageeinheit. Schon mehrere Tage vor ihrer Festnahme bemühen sich beide in Belgrad um Kontakt zum Haager Jugoslawien-Tribunal. Zu diesem Zweck telefonieren sie eifrig mit der US-Botschaft, was der Staatssicherheitsbehörde (DB) aufgefallen sein muss.

Erdemović und Kremenović wollen sich dem Tribunal stellen, um als Zeugen eines Massenmordes an muslimischen Zivilisten aus Srebrenica verhört zu werden. Dieser Massenmord sei von ihrer Einheit verübt worden, und Erdemović sei persönlich an diesem Verbrechen beteiligt gewesen. Der Wunsch, seine Vorgesetzten anzuprangern, sei aber stärker gewesen als die Angst vor den Folgen dieser Selbstbelastung, heißt es in einigen jugoslawischen Medienberichten. Die Feindseligkeiten, denen die beiden von Seiten zweier ihrer Vorgesetzten ausgesetzt waren, seien der letztendliche Auslöser für ihre Entscheidung gewesen. Ihr Kompaniechef, Leutnant Milorad Pelemiš, und der Chef des militärischen Nachrichtendienstes der VRS, Oberst Petar Salapura, hätten die beiden in einem fort schlecht behandelt. Zuletzt habe man Erdemović sogar aus seiner Wohnung im bosnischen Bijeljina geworfen. Am 26. Februar 1995 sei Erdemović zu seinem Freund Kremenović geflohen, der eine Wohnung im serbischen Bečej hat. Dort fassen beide den Entschluss, sich an ihren Peinigern zu rächen, indem sie vor dem Tribunal als Zeugen über einen Massenmord an muslimischen Zivilisten aus Srebrenica aussagen. Dies weiß z.B. die Belgrader Agentur AIM am 13. März 1996 zu melden. Ihre wohl einzige Quelle zu diesem Zeitpunkt muss eine Story über den Fall Erdemović gewesen sein, die in der französischen Zeitung *Le Figaro* unter dem Titel „Bosnien: Zeugnis eines Kriegsverbrechens" erschienen war.[6]

Der Wunsch, sich dem Tribunal zu stellen, ergreift Erdemović besonders stark nach einem Telefongespräch mit Familienangehörigen in Bijeljina. Es werde nach ihm gesucht, erfährt er, man plane, ihn umzubringen, er müsse ins Ausland fliehen, wenn er am Leben bleiben wolle. Inzwischen hat Erdemović Frau und Kind bei Verwandten in Tuzla untergebracht, er selbst befindet sich im militärischen Krankenhaus in Belgrad zur Nachbehandlung der schweren Verwundungen, die er sich bei einer Schießerei in einem Café in Bijeljina zugezogen hat. (Es handelt sich um den Vorfall, den Erdemović später vor dem Tribunal als einen Mordanschlag gegen ihn darstellen wird, damit er sich nicht dem Tribunal stellen und über den Massenmord aussagen kann.) Inzwischen scheint Kremenović mit zwei ausländischen Korrespondentinnen in Kontakt gekommen zu sein. Die eine heiße Duda, die andere Dada, und beide wohnen sie im Belgrader Luxushotel „Interkontinental". Kremenović habe ihnen das Problem seines Freundes vorgelegt und seine Telefonnummer hinterlassen. Kurz danach habe Dada angerufen und gesagt, sie komme mit einer Korrespondentin des US-Senders ABC namens Nataša. Ihr könne Erdemović seine Ge-

---

6   „Bosnie: la confession d'un criminel de guerre", in: *Le Figaro* (Paris), 8. März 1996.

schichte erzählen und sie werde diese Geschichte auf Video aufnehmen.

Das alles erzählt Erdemović seinem Untersuchungsrichter Tomislav Vojnović in Novi Sad. Sein Vernehmungsprotokoll vom 6. März 1996 ist ein sehr wichtiges und aufschlussreiches Dokument, das mit mehreren amüsanten Stellen ein gutes Beispiel für Erdemovićs Lust am Fabulieren bietet. Die Belgrader Presse aus dieser Zeit weiß Folgendes zu berichten: Ihren Wunsch, sich dem Tribunal zu stellen, wollen Erdemović und Kremenović einem westlichen Diplomaten vorlegen. Daher holen sie sich über die Telefonauskunft die Nummer der US-Botschaft und rufen dort mehrmals an. Dabei stellen sie sich als Soldaten der VRS vor, die Wichtiges zu enthüllen haben und daher mit einem diplomatischen Vertreter und mit einem Journalisten sprechen wollen. Ihr Gesprächspartner am Telefon reagiert aber sehr zurückhaltend. Es stehe im Augenblick kein diplomatischer Vertreter zur Verfügung, an den man sie weiter verweisen könnte. Und was den Journalisten betrifft, so schlägt man ihnen vor, dass sie sich selber einen aus der Liste der Auslandskorrespondenten in Belgrad aussuchen. Auf der Liste stehen die Auslandsmedien in alphabetischer Reihenfolge, und daher kommt es, dass Erdemović und Kremenović zuerst im Office des US-Senders ABC anrufen. Auch dort übt man sich in Zurückhaltung. Die Dame am Telefon sagt ihnen, es stehe im Augenblick kein Reporter zur Verfügung, sie werde aber ihren Fall der ABC-Zentrale in New York vorlegen und sich zurückmelden. Nun stellen aber Erdemović und Kremenović auch eine Bedingung: Ein Interview wird es nur dann geben, wenn anschließend beide nach Den Haag gebracht werden, um dort als Zeugen vor dem Jugoslawien-Tribunal auszusagen. Die Dame notiert sich die Telefonnummer von Kremenović, und die zwei Freunde warten in Bečej die weitere Entwicklung ab.

Die ABC-Zentrale in New York beauftragt für das Interview Vanessa Vasic-Jenekovic, die für das Printmedium *War Report* tätig ist. Sie nimmt ihren Freund Renaud Girard mit, der für die Pariser Zeitung *Le Figaro* schreibt und auch über die merkwürdige Geschichte der zwei abtrünnigen Soldaten berichten möchte. Ort des Gesprächs ist das Hotel „Fantast" –

ein romantisches, 10 Kilometer von Bečej entferntes und zu dieser Zeit menschenleeres Etablissement, das früher als Dundjerski-Schloss bekannt war und wie bestellt für ein vertrauliches Gespräch zu sein scheint. Vanessa Vasic-Jenekovic und Renaud Girard versichern ihren Gesprächspartnern, dass ABC mittlerweile das Jugoslawien-Tribunal über ihren Fall informiert hat. Einer Abreise nach Den Haag stehe nichts im Wege, wenn sich beide zunächst in einer westlichen Botschaft melden und dort um Zuflucht ersuchen. Inzwischen ist es Mitternacht geworden. Um auch den Rest dieses Planes zügig durchzuziehen, will man sich am selben Ort um 8.30 Uhr wieder treffen. Dann fahren Erdemović und Kremenović mit dem Auto von Renaud Girard zurück nach Bečej, während Vanessa und ihr französischer Kollege nach Belgrad zurückfahren. Am nächsten Tag warten die beiden aber vergeblich im Schloss-Hotel „Fantast" auf Erdemović und Kremenović. Besorgt fahren Renaud Girard und ein Dolmetscher nach Bečej zur Wohnung von Kremenović in der Rade-Stanišić-Straße 50. Die Wohnung ist leer. Die serbische Polizei war schon um 3 Uhr in der Früh da und hat die zwei Bekenner abgeholt. Offensichtlich war auch sie neugierig, was sie alles zu erzählen haben. Eine Auskunft bei der Polizei seitens der zwei Reporter bleibt ohne Ergebnis. Wie soll es nun weitergehen, wird das Jugoslawien-Tribunal noch jemals Dražen anhören können – fragt besorgt Renaud Girard in seinem Bericht vom 8. März 1996 und ermahnt abschließend Belgrad, seine Pflicht ernst zu nehmen und mit dem Tribunal zusammen zu arbeiten.

Außerdem ist auch die Videokassette weg, auf der Vanessa Vasic-Jenekovic das Geständnis von Erdemović und Kremenović aufgenommen hat. Ihre Tasche mit dem Sticker „Destination London" landet vom Gepäckband des Belgrader Flughafens im Büro der jugoslawischen Staatssicherheitsbehörde. Dummerweise hat Frau Vasic-Jenekovic auch keine Kopie gemacht. Das Weitere geht Schlag auf Schlag: Am 6. März wird in Novi Sad gegen Dražen Erdemović und Radoslav Kremenović ein strafrechtliches Verfahren eröffnet. Erdemović wird zur Last gelegt, er stehe im dringenden Verdacht, im Juli 1995 beim Dorf Pilica in Bosnien und Herzegowina als Angehöriger der 10. Sabotageeinheit der VRS mit sieben anderen Angehörigen dieser Einheit ca. 1200 Bürger muslimischer Nationalität erschossen zu haben, was laut Art. 142 des jugoslawischen Strafgesetzbuches ein Kriegsverbrechen darstellt. Kremenović wird beschuldigt, einer Person Unterschlupf gewährt zu haben, von der er wisse, dass sie im Verdacht stehe, ein Delikt verübt zu haben, auf das die Todesstrafe stehe. Außerdem wird Kremenović illegaler Waffenbesitz zur Last gelegt. Seine Wohnung scheint ein kleines Waffen- und Sprengstofflager zu sein. Nach der Eröffnung des strafrechtlichen Verfahrens gegen die beiden in Novi Sad kommt es zu hektischen Aktivitäten seitens des Haager Tribunals und seiner politischen Patrone. Schon am 7. März ruft der US-Außenamtssprecher Nicholas Burns die serbische Führung an und fordert sie auf, die zwei vermutlichen Kriegsverbrecher Dražen Erdemović und Radoslav Kremenović dem Jugoslawien-Tribunal zu übergeben. Am 8. März ersucht der Chefankläger des Tribunals Richard Goldstone die jugoslawischen Behörden um die Übergabe von Erdemović, damit er in verschiedenen Strafverfahren verhört werden könne. Dieser Soldat, so Goldstone, habe gestanden, auf direkten Befehl seiner Vorgesetzten zahllose Muslime erschossen zu haben. Hier schimmert schon durch, was den Chefankläger eigentlich interessiert: nicht die individuelle Schuld von Erdemović, für die er sich zu verantworten habe, sondern seine Qualität als Zeuge gegen seine Vorgesetzten, auf deren Befehl er seinem Geständnis zufolge gehandelt haben soll. Am selben Tag leitet die Staatsanwaltschaft von Novi Sad offiziell Ermittlungen gegen Dražen Erdemović und Radoslav Kremenović ein. Sie stehen im dringenden Verdacht, schwere Kriegsverbrechen in Bosnien begangen zu haben. Am 12. März trifft in Belgrad der zweite Chefankläger des Haager Tribunals, Graham Blewitt, in Begleitung des US-Vizestaatssekretärs John Shattuck und einiger Mitarbeiter des Tribunals ein und verhandelt mit Belgrad über eine engere Zusammenarbeit. Mit der Zustimmung des serbischen Justizministers, Aranđel Markićević, darf Blewitt auch die beiden Gefangenen getrennt als Zeugen verhören. Anschließend erklärt er, Erdemović und Kremenović hätten als bosnisch-serbische Soldaten unter General Ratko Mladić gedient, sie könnten also als Zeugen gegen ihn aussagen und seien auch bereit zu sprechen. Die Erklärung von Erdemović sei von höchster Glaubwürdigkeit, hebt Blewitt hervor. Daher werde er keine Ausflüchte Belgrads zur Vermeidung der Übergabe der beiden an Den Haag akzeptieren. Shattuck und Blewitt äußern ferner ihre Zuversicht, dass der serbische Präsident Milošević zur besseren Zusammenarbeit mit dem Jugoslawien-Tribunal bereit sei. Am 30. März werden Erdemović und Kremenović mit einer jugoslawischen Maschine nach Den Haag ausgeflogen und dem Tribunal übergeben, was ihrem eigenen Wunsch entspricht. Am 22. Mai ist Kremenović wieder frei und darf zurück nach Belgrad. Seine Anwesenheit als Zeuge, so Chefankläger Goldstone, sei nicht mehr notwendig.

Es ist schon beeindruckend, wie gewaltig sich die Anklagebehörde des Tribunals ins Zeug legt, um schnellstens die Überführung von Dražen Erdemović nach Den Haag zu erreichen, und wie unwillig sich andererseits diese Behörde später zeigt, wenn es darum geht, auch nur einen Einzigen seiner Mittäter nach Den Haag überführen zu lassen. Liest man die Verlautbarungen der Anklagebehörde und auch die Meldungen mancher Medien aus dieser Zeit, so fällt ferner auf, dass im Zentrum des Interesses nicht die (angebliche) Täterschaft von Erdemović und Kremenović bei einem so grausamen Verbrechen steht, und auch nicht die Genugtuung, dass sie nun ihrer gerechten Strafe zugeführt würden, sondern vor allem ihre Verwendung als Zeugen gegen den Präsidenten der bosnischen Serben Karadžić und den Kommandanten der VRS Mladić. So lesen wir z.B. bei der Nachrichtenagentur Reuters am 14. März 1996:

> Radoslav Kremenović und Dražen Erdemović haben nach ihren eigenen Worten zugegeben, Muslime in der UN-„Sicherheitszone" von Srebrenica in Ostbosnien getötet zu haben, wo bis zu 8.000 Menschen für vermisst gelten, seitdem die Serben die Stadt überrannten. Sie wurden in diesem Monat in Serbien verhaftet. Man nimmt an, dass die beiden Männer entscheidende Zeugen für die Tötungen sind. Das Tribunal hat den bosnisch-serbischen Präsidenten Radovan Karadžić und den militärischen Oberbefehlshaber General Ratko Mladić wegen ihrer Rolle bei den Ereignissen von Srebrenica und anderen angeblichen Verbrechen angeklagt.

Nach serbischer Sicht habe man übrigens Dražen Erdemović und Radoslav Kremenović dem Tribunal nicht ausgeliefert, sondern aufgrund einer Vereinbarung mit dem jugoslawischen

Außenministerium lediglich zur Verhörung „abgetreten". Dies erklärt bei der Gerichtsverhandlung im Tribunal am 28. Mai 1996 der diplomatische Vertreter Jugoslawiens in Den Haag Đorđe Lopičić. Man habe Erdemović und Kremenović auf eine Frist von 60 Tagen lediglich abgetreten, weil gegen beide beim Gerichtshof in Novi Sad bereits ein Verfahren eingeleitet worden sei. Die Auslieferung von Erdemović an das Tribunal solle man beim jugoslawischen Justizministerium beantragen, das dafür die zuständige Instanz sei, verlangt Đorđe Lopičić. (Kremenović wurde übrigens schon am 22. Mai, also innerhalb dieser Frist, freigelassen.) Ferner weist Lopičić darauf hin, dass Erdemović kein Staatsbürger Jugoslawiens sei und folglich nichts seiner Auslieferung im Wege stehe, wenn man sie nur ordentlich beantragen würde. Das Tribunal geht auf diese Einwände gar nicht erst ein. Sollte es so eine Vereinbarung gegeben haben, dann gilt sie eben nicht mehr, erklärt mit entwaffnender Arroganz der Sprecher des Tribunals, Christian Chartier.[7] Gegen Erdemović wird schon am 29. Mai 1996 Anklage erhoben, und sie deckt sich weitgehend mit dem in Novi Sad eröffneten Strafverfahren. Am 11. Juni übergibt die jugoslawische Justiz dem Tribunal alle Ergebnisse ihrer laufenden Ermittlungen im Falle Erdemović. Seine eigene Anklage kann der Gerichtshof in Novi Sad allerdings ad acta legen. So wird alles wieder gut, und für seinen Anteil am Mord von 1200 Menschen wird Dražen Erdemović im Endeffekt keine dreieinhalb Jahre zu sitzen brauchen.

DIE SACHE MIT DEM GEWISSEN

Erdemović gibt mehrmals an, er habe sich dem Tribunal stellen wollen, um sein Gewissen zu entlasten, so in seiner Zeugenaussage gegen Karadžić und Mladić am 5. Juli 1996:

> *Richter Jorda:* Meine letzte Frage. Warum wollten Sie als Zeuge aussagen? Welche Gesinnung liegt dem zugrunde und was fühlen Sie jetzt, da Sie vor dem Internationalen Tribunal stehen?

---

[7] Näheres im Wochenblatt *NIN* (Belgrad) vom 8. März 1996 unter dem Titel „Ekstradicija".

Erdemović: Ich wollte meines Gewissens wegen als Zeuge aussagen, wegen all der Dinge, die passiert sind, weil ich das nicht gewollt habe. (2, S.854f.)

Das klingt glaubwürdig. Man kann es nachvollziehen, wenn jemand, der unbewaffnete Menschen erschossen hat, es irgendwann auch mit seinem Gewissen zu tun bekommt. Man erfährt allerdings auch, dass Dražen Erdemović aus irgendwelchen Gründen in eine Lage geraten ist, in der es für ihn um Kopf und Kragen geht. Er hat, so behauptet er jedenfalls, allen Grund zu befürchten, dass man ihm nach dem Leben trachtet, und er sucht einen sicheren Ort für sich und für seine Familie. Bei einer Streiterei in einer Kneipe hat ein gewisser Stanko Savanović, der zur selben Spezialeinheit gehört und am selben Massenmord beteiligt gewesen war, die Pistole gezogen und mehrmals auf Erdemović und auf zwei weitere Angehörige dieser Einheit geschossen. Bei denen handelt es sich um seinen Freund Kremenović und um einen anderen Freund, dessen Identität Erdemović öffentlich nicht preisgibt. Diese zwei kommen mit leichten Verwundungen davon, Erdemović aber wird lebensgefährlich in Brust und Bauch getroffen. Ein Wunder, dass er es nach mehreren schweren Operationen im Belgrader Militärkrankenhaus überhaupt überlebt hat. Dass er in Belgrad operiert werden konnte, habe er Kremenović zu verdanken, der ihn dorthin gebracht habe. (4, S.232f.) Irgendwann erfahren wir, dass Kremenović ein Leutnant und Stellvertreter von Kompaniechef Pelemiš ist. Erdemović ist überzeugt, dass die Schießerei im Auftrag seines Kompaniechefs inszeniert worden sei, um ihn aus dem Feld zu räumen. Auf dieses Kapitel seiner Geschichte kommen wir noch zurück. Nach dieser Schießerei sind andere Kumpane aus seiner Einheit mit Morddrohungen hinter ihm her gewesen. Neben seiner Gewissensnot dürfte es also auch diese existenzielle Not gewesen sein, die ihn zur Gewissensentlastung nach Den Haag getrieben hat, weit weg von Milorad Pelemiš und Petar Salapura. Als Zeuge der Anklage beim Haager Tribunal ist er dort immerhin für seine Häscher unerreichbar.

Gibt es vielleicht einen weiteren Grund, sich dem Tribunal als Zeuge anzubieten? Auch den gibt es. Die Anklagebehörde des Tribunals bietet gewissen Zeugen ein Schutzprogramm. Dieses

Programm sieht vor, dass der Zeuge und seine Familie eine neue Identität und ein neues, sozial abgesichertes Leben in einem anderen Land bekommen. Bei manch einem Zeugen der Anklage vor dem Jugoslawien-Tribunal dürfte dieses Schutzprogramm das Gewissen angesprochen haben. Erdemović scheint darüber bestens informiert zu sein. Wie man dem Artikel von Renaud Girard in *Le Figaro* entnehmen kann, weiß er sogar von einer sehr spezifischen Möglichkeit, die dieses Programm gewissen „beschützten" Zeugen bietet: nämlich, dass nichts aus ihrer Aussage gegen sie selbst verwendet werden kann. Man kann also als Täter andere mit seiner Aussage belasten, ohne dass man sich mit dieser Aussage auch selbst im strafrechtlichen Sinne belastet hat. Anders gesagt, wenn man bereit ist, über ein schweres Kriegsverbrechen auszusagen, an dem man auch selbst beteiligt war, kann man, nachdem man seine Aussage als „beschützter Zeuge" getätigt hat, straffrei und mit einer neuen Identität in die weite Welt ziehen. Die Sache mit dem Gewissen bleibt dann eine persönliche Angelegenheit, die kann einem leider auch das Zeugenschutzprogramm des Tribunals nicht abnehmen, aber das ist alles ein ganz anderes Thema.

ZUR GEWISSENSENTLASTUNG NACH DEN HAAG

„Weit weg von indiskreten Ohren will er sein Gewissen erleichtern" („Loin des oreilles indiscrètes, il veut soulager sa conscience") – so Renaud Girard über seinen Gesprächspartner Erdemović in *Le Figaro* vom 13. März 1996. Es geht also um das geplagte Gewissen von Dražen Erdemović, was sonst. Die Geschichte, die Dražen Erdemović erzählt und Renaud Girard für seine Zeitung zusammenfasst, ist ein wichtiges Dokument zu seinem Fall. Sie deckt sich auf den ersten Blick inhaltlich mit Erdemovićs Geständnis vor dem Tribunal, wonach man auf einer Farm bei Pilica 1200 muslimische Zivilisten aus Srebrenica erschossen habe. Der Teufel steckt aber im Detail und davon wird noch oft die Rede sein. Renaud Girard teilt außerdem auch etwas mit, das nur er und sonst niemand von Erdemović erfahren hat. Im Interview für *Le Figaro* berichtet Erdemović, am 11. Juli 1995 an einer Erschießung von 10

Gefangenen im Ort Nova Kasaba beteiligt gewesen zu sein, und zwar unter dem Kommando eines gewissen Brano Gojković, eben jenes Brano Gojković, der uns als Mittäter bei der Massenexekution auf der Branjevo-Farm am 16. Juli 1995 bereits begegnet ist:

> Weit weg von indiskreten Ohren möchte er sein Gewissen erleichtern. Dražen erzählt vom Massaker, das der Eroberung Srebrenicas am 11. Juli 1995 gefolgt ist, als spielte sich die Szene im Park des Hotels ab: „Unser Anführer, Brano Gojković, befiehlt 10 Muslimen sich mit dem Rücken zu uns aufzustellen, wir selbst sind 10 Meter hinter ihnen aufgereiht. Die Kumpels von Brano, die mit ihm beim Stadion von Nova Kasaba gewesen sind, machen sich schussfertig. Alle folgen. Ich schieße auf das Ziel. Ich hatte meine Kalaschnikow auf Einzelfeuer gestellt. In einigen Sekunden waren sie alle tot.[8]

Dieser Mord kommt weder in der Anklageschrift vor noch in einer der Dutzenden Aussagen von Erdemović. Auch kein Ermittler fragt ihn danach in den mehrfachen Interviews, die Erdemović den Ermittlern der Anklagebehörde gibt. Am 11. Juli 1995 ist Erdemović jedenfalls an der Einnahme von Srebrenica beteiligt gewesen und kann daher nicht in Nova Kasaba gewesen sein. Wahrscheinlich handelt es sich um eine narrative Zugabe für den französischen Reporter. Erdemović erzählt ihm, was er gerne hört und was seine Zeitung bereitwillig in die Welt schickt. Es ist auch ein frühes Zeugnis für die beachtliche Fabulierungslust von Erdemović, mit der man rechnen muss. Auffallend ist ferner die Figur des Brano Gojković, den Erdemović „unseren Anführer" („nôtre chef") nennt, denn sie tritt hier zum ersten Mal auf und wirft, sozusagen, ihren Schatten voraus.

Was wir aber sonst nirgendwo und in keinerlei Form lesen können, ist Folgendes: Dražen Erdemović habe mit der Anklagebehörde des Tribunals bereits eine Vereinbarung geschlossen, die laute, dass keine Anklage gegen ihn erhoben werden wird und dass er sich mit seiner Familie in einem westlichen Land niederlassen kann:

> Dražen hat eine Vereinbarung mit einem Ermittler des Straftribunals getroffen: Im Gegenzug für seine Aussage

---

[8]   „Bosnie: la confession d'un criminel de guerre", in: *Le Figaro*, 8. März 1996, p.p. 1, 4, 26.

erreichte er, sich mit seiner Familie in einem westlichen Land niederlassen zu können. Dorthin kommen sie als Zeugen, nicht wie Beschuldigte, er entgeht auch aller Strafe. (ebd.)

Dies scheint offensichtlich auch dem Autor besonders wichtig.

Schon im Resümee seines Berichts mit dem Titel „Bosnie: la confession d'un criminel de guerre" verweist Renaud Girard auf diese Vereinbarung, und zwar ausdrücklich als eine Behauptung von Erdemović:

> Der rangältere Soldat, der diese Fakten erzählt, hat mit dem Tribunal in Den Haag verhandelt. Im Tausch für ein Immunitätsversprechen und die Möglichkeit, sich in einem europäischen Land mit seiner Familie niederzulassen, ist er bereit, alles zu sagen. (ebd.)

Und damit ja kein Missverständnis aufkomme, heißt es weiter im Text zum dritten Mal:

> „Unser Sonderbeauftragter hat das Geständnis eines Soldaten ausverhandelt, der am Massaker von 1200 Muslimen nach dem Fall von Srebrenica beteiligt war. Gegen ein Immunitätsversprechen ist er bereit, nach Den Haag zu kommen und es dort einzubringen." (ebd.)

Mit anderen Worten, Dražen Erdemović hat die Gewissheit, dass er als Zeuge der Anklage eine Aussage machen kann, durch die er sich als Mittäter belastet, ohne dadurch strafrechtliche Konsequenzen befürchten zu müssen. Wer ihm diese Zusage gemacht hat, wissen wir nicht, aber er muss sie bekommen haben, denn wie sonst käme Renaud Girard zu dieser Behauptung. Straffreiheit als Belohnung für das Belasten anderer – dies dürfte Erdemović besonders ermutigt haben, zur Gewissensentlastung eine Reise nach Den Haag zu wagen. Dass er den Richtern als Angeklagter vorgeführt wurde, dürfte eine herbe Enttäuschung für ihn gewesen sein. Wollte er vielleicht darüber etwas sagen, als ihm, nun auf der Anklagebank, der Richter am 31. Mai 1996 zum ersten Mal das Wort erteilt? Schade, dass man ihn sogleich unterbricht. Auf die Frage des Richters Jorda, ob ihm bekannt sei, dass er vor diesem Gericht auch öffentlich verteidigt werden könnte und ob er verstehe, wovon die Rede sei, will der Angeklagte Erdemović zunächst eine Erklärung abgeben:

Erdemović: Euer Ehren, lassen Sie mich bitte erklären. Bevor diese Anklage gegen mich erhoben wurde ...

Schade, dass er sofort unterbrochen wird:

Richter Jorda: Entschuldigen Sie, Herr Erdemović, wie jeder an diesem Tribunal folge ich im Moment den Regeln, die die Regeln unseres Statuts sind, die Regeln des Internationalen Tribunals. Das ist eine Vorgehensweise, die bei allen Angeklagten angewendet wird. (1, S.19f.)

Man kann die enttäuschte Erwartung von Erdemović gut verstehen. Die Anklagebehörde des Tribunals kennt tatsächlich die Praxis, ihren Zeugen Straffreiheit zu gewähren, wenn sie für die Wahrheit im Sinne der Anklage einen ernsthaften Beitrag liefern können.[9]

Das Publikum sieht diese anonymen Zeugen überhaupt nicht, wenn sie in „geschlossener Sitzung" aussagen. Wenn sie in einer „partiell geschlossenen Sitzung" aussagen, flackern am Monitor statt einem Gesicht bunte Quadrate und statt einer Stimme ertönt ein unverständliches elektronisches Gekrächze. Dražen Erdemović hätte einer von diesen Namenlosen sein können, wenn er nicht das Pech gehabt hätte, von der jugoslawischen Polizei festgenommen und von der jugoslawischen Justiz verhört worden zu sein, bevor er sich zur Gewissensentlastung nach Den Haag hatte begeben können. Nach dem Wirbel um seine Festnahme und um sein Geständnis in Novi Sad musste ihm aber in Den Haag der Prozess gemacht werden.

Die Reue des Dražen Erdemović, den man unter Todesdrohung gezwungen habe, muslimische Zivilisten zu erschießen und der nun als Zeuge sein Gewissen entlasten will, hat schon manche literarische Blüte getrieben. Man lese z.B. den rührenden

---

[9] Dafür zwei Beispiele aus dem Milošević-Prozess: Am 9. Januar 2003 erklärte der beschützte Zeuge K-2, er sei am 15. Januar 2000 am Mord an Željko Ražnjatović-Arkan beteiligt gewesen, dem Anführer einer berüchtigten paramilitärischen Truppe. Als aufgrund dieser Aussage die Belgrader Justiz K-2 vernehmen wollte, bekam sie zu hören, dass K-2 ein lebenslang geschützter Zeuge des Tribunals sei, der daher von keiner anderen Behörde vernommen werden dürfe. Und am 20. Februar 2003 erklärte Dragan Vasiljković als Zeuge der Anklage, dass die Anklagebehörde ihm Straffreiheit für verübte Kriegs- und andere Verbrechen garantieren wollte, wenn er bereit wäre, gegen Milošević auszusagen.

Essay von Slavenka Drakulić „Ein Tag im Leben des Dražen Erdemović".[10]

Würde Erdemović auch dann reuevoll durch ein Geständnis sein Gewissen entlasten wollen, wenn es dieses Immunitätsversprechen des Tribunals nicht gäbe? Das wissen wir nicht. Was wir wissen, ist, dass Erdemović tatsächlich denkt, straflos davonzukommen und mit seiner Familie und einer neuen Identität eine neue Existenz aufbauen zu können, wenn er sich dem Tribunal als Zeuge der Anklage zur Verfügung gestellt hat und aus „erster Hand", nämlich als einer der Täter, einen vom Kommando der VRS befohlenen Mord an 1200 Menschen unter Beweis stellt. Als Kronzeuge für den Völkermord an den bosnischen Muslimen hätte er das doch redlich verdient, mag er gedacht haben.

DIE ANKLAGE

„Mein Name ist Dražen Erdemović. Ich bin 1971 in Tuzla geboren. Der Nationalität nach bin ich Kroate. Ich war, bevor ich nach Den Haag kam, Einwohner der Republika Srpska." (1, S.18) Wir sehen einen jungen Mann in bunt gestreiftem Hemd, der schüchtern um sich schaut und Mühe hat, ruhig zu sitzen. Es ist der 31. Mai 1996, der Tag der ersten Anhörung von Erdemović in einem „guilty-plea-Verfahren" wegen Kriegsverbrechen und Verbrechen gegen die Menschlichkeit. Es muss eine herbe Enttäuschung für ihn sein, als Angeklagter den Gerichtssaal betreten zu müssen und nicht einfach als beschützter Zeuge der Anklage. Andererseits kommt er so weit glimpflicher davon, als wenn er in Jugoslawien vor Gericht stünde, daran kann kein Zweifel sein. Was alles in seinen Gesprächen mit Ermittlern und Anklägern inzwischen geschehen und vereinbart ist, wissen wir nicht. Sollte es tatsächlich diese Vereinbarung gegeben haben, von der Renaud Girard berichtet, dann gilt sie eben nicht

---

[10] Slavenka Drakulić: Keiner war dabei. Kriegsverbrechen auf dem Balkan vor dem Gericht. Wien 2004. Warum Frau Drakulić für den Titel ihres Essays den berühmten Roman von Alexander Solschenizyn „Ein Tag im Leben des Iwan Denissowitsch" bemüht, wird aus dem Essay selbst nicht klar.

mehr. Möglicherweise ist aber im Falle Erdemović seine Festnahme durch die jugoslawische Polizei dazwischengekommen, möglicherweise hat das gegen ihn in Novi Sad bereits eingeleitete Strafverfahren alles verdorben. Auch seine Überführung nach Den Haag stand in den Medien. Dadurch konnte man Erdemović nicht mehr wie üblich als anonymen „beschützten Zeugen" mit strafrechtlicher Immunität verwenden. Dann eben ein guilty-plea-Verfahren.

„Guilty plea" ist ein Strafverfahren aus dem angelsächsischen Rechtssystem („common law"), bei dem Ankläger und Angeklagter ein Schuldanerkenntnis vereinbart haben, wonach der Ankläger dieses den Richtern in der Form einer Anklage vorlegt. Auf dieser Basis werden dann die Richter das Strafmaß bestimmen. Im Kontinentalrecht ist diese Methode umstritten. Es handelt sich also um ein gekürztes Strafverfahren, bei dem die übliche Beweisaufnahme entfällt. Es findet auch kein wirkliches Kreuzverhör statt, bei dem das Geständnis überprüft und hinterfragt wird. Die Vor- und Nachteile dieses Verfahrens und seine Anwendung im internationalen Strafrecht wurden aufgrund des überraschend milden Urteils in der Sache Erdemović in der Fachliteratur heftig diskutiert. Als Laie sollte man sich aus dieser Debatte möglichst heraushalten. Es dürfte aber auch einem Laien klar sein, dass in einem traditionellen Strafverfahren mit Beweisaufnahme und Kreuzverhör Erdemović mit seinem Geständnis nicht hätte durchkommen können. Zu dieser Überzeugung kommt man sogar nach einer ersten Lektüre seiner Geschichte in ihren Varianten. Erdemović hat seine Geschichte mehrmals vorgetragen: für die Reporter Vanessa Vasic-Jenekovic und Renaud Girard, vor den jugoslawischen Polizei- und Justizbehörden, vor den Ermittlern und Anklägern des Tribunals, in seinem guilty-plea-Verfahren und als Zeuge der Anklage in vier Prozessen: am 5. Mai 1996 gegen Radovan Karadžić und General Ratko Mladić, am 22. Mai 2000 gegen den bosnisch-serbischen General Radislav Krstić, der wegen Völkermords bei Srebrenica zu 46 Jahren verurteilt wurde, am 25. August 2003 gegen den früheren jugoslawischen Präsidenten Slobodan Milošević und am 7. bis 8. Mai 2007 gegen Vujadin Popović und sieben weitere Offiziere der bosnisch-serbischen Armee. Es gibt also ausreichend Material, um die Glaubwürdigkeit dieser Geschichte zu überprüfen und der Zweckdienlichkeit einzelner ihrer Komponenten nachzugehen.

Bei der ersten guilty-plea-Anhörung des Angeklagten am 31. Mai 1996 verliest der Ankläger Eric Östberg die Anklage. Sie enthält, wenn man so will, die möglichst kürzeste Zusammenfassung der Tat, die Erdemović gestanden hat:

> Am oder um den 16. Juli 1995 wurde Dražen Erdemović und anderen Mitgliedern seiner Einheit mitgeteilt, dass im Verlauf des Tages Busladungen von männlichen bosnisch-muslimischen Zivilisten aus Srebrenica, die sich dem bosnisch-serbischen Militär- oder Polizeipersonal ergeben hatten, bei dieser Kollektivfarm in Pilica eintreffen würden. Jeder einzelne Bus war voll besetzt mit bosnisch- muslimischen Männern, deren Alter ungefähr von 17 bis zu 60 Jahren reichte. Von jedem eingetroffenen Bus wurden die bosnisch-muslimischen Männer in Gruppen von ungefähr 10 unter einer Eskorte von Mitgliedern der 10. Sabotageeinheit auf ein an die Farmgebäude angrenzendes Feld geführt und dort in einer Reihe mit dem Rücken zu Dražen Erdemović und Mitgliedern seiner Einheit aufgestellt. Am oder um den 16. Juli 1995 erschoss und tötete Dražen Erdemović unbewaffnete bosnisch-muslimische Männer und beteiligte sich mit anderen Mitgliedern seiner Einheit und mit Soldaten einer anderen Brigade an der Erschießung und Tötung unbewaffneter bosnisch-muslimischer Männer bei der Kollektivfarm von Pilica. Diese summarischen Exekutionen führten zum Tod von Hunderten von männlichen bosnisch-muslimischen Zivilisten. (1, S.22)

Welch eine Zurückhaltung, wo man eine konkrete Opferzahl erwartet. Wieso „andere Mitglieder", wo es sich um sieben namentlich genannte Täter handelt, wieso diese Unsicherheit beim Datum der Tat, dem 16. Juli? Man sei informiert worden, dass Busse kommen. Von wem sei man informiert worden? Und wieso seien es Zivilisten gewesen, die sich ergeben („surrendered") hätten? „Ergeben" sich nicht ausschließlich Soldaten? Was aber an der Anklageschrift besonders auffällt, ist die sehr vorsichtige Einschätzung der Opferzahl. In den Geschichten, die Erdemović bisher erzählt hatte, erst für die TV-Station ABC und *Le Figaro* und dann vor der jugoslawischen Polizei und Justiz, ist von 1000 bis 1200 erschossenen bosnischen Muslimen die Rede. Die Ermittler der Anklage haben Erdemović mehrmals verhört, der Ankläger hat zusammen mit ihm sein Schuldbekenntnis ausgehandelt, und Erdemović hat dabei immer wieder diese Zahl genannt. Auch in seinen späteren Verhören als Belastungszeuge spricht Erdemović immer wieder von 1000 bis 1200 Opfern. Was ist der Grund für diese Vorsicht der Ankläger? Warum ist diese Zahl nicht in die Anklageschrift eingegangen? Scheint sie den Anklägern vielleicht zu hoch gegriffen? Wir wissen nur, dass die Ankläger es eigentlich auch nicht wissen, denn Ankläger Östberg gibt in seinen Erläuterungen selbst zu:

> *Östberg:* Wie wir in den Anklagen gehört haben, führten diese Exekutionen bei der Farm zum Tod von Hunderten von muslimischen Männern. Dražen Erdemović war ein Mitglied dieses Kommandos, das die Aufgabe hatte, diese Leute zu exekutieren, und er führte auch tatsächlich aus, wozu er beauftragt worden war, und beteiligte sich an der Exekution dieser Menschen, für die wir keine genaue Zahlangabe haben, aber wir sprechen von Hunderten von muslimischen Männern. (1, S.27)

Man weiß es also nicht. Woher auch, wenn man sonst niemanden verhören will, der es wissen könnte. Und weil die vom Angeklagten angeführte Zahl schwer zu glauben ist, spricht man von „Hunderten" von Opfern. Etwa zwischen 100 und 900? Dieses Unwissen wird übrigens die Richter mehrere Monate später nicht daran hindern, die Zahl 1200 dennoch in ihr Urteil aufzunehmen – wohlgemerkt nach wie vor ohne jeden Beweis außer der Behauptung des Angeklagten.

Ein weiteres Problem ist das Datum des Massenmordes auf der Branjevo-Farm. In allen Erklärungen und Aussagen vor seiner Übergabe an Den Haag – im Interview für ABC und *Le Figaro*, im Verhör durch die Behörden in Serbien am 3. und am 6. März 1996, wie auch im Verhör von Radoslav Kremenović am 3. März 1995 – wird als Datum der Erschießung immer wieder der 20. Juli 1995 angeführt. In der Anklageschrift heißt es aber zum ersten Mal, die Erschießung habe am 16. Juli 1995 stattgefunden. Hat sich bisher Erdemović im Datum geirrt? Und Kremenović auch? Welche Erklärung gibt es für diese plötzliche Verschiebung um vier Tage? Diese Frage wird im Gerichtssaal gar nicht gestellt. Erst im Milošević-Prozess, als am 25. August 2003 der Angeklagte Slobodan Milošević die Möglichkeit für ein zeitlich sehr beschränktes Kreuzverhör des Belastungszeugen Erdemović bekommt, wird diesem die Frage gestellt, wieso er in Den Haag vom Datum des 20. Juli 1995 abgerückt sei und als Datum des Massenmordes den 16. Juli angegeben habe. Erdemović antwortet, er habe der Reporterin von der ABC Vanessa Vasic-Jenekovic den 20. Juli bewusst als ein falsches Datum angegeben, weil er ihr nicht vertraut habe. In der Folge habe er, als er später von der serbischen Polizei und Justiz verhört worden sei, immer wieder dieses falsche Datum angegeben. Er hätte nämlich gewusst, dass die Polizei die Videoaufnahme mit seinem Interview besitzen würde und wollte Widersprüche vermeiden, sagt er. Und warum auch Kremenović in seinem Verhör dieses falsche Datum nennt? Aus demselben Grund. Er sei es nämlich gewesen, der Erdemović geraten habe, den Reportern dieses falsche Datum zu nennen. Eine sehr plausible Erklärung, fürwahr. (8, S.25234f.)

Eine wichtige Konstante in allen Varianten der Geschichte des Dražen Erdemović ist es hingegen, dass man die Opfer jeweils in Gruppen von 10 abgeführt und erschossen habe.

DAS ZURÜCKGENOMMENE SCHULDBEKENNTNIS

Vom Angeklagten wird nun erwartet, dass er vor den Richtern diese Darstellung bestätigt und Schuld bekennt, wonach die Richter sich über ein gerechtes Urteil beraten werden. Freilich werden sie auch einiges mehr wissen wollen – über die Person des Angeklagten, über die Hintergründe und das Umfeld seiner Tat und auch, wie er zu ihr steht. Der dargelegte Tatbestand wird aber keiner Überprüfung unterzogen werden und es findet keine Beweisaufnahme statt. Auch nicht etwa in der Form eines Kreuzverhörs. Die Richter setzen voraus, dass die Anklagebehörde ihre Arbeit gewissenhaft getan haben muss, denn sie ist, wie wir wissen, genauso der Wahrheitsfindung verpflichtet wie die Richter.

Aufgrund dieses Tatbestands hat die Anklagebehörde gegen Erdemović zwei alternative Anklagepunkte erhoben: „Verbrechen gegen die Menschlichkeit" (dieser Anklagepunkt schließt auch Mord ein) und „Verletzungen der Gesetze und Gebräuche der Kriegsführung". Erdemović muss nun entscheiden, ob er seine Schuld für den ersten oder für den zweiten Anklagepunkt bekennt. Ist das erfolgt, zieht der Ankläger den anderen Anklagepunkt zurück. Wenn sich der Angeklagte hingegen für „nicht schuldig" erklärt, wird gegen ihn ein ganz neues Strafverfahren eingeleitet. Die Richter wollen sicher sein, dass der Angeklagte das guilty-plea–Verfahren auch richtig verstanden hat. Daher klären sie Erdemović wiederholt über alle Besonderheiten dieser Prozedur auf und machen ihn auf die Konsequenzen seiner jeweiligen Entscheidung aufmerksam. Erdemović entscheidet, sich für „Verbrechen gegen die Menschlichkeit" schuldig zu bekennen. Das habe er bereits mit seinem Anwalt Jovan Babić besprochen. Daraufhin fasst Ankläger Östberg nochmals den Tatbestand zusammen und hebt dabei zum ersten Mal hervor, dass die Soldaten zu der Farm „befohlen" worden seien und dass sie erst dort einen „Auftrag" bekommen haben, nämlich die in Bussen herangeführten Menschen zu erschießen („The soldiers ordered to this farm were given the task to summarily execute those civilian men who were brought on the buses"). Und dann geschieht etwas Unerwartetes: Auf die Frage, ob er noch etwas hinzuzufügen habe, erklärt der Angeklagte:

> *Erdemović:* Euer Ehren, ich musste es tun. Hätte ich es verweigert, dann wäre ich zusammen mit den anderen Opfern getötet worden. Als ich mich weigerte, sagten sie mir: „Wenn sie dir leid tun, steh auf, stell dich zu ihnen und dann töten wir auch dich." Um mich selber tat es mir nicht leid, aber um meine Familie, um meine Frau und um meinen Sohn, der damals neun Monate alt war, und ich konnte mich nicht weigern, denn dann hätten sie mich getötet. Das ist alles, was ich hinzufügen möchte. (1, S. 32)

Mit anderen Worten, Erdemović, der sich soeben schuldig bekannt hat, erklärt sich nun plötzlich für nicht schuldig! Man habe ihn gezwungen, dies zu tun, er habe es nicht tun wollen, er musste es aber, denn sonst hätte man ihn umgebracht und er musste doch an Frau und Kind denken. (Nicht etwa an die Frauen und Kinder der Umgebrachten, denkt man sich hinzu.) Damit bringt er ein großes Durcheinander ins Verfahren und verwirrt auch die Richter, die zum ersten Mal das guilty-plea-Verfahren proben und auf diesem Terrain noch recht unerfahren sind. Der vorsitzende Richter Claude Jorda fragt besorgt den Angeklagten, ob er denn wisse, was er tue, und ob es ihm klar sei, dass es unterschiedliche Konsequenzen für ihn geben werde, abhängig davon, ob er für „schuldig" oder „unschuldig" plädiere. Sei er nun schuldig oder nicht? Nach einigem Hin und Her bestätigt Erdemović erneut, dass er sich der Verbrechen gegen die Menschlichkeit schuldig bekennt.

Das vorangegangene plötzliche „Unschuldsbekenntnis" wird aber eine große Rolle beim Berufungsverfahren spielen und die Jurisprudenz der Richter stark herausfordern, da in diesem Fall der „Entschuldigungsgrund Notstand" geltend gemacht werden kann – eine in der Fachliteratur bis heute diskutierte Frage.

Fortan wird Erdemović diese Szene seiner Verweigerung in mehreren Varianten wiederholen, wenn er als Zeuge der Anklage seine Geschichte erzählt, und er wird dabei Brano Gojković als denjenigen nennen, der ihn unter Morddrohung gezwungen habe zu schießen. Was davon wahr ist, wissen wir nicht, denn die Anklagebehörde des Tribunals interessiert kein Brano Gojković, vermutlich auch dann nicht, wenn ihn jemand dem Tribunal auf dem Präsentierteller zum Verhör anbieten würde. Auch die Richter interessiert offensichtlich kein anderer Täter. Erst später, bei der Anhörung am 19. November 1996, werden sie Mut fassen und einmal den Ankläger vorsichtig fragen, wo denn die Mittäter von Dražen Erdemović bleiben und warum sie nicht angeklagt sind, um sich dann bereitwillig mit einer nichts sagenden Erklärung zufrieden zu geben. Sie haben nun einmal die in die Anklage aufgenommene Behauptung von Erdemović ohne jede Überprüfung als die Grundlage ihres Urteils akzeptiert. Als hätte die Anklagebehörde mit der Anklageschrift gleich auch den Beweis produziert, denkt man sich als ein Laie auf dem Gebiet des Strafrechts.

Von Armee zu Armee

Schon beim ersten Anhören weist die Geschichte von Erdemović mehrere Widersprüche auf, die in einem normalen Strafverfahren kein Richter akzeptieren würde. Erst recht interessant wird es aber für den Beobachter, wenn er merkt, dass die Anklagebehörde, die der Wahrheitssuche genauso verpflichtet ist wie die Richter, diese Widersprüche gar nicht aufgreift, um näher an die Wahrheit zu kommen. In einzelnen Fällen scheint es sogar, als versuche sie in Zusammenarbeit mit dem Angeklagten, manche seiner Widersprüche zu übertünchen und sie den Richtern, damit aber auch der Öffentlichkeit, vorzuenthalten. Zugleich hat man mit der unerklärlichen Tatsache zu tun, dass die Anklagebehörde, und sei es nur, um diese Widersprüche zu lösen, keinen der Mittäter Erdemovićs an der von ihm geschilderten Untat vernehmen will. Die Frage, weshalb man das nicht will, drängt sich immer wieder von Neuem auf, denn immerhin handelt es sich bei der Aussage von Erdemović um den wichtigsten direkten Beweis für das Geschehen, das als Völkermord an den bosnischen Muslimen festgeschrieben wurde.

Angesichts der Tatsache, dass die Anklagebehörde keinen der Mittäter von Erdemović vernehmen will, ist eine aufmerksame Lektüre der Gerichtsverhöre und der Vernehmungsprotokolle zum Fall Erdemović der einzige Weg, der Wahrheit näher zu kommen. Die Gerichtsprotokolle sind auf der Website des Tribunals der Öffentlichkeit zugänglich gemacht worden. Es handelt sich zunächst um die Anhörung von Erdemović in seinem eigenen Strafverfahren am 31. Mai, am 19. November und am 20. November 1996. Außerdem, wie schon erwähnt, wurde Erdemović vier Mal als Zeuge der Anklage in anderen Strafverfahren verhört, um seine Geschichte als Beweismittel für den Völkermord an den bosnischen Muslimen vorzutragen. Es handelt sich um die Prozesse gegen Radovan Karadžić und Ratko Mladić am 5. Juni 1996, gegen General Radislav Krstić am 22. Mai 2000, gegen Slobodan Milošević am 25. August 2003 und zuletzt gegen Vujadin Popović und andere am 4. und am 7. Mai 2007.

Nicht so einfach zugänglich sind die außergerichtlichen Vernehmungen von Erdemović. Dazu zählt seine erste Vernehmung in Novi Sad am 6. März 1996, die der serbische Untersuchungsrichter Tomislav Vojnović vorgenommen hat. Sehr aufschlussreich sind ferner die so genannten „Interviews" durch die Ermittler der Anklagebehörde in Den Haag am 24. April 2006, am 25. Juni 1996 und am 6. November 1996. Alle diese Protokolle dokumentieren interessante Erzählstrategien des Angeklagten, Annahmen und Vermutungen der Ermittler, die sich später bewahrheiten oder aber auch nicht, und auch gewonnene Erkenntnisse der Anklagebehörde, die sie aus gewissen Gründen der Öffentlichkeit und manchmal auch den Richtern vorenthalten will. Die Interviews sind aber auch Orte der Selbstdarstellung des Vernommenen, die sich anders als im Gerichtssaal gestaltet, und man kann feststellen, dass sich Dražen Erdemović gar nicht schlecht in dieser Kunst bewährt. Er will etwas vom Tribunal, und das Tribunal, sprich die Anklagebehörde, will etwas von ihm.

Daher lohnt sich zunächst eine vergleichende Lektüre der zwei ersten Vernehmungsprotokolle zum Fall Erdemović: vom 6. März 1996 in Novi Sad und vom 24. April 1996 im Gefängnis Scheveningen in Den Haag. Das erste Vernehmungsprotokoll ist ein Monolog, aufgezeichnet vom Untersuchungsrichter und unterschrieben von Erdemović, im zweiten Fall ist es ein Interview der Ermittler Jean-Rene Ruez und Peter Nicholson mit Erdemović in Anwesenheit seines Anwalts Jovan Babić. Zum Zeitpunkt dieses Interviews kennen die Haager Ermittler allerdings noch nicht das Vernehmungsprotokoll ihres serbischen Kollegen.

Dem Untersuchungsrichter in Novi Sad als auch den Ermittlern aus Den Haag verschweigt Erdemović, dass sein erster Einrückungsbefehl am oder unmittelbar nach dem 15. Mai 1992 von der JNA kam, die damals einzige legitime Militärmacht. Erst in seiner Anhörung am 20. November 1996 hören wir ihn sagen:

Erdemović: Dann wurde ich in die Armee einberufen – das letzte Mal vergaß ich, es Ihnen zu sagen: als ich aus Belgrad zurück kam, bekam ich einen Einberufungsbefehl von der Kaserne in Tuzla, die von der Jugoslawischen Volksarmee kontrolliert wurde. Ich bekam dieses Schriftstück und ich ging damit dorthin – ich nahm das Schriftstück und sagte ihnen: "Nun, meine Herren, ich will in keine einzige Armee gehen. Ich will mich an keinem, egal wessen Krieg beteiligen. Ich habe schon einen Krieg gesehen. Ich weiß nicht, was ist. Ich habe meinen Militärdienst geleistet. Ich habe mein Jahr abgedient." Also habe ich dieses Schriftstück einfach weggeworfen und bin gegangen. Doch niemand kam, um mich festzunehmen, weil zu dieser Zeit schon die Probleme zwischen der Jugoslawischen Volksarmee und dem Innenministerium von Bosnien-Herzegowina anfingen. (…) (4, S. 261f.)

Im Mai 1992 bekommt Erdemović auch einen Einberufungsbefehl von der muslimisch kontrollierten Armee von Bosnien
und Herzegowina (ABiH). Dem Untersuchungsrichter in Novi
Sad erklärt er, „muslimische Polizisten hauptsächlich extremis-
tischer Parteien" hätten ihn bedrängt, weil er als Kroate während
seines Militärdienstes in Vukovar angeblich auf serbischer Seite gestanden hätte. Dennoch habe es Erdemović abgelehnt, in
die „muslimische Armee" einzutreten. Monatelang habe er sich
bei Freunden und Verwandten versteckt gehalten, um der Mobi-
lisierung in die muslimische Armee zu entkommen. (S.2, S.3)
Mit dieser Erklärung hofft Erdemović beim serbischen Richter
punkten zu können. Den Ermittlern in Den Haag gibt er eine
ähnliche Erklärung ab: Die Muslime haben ihn mobilisieren
wollen, er habe es aber abgelehnt, daher hätten ihn die Muslime
wegen seiner Dienstzeit bei der JNA schikaniert und bei ihm
nach Waffen gesucht. Er habe aber standgehalten und sich geweigert, in die ABiH (muslimische Armee) einzutreten, weil er
nicht gegen die Soldaten der JNA habe schießen wollen.

In Wirklichkeit ist Erdemović im Juli 1992 problemlos in die
muslimische ABiH eingetreten, wo er einer Mortiereinheit zu-
geteilt wurde. Dies erklärt er aber erst am 5. Juni 1996 den Richtern im Mladić-Karadžić-Prozess: „Als ich meinen Militärdienst
beendet hatte, hat der Krieg in der Republik Bosnien und Herzegowina angefangen und irgendwann im Juli 1992 wurde ich
aufgerufen, in die Armee von Bosnien und Herzegowina einzutreten, und ich tat es." (2, S.833) Für den Ankläger dürfte dies
eine unangenehme Überraschung gewesen sein. Es geht nicht
an, dass der Angeklagte den Ermittlern, die ihn auf das anstehende Gerichtsverhör trimmen, etwas verschweigt, um es dann
den Richtern zuzugeben. Beim Verhör im Krstić-Prozess am 22.
Mai 2000, wo Erdemović als Belastungszeuge auftritt, verlangt
der Ankläger Mark Harmon sicherheitshalber dazu eine kurze
Erklärung von ihm:

Harmon: Nun, traten Sie schließlich in die Armija, in die Ar-
  mee der bosnisch-muslimischen Regierung (ABiH) ein?
Erdemović: Ja. Ich glaube, es war im Juli 1992, als ich die
  Einberufung erhielt und ich mich in der Kaserne in Tuzla
  melden sollte.
Harmon: Haben Sie dieser Einberufung Folge geleistet?
Erdemović: Ja.

Harmon: Haben Sie in der Armija von Juli bis ungefähr Oktober 1992 gedient?
Erdemović: Ja.
Harmon: Können Sie uns Ihre Pflichten und Verantwortlichkeiten während Ihres Dienstes in dieser Armee beschreiben?
Erdemović: Ich gehörte zur Aufklärungseinheit einer Mörserbatterie.
Harmon: Wo haben Sie die meiste Zeit Dienst getan?
Erdemović: In einer Stellung oberhalb von Gornja Tuzla.
Harmon: Waren Sie die meiste Zeit an der Frontlinie?
Erdemović: Ja. Ja. Ja, aber als Kundschafter.
Harmon: Nun, als Sie zuerst zum Tribunal kamen und ein Gespräch mit einem Ermittler meiner Behörde, Jean-Rene Ruez, hatten, haben Sie ihm da erzählt, dass sie in der ABiH gedient haben?
Erdemović: Nein.
Harmon: Später, als Sie 1996 unter Eid in der Anhörung nach Artikel 61 öffentlich aussagten, haben Sie dann über Ihren Dienst in der ABiH ausgesagt?
Erdemović: Ja. (7, S.3070)

Es ist nicht uninteressant, weshalb Erdemović erst verschwiegen hat, für die ABiH an der Frontlinie gestanden zu haben, diese Frage wird ihm aber gar nicht gestellt. Mit seiner antimuslimischen Attitüde hätte er in Den Haag sowieso nicht punkten können, wie es eventuell vor dem serbischen Untersuchungsrichter in Novi Sad hätte sein können. Möglicherweise dachte Erdemović, dass die Anklagebehörde im Besitz des Vernehmungsprotokolls aus Novi Sad war, und da wollte er sich einfach nicht widersprechen. Beim Lesen all dieser Dokumente fällt aber schnell auf, dass Erdemović grundsätzlich an der Wahrheit vorbei spricht, auch wenn es gar nicht nötig scheint. In einzelnen Fällen mag eine Strategie dahinter stecken, oft tut er es aber einfach so. Das macht ihn zum höchst unzuverlässigen Zeugen, der keinem ernsthaften Kreuzverhör standhalten würde. Die Ermittler haben also allen Grund, sich Sorgen darüber zu machen.

Irgendwann im Herbst 1992 wird in Tuzla auch eine Armee der bosnischen Kroaten aufgestellt (HVO), und Erdemović tritt sofort in sie über. Man bietet ihm den Dienst eines Militärpolizisten, wozu er schon in der Jugoslawischen Volksarmee (JNA) ausgebildet wurde. Als Grund für diesen Armeewechsel führt Erdemović an, dass er es als Militärpolizist vermeiden wollte, in Kriegshandlungen hineinzugeraten. Krieg zu führen und auf Menschen zu schießen, möge er nicht, beteuert er mehrmals. Ein weiterer Vorzug der HVO dürfte allerdings auch gewesen sein, dass diese Armee einen besseren Sold zahlte und im Unterschied zu der ABiH auch eine Lebensmittelration zu bieten hatte. Vor allem aber konnte Dražen Erdemović als Militärpolizist der HVO vielen Serben „helfen". Das erfahren wir gleichlautend aus beiden Vernehmungen. Als guter Mensch habe Erdemović vielen serbischen Zivilisten aus Tuzla und Umgebung geholfen, in die Republika Srpska zu fliehen. Über den Berg Majevica habe er sie durch die Frontlinie in den serbisch kontrollierten Teil Bosniens geschleust. Er habe den Serben geholfen, sich zu retten, erklärt bescheiden Erdemović bei seiner Vernehmung in Novi Sad. In der Haager Vernehmung ist aber der Akzent verlegt: „Während meines Verbleibs bei der HVO", sagt Erdemović, „habe ich mich an keinerlei Verbrechen beteiligt, ich habe sogar Serben geholfen, die aus Tuzla in die Republika Srpska gehen wollten". Leider sind seine Vorgesetzten bei der HVO anderer Meinung gewesen, als sie ihn im Oktober 1993 bei dieser einträglichen Hilfe, manche nennen sie Menschenschmuggel, erwischt haben. Die 76 serbischen Zivilisten, die dem Teil Bosniens entfliehen wollten, der unter muslimischer und kroatischer Kontrolle stand, mussten zurück nach Tuzla, während Erdemović in Untersuchungshaft kam. Ferner erfahren wir aus der Vernehmung in Novi Sad, dass ihn die Muslime geschlagen und misshandelt hätten. Sie haben wissen wollen, wie vielen Serben er auf diese Weise über die Frontlinie geholfen habe. Die Muslime hätten ihn *nicht* geschlagen, sagt Erdemović anderthalb Monate später in Den Haag. Die Kroaten hätten ihn geschlagen und misshandelt.

Seine weitere Geschichte erzählt Erdemović in beiden Protokollen ziemlich gleichlautend mit geringfügigen taktischen Varianten, je nach dem, ob es sich bei seinem Gegenüber um den jugoslawischen Untersuchungsrichter oder um die Haager Ermittler handelt. Es folgen die Flucht in die Republika Srpska mit Frau und Kind, die Klage über die undankbaren Serben, denen er über die Grenze geholfen hätte und die ihm jetzt den Rücken zukehrten, die weitere Flucht in die Bundesrepublik

Jugoslawien, wo es zwar keinen Krieg gab, aber wo er mit Frau und Kind finanziell nicht habe überleben können. Als ausgebildeter Schlosser würde man überall Arbeit finden, denkt man sich als naiver Beobachter. Dann also lieber zurück in die Republika Srpska, wo die Frau von Erdemović Verwandtschaft hat und wo es auch Aussichten auf einen anständigen Job gibt. Von Freunden habe Erdemović nämlich erfahren, dass es in der Stadt Bijeljina eine neue Militäreinheit der bosnisch-serbischen Armee geben sollte, die aus bosnischen Kroaten und einem Muslim rekrutiert worden sei. Es seien alles Leute gewesen, die wie er dem muselmanischen Terror entflohen seien – erklärt Erdemović dem serbischen Untersuchungsrichter. Das militärische Kommando und die Soldaten der Republika Srpska hätten ihn wie einen guten Menschen empfangen. Den Haager Ermittlern erzählt er, dass diese Einheit aus acht Mann bestanden habe: sechs Kroaten, einem Muslim und einem Slowenen. Sie haben hinter der Frontlinie operiert und Anschläge auf Brücken, Militärdepots und Artilleriestellungen der muslimischen Regierungsarmee ausgeführt. Bis zu der Einnahme von Srebrenica habe diese Einheit nie einen Auftrag bekommen, Menschen zu töten. Im April 1994 habe man Erdemović in diese Einheit aufgenommen. Es ist die 10. Sabotageeinheit der bosnisch-serbischen Armee (VRS).

Dies ist in Kürze die Vorgeschichte des Dražen Erdemović mit ihren Variablen, wie er sie in seinen ersten zwei Vernehmungen erzählt hat. Auf weitere variable Nebengeschichten und Details kommen wir noch zurück. Die Hauptgeschichte hingegen, das Massaker an 1200 muslimischen Zivilisten auf der Branjevo-Farm beim Dorf Pilica am 16. Juli 1995, bleibt in ihren Grundelementen durch alle Vernehmungen und Verhöre konstant und widerspruchsfrei – in dem Sinne, dass der Erzähler sich bei allen ihren Wiederholungen nicht durch nennenswerte Änderungen widerspricht. Das Hauptproblem ihrer Glaubwürdigkeit ist „technischer" Natur: ob es möglich ist, in 5 Stunden 1200 Menschen zu erschießen, und zwar in der von Erdemović beschriebenen Art und Weise.

DIE GESTÖRTE RANGORDNUNG I

Ein weiteres wesentliches Problem, mit dem die Anklagebehörde bis zuletzt nicht zu Rande kommt, ist die Rangordnung innerhalb des Exekutionskommandos, das einen Massenmord auf Befehl des Generalstabs der bosnisch-serbischen Armee durchführt, und zwar als letztes Glied einer Befehlskette. Dieses Problem bahnt sich schon in den ersten zwei Vernehmungen an: in Novi Sad und in Den Haag. Als Kommandeur des Exekutionskommandos nennt Erdemović schon in Novi Sad einen ranglosen Soldaten, nämlich Brano Gojković. Jedes Mal, wenn er seinen Namen erwähnt, nennt er ihn einen Kommandeur oder Kommandanten. Dies stellt aber sofort in Frage, ob es sich um ein Kommando im militärischen Sinne handeln kann, denn unter den Angehörigen dieses Kommandos gibt es ranghöhere Soldaten als Gojković. Wie konnte Gojković dann den Befehl führen? In der Haager Vernehmung am 24. April 1996, geführt durch die Ermittler Ruez und Nicholson in Anwesenheit des Anwalts Babić, kommt zunächst die Rangordnung in der 10. Sabotageeinheit zur Sprache: Kompaniechef ist Oberstleutnant Milorad Pelemiš, sein Stellvertreter ist Leutnant Kremenović, Zugführer des Vlasenica-Zuges ist irgendein Leutnant Lule, dessen vollen Namen Erdemović nicht kennt, und Zugführer des Bjeljina-Zuges, dem Erdemović angehört, ist Leutnant Franc Kos. Etwas später erklärt Erdemović die Lage auf der Branjevo-Farm. Ein anonymer Oberstleutnant habe das Einsatzkommando dorthin geführt, um Zivilisten zu erschießen. Ob dann dieser Gojković das Kommando übernommen habe, will der Ermittler Ruez wissen, und Erdemović bestätigt es: Ja, als der anonyme Oberstleutnant weg war, habe Brano Gojković das Kommando übernommen. Ob er die Namen der anderen kenne, fragt Ruez, der plötzlich Verdacht schöpft, worauf Erdemović sie aufzählt. Als erster fällt der Name Franc Kos. Der Anwalt Babić fährt erstaunt auf: „Jener Kommandant? Gojković, und dann noch einer?" Dadurch entsteht ein kaum noch verständlicher Wirbel von Fragen und Erklärungen, in dessen Verlauf Erdemović die eine unglaubwürdige Darstellung durch eine andere ersetzt, die genauso unglaubwürdig ist:

Ruez: Brano Gojković? Stand er denn nicht, wie es normal ist, unter dem Befehl von Franc Kos?

Erdemović: Nein, Brano Gojković war aus Vlasenica, er gehörte zum Vlasenica-Zug. Ich weiß nicht, weshalb er zum Kommandeur ernannt wurde. Auch nicht, wer ihn ernannt hat und warum.

Ruez: Und blieben alle anderen vom Team unter dem Befehl von Franc Kos, wie es üblich ist?

Erdemović: Nein, nur ich selber, Zoran, Stanko und Marko blieben unter dem Befehl von Franc Kos. Den Cvetković Aleksandar gab es auch noch.

Ruez: Dražen, Marko und Stanko…

Dolmetscher: Und Zoran. Haben Sie den letzten, das ist Aleksandar Cvetković?

Erdemović: Er stand nicht unter unserem Kommando. Er war in Vlasenica.

Nicholson: Also, wer stand unter dem Befehl von Kos?

Dolmetscher: Zoran, Stanko, Marko und Dražen.

Erdemović: Und die anderen sind vom Vlasenica-Zug. (S.25f., S.17)

Der erstaunte Anwalt von Erdemović gibt mit seiner Frage zu erkennen, er höre zum ersten Mal, dass dem Exekutionskommando auch der Zugskommandant seines Mandanten angehört. Gebe es denn zwei Kommandanten, Kos *und* Gojković? Damit verliert die Geschichte von Erdemović jede Glaubwürdigkeit. Der Ermittler Ruez verlangt eine Erklärung und Erdemović gibt sie ihm: Er und drei weitere Soldaten des Bjeljina-Zuges seien unter dem Kommando von Franc Kos gewesen, dem Kommandanten des Bijeljina-Zuges, der Rest aber – unter dem Kommando von Gojković. Dadurch wird die Geschichte noch unglaubwürdiger, Ruez tut aber schließlich so, als wäre es möglich, dass in diesem Kommando Einige unter dem Befehl von Franc Kos und die Restlichen unter dem von Gojković gestanden hätten. Was soll er auch machen, er akzeptiert, da er sonst die ganze Aussage von Erdemović in Frage stellen müsste. Hat Ruez den Auftrag, die Wahrheit zu ermitteln oder eine unglaubwürdige Geschichte aufrecht zu erhalten? (Merkwürdigerweise ist im englischsprachigen Protokoll die Frage des erstaunten Anwalts Babić nicht enthalten!) Und dann fügt Erdemović noch hinzu, er wüsste nicht, warum Gojković damals zum Kommandanten ernannt wurde, von wem und weshalb er dazu ernannt war. Diese Antwort muss man sich merken, denn später wird Erdemović immer ganz genau wissen, wer Gojković zum Kommandanten ernannt hätte: nämlich der Kompaniechef Pelemiš.

Anstatt mindestens noch einen der Täter zu vernehmen, um sich Klarheit zu verschaffen, flüchtet Ruez zu einer quasi pragmatischen Lösung. Er versucht die Sache dahingehend zu klären, dass unter dem Kommando von Franc Kos nur die vier Soldaten seines Zuges gestanden haben, die anderen vier aus dem Vlasenica-Zug aber nicht. Letztendlich akzeptiert er aber, dass sie doch alle acht unter dem Kommando des Soldaten Brano Gojković gestanden haben: „Hat der Oberstleutnant nur mit Brano gesprochen, oder auch mit Franc? – Nur mit Brano. – Also, als der Oberstleutnant ging, hat Brano euch Anweisungen gegeben", klärt Ruez die Sachlage. (ebd.)

Das Problem ist aber damit noch lange nicht ausgeräumt. Dass ein rangloser Soldat einem Zugskommandanten Befehle erteilt, ist genauso absurd, wie dass ein Kommando von acht Mann zwei Kommandanten hat: einen Leutnant und einen ranglosen Soldaten. In der von Erdemović dargestellten Rangordnung stimmt etwas Grundsätzliches nicht, was seine gesamte Geschichte fragwürdig macht, doch die Anklagebehörde braucht diese Geschichte für das anstehende Verfahren gegen Radovan Karadžić und Ratko Mladić. Sie braucht ein Kommando mit klarer Rangordnung, das Befehle vom Generalstab empfängt und durchführt, und keinen zusammengewürfelten Söldnerhaufen. Will der Ermittler der Anklage Jean-Rene Ruez deshalb nicht wissen, was es mit diesen Widersprüchen des Kronzeugen auf sich hat?

VERNEHMUNG DES VERNEHMUNGSUNFÄHIGEN

In einer auf zwei Sitzungen verteilten Anhörung, genannt „sentence hearing", wollen die Richter den Angeklagten ausführlicher verhören, um zu einem angemessenen Urteil zu kommen. Es geht freilich nicht um den gestandenen Tatbestand, der ist, wie er ist. Sie möchten aber Erdemović Fragen zu seiner Person und zu seiner Geschichte stellen, sie möchten wissen, was ihn zu seiner Tat geführt hat. Auch zwei Zeugen des Angeklagten sollen angehört werden, die zu seiner Person Entlastendes zu sagen wissen. Den Richtern scheint es aber erforderlich, zuerst ein psychologisches und psychiatrisches Gutachten über den Angeklagten erstellen zu lassen. Er macht einen verworrenen Eindruck und sein geistiger Zustand wirkt schon nach kurzer Beobachtung unstabil und bedenklich. Die Anhörung wird auf den 8. und 9. Juli festgelegt. Am 27. Juni 1996 liegt aber das Gutachten schon vor und leider erklärt es den Angeklagten für nicht vernehmungsfähig. Erdemović leidet an starken post-traumatischen Störungen, stellen die Psychiater fest. Daher kann er nicht vor der Strafkammer erscheinen und muss von weiteren Vernehmungen verschont bleiben. Nach sechs bis neun Monaten werde man sehen, ob sich der mentale Zustand des Angeklagten inzwischen hinreichend gebessert hat und er wieder vernehmungsfähig ist. Da kann man nichts machen, die Richter setzen also das Verfahren aus. Die weiteren zwei Sitzungen und der Urteilsspruch werden erst im November 1996 stattfinden, wenn sich die mentale Verfassung des Angeklagten stabilisiert hat.

Die Vernehmungsunfähigkeit des Angeklagten scheint aber kein Problem zu sein, ihn schon im nächsten Monat als Zeugen zu verhören. Am 5. Juli 1996 tritt der von den Psychiatern für vernehmungsunfähig erklärte Dražen Erdemović als Kronzeuge im Prozess gegen Radovan Karadžić und Ratko Mladić auf. Der Ruf nach Gerechtigkeit erlaubt es einfach nicht, diesen Prozess zu vertagen, bis man irgendwann die zwei Bösewichte festgenommen hat. Es handelt sich um ein Verfahren in Abwesenheit der Angeklagten (in Wirklichkeit ist es eine Anhörung), und Dražen Erdemović darf im Zeugenstand seine nicht im Geringsten überprüfte Geschichte als Beweis für die Schuld von Karadžić und Mladić an den Srebrenica-Morden präsentieren. Indem Erdemović bestätigt, dass der von ihm gestandene Massenmord im Auftrag vom Generalstab der bosnisch-serbischen Armee (VRS) erfolgt ist, liefert er die Grundlage für den internationalen Haftbefehl gegen die beiden Schurken.

Die verfahrenstechnischen Besonderheiten des Prozesses gegen Karadžić und Mladić in Abwesenheit der Angeklagten sollte man Fachleuten überlassen. Der Artikel 61 des Statuts des Jugoslawien-Tribunals macht so einen Prozess möglich. Hier geht es aber vorrangig um die Geschichte, die Dražen Erdemović nun zum ersten Mal im Zeugenstand erzählen wird. Selbst ein „Angeklagter", wird nun Erdemović als „Zeuge der Anklage" vernommen, und zwar von denselben Richtern – Claude Jorda, Elizabeth Odio Benito und Fouad Riad – die ihn kurz zuvor aufgrund eines Gutachtens für vernehmungsunfähig erklärten. Bevor man ihm das Strafmaß in seinem guilty-plea-Verfahren bestimmt, das auf ungewisse Zeit stillgelegt ist, soll Erdemović bitte zuerst als Belastungszeuge in einem anderen Strafverfahren aussagen. Dabei geht es um ein Strafverfahren, das zu dieser Zeit die allerhöchste Priorität hat. Und damit alles glatt verläuft, wird Erdemović als Belastungszeuge von denselben Anklägern präsentiert, die schon die Anklageschrift gegen ihn verfasst haben, nämlich Eric Östberg und Mark Harmon. Dann kann auch nichts schief gehen, wenn der vorsitzende Richter Jorda erklärt, warum der Angeklagte, den er selber für vernehmungsunfähig hat erklären lassen, in einem anderen Verfahren unter seinem Vorsitz als Zeuge der Anklage vernehmungsfähig ist:

> *Richter Jorda:* Ich möchte, dass die Dinge ganz klar sind. Das Verurteilungsverfahren wurde verschoben, weil wir weitere medizinische Information verlangt haben. Jetzt sind Sie aber hier als Zeuge der Anklage. Sie haben wissen lassen, dass Sie bereit sind, als Zeuge auszusagen. Auch Ihr Anwalt, dem Ihre Interessen am Herzen liegen, möchte mit Ihrer Zustimmung, dass Sie als Zeuge aussagen. Wir haben einige sehr spezifische Regeln innerhalb unserer Prozessvorschriften und Vorschriften der Beweisaufnahme, die es erlauben, dass ein Angeklagter natürlich auch als Zeuge aussagen kann, und dies könnte bei zukünftigen Überlegungen in wohlwollende Betrachtung gezogen werden. (2, S.831f.)

Ganz so, wie es der Richter sagt, stimmt es nicht. Das Gutachten, wonach Erdemović vernehmungsunfähig ist, liegt schon am 27. Juni 1996 vor. Zu Beginn des Karadžić-Mladić-Prozesses am 5. Juli sagt aber der Richter, man hätte weitere gesundheitliche Information verlangt. Der Richter hat außerdem nicht nur keine Einwände, wenn der Ankläger im laufenden Verfahren den „krankgeschriebenen", psychisch instabilen Angeklagten als Belastungszeugen in einem anderen Strafverfahren verwendet, im Gegenteil, er versichert Erdemović behutsam, dass „bei zukünftigen Überlegungen", d.h. hinsichtlich seines eigenen

Strafmaßes, seine Aussage als Zeuge der Anklage begünstigend miteinbezogen werden könnte („might be taken into consideration").

DER ANGEKLAGTE ALS ZEUGE DER ANKLAGE

Die Anklagebehörde des Tribunals findet keinen Anstoß daran, einen Angeklagten als Belastungszeugen in einem anderen Prozess zu verwenden, bevor ihm in seinem eigenen Prozess das Urteil gesprochen und das Strafmaß festgelegt wurde. Durchaus übliche Praxis ist es auch, jemanden erst wissen zu lassen, dass er bei der Anklagebehörde den Status eines Verdächtigen hat, und diesen „in potentia-Angeklagten" in Folge als Zeugen zu vernehmen. Diese Person wird also zunächst als Belastungszeuge in einem anderen Strafverfahren verwendet, um ihm erst danach die Anklageschrift zu überreichen – oder vielleicht auch nicht. So weiß der Verdächtige jedenfalls, wie er sich als Zeuge zu verhalten hat. Die Erfahrung lehrt, dass sich diese Reihenfolge gut auf die Bereitschaft des Angeklagten auswirkt, mit seiner Aussage in einem anderen Strafverfahren der Wahrheit im Sinne der Anklage Geltung zu verschaffen. Für das Tribunal scheint sich diese Methode bewährt zu haben.[11]

Denn ohne Wahrheit keine Gerechtigkeit, pflegt die Chefanklägerin des Tribunals Carla del Ponte zu sagen.

Im Verhör des Anklägers Mark Harmon am 5. Juli 1996 ist die Geschichte des Dražen Erdemović zum ersten Mal im Gerichtssaal zu hören, so dass auch die Öffentlichkeit von ihr Kunde erhält. Wir hören, dass Erdemović 1971 im bosnischen Tuzla als Kroate geboren ist. Ja, bevor er in die Armee der bosnischen Serben eingezogen worden sei, habe er ein Jahr lang in der Ju-

---

[11] So hat es z.B. im Milošević-Prozess gleich mehrere Zeugen der Anklage gegeben, gegen die schon eine Anklage erhoben war (u.a. Milan Babić, ein Politiker der so genannten Republika Srpska Kraina, der sich nach seiner Verurteilung das Leben nahm) oder die den Status eines Verdächtigen hatten und jeden Augenblick eine Anklage erwarten konnten (u.a. General Aleksandar Vasiljević, Chef des militärischen Nachrichtendienstes KOS, der letztendlich von einer Anklage verschont blieb).

goslawischen Volksarmee gedient, in der JNA. Damit habe er seinen Militärdienst erfüllt. Im März 1992 ist der Dienst vorbei und Erdemović kehrt nach Hause zurück, dann bricht aber auch in Bosnien der Krieg aus und alle ethnischen Parteien stellen Armeen auf. Im April meldet sich Erdemović bei der Armee der Republik Bosnien-Herzegowina (ABiH). Das ist die von den Muslimen kontrollierte Armee. Drei Monate später zieht Erdemović in die HVO um, das ist die Armee der bosnischen Kroaten. Dort bleibt er länger, bis November 1993, als er sich in die Republika Srpska absetzt, um etwas später in die Armee der bosnischen Serben einzutreten. Es ist dies ein faszinierender Uniformenwechsel mitten im bosnischen Bürgerkrieg, der sich ja entlang ethnischer Grenzen vollzogen haben soll. Der Ankläger Harmon hat aber nicht das geringste Interesse für diese untypische Wanderung seines Zeugen durch die Armeen aller Kriegsparteien. Erst am Ende der Sitzung fragt Richter Riad nebenbei den Zeugen, was ihn denn als Kroaten in die Armee der bosnischen Serben *getrieben* habe. Die Antwort von Erdemović lautet, er habe gar keine andere Wahl gehabt, er habe für seine schwangere Frau sorgen und den Lebensunterhalt verdienen müssen:

> *Richter Riad:* Entschuldigung, dass ich das noch hinzufüge, Sie erwähnten, dass sie im April 1994 in die Armee der bosnischen Serben eintraten. Was hat Sie, der Sie ja ein Kroate sind, in diese Armee getrieben?
> *Erdemović:* Euer Ehren, der Krieg in Bosnien-Herzegowina war ziemlich schlimm. Erst war ich in der Armee der bosnischen Muslime, dann in der Armee der bosnischen Kroaten und zuletzt in der Armee der bosnischen Serben. Ich wollte nicht in die Armee, doch ich hatte keine andere Wahl. Ich musste in die Armee eintreten, um irgendwo wohnen zu können, denn ich hatte meine Frau bei mir, die schwanger war, und das war der einzige Beweggrund, in die Armee einzutreten, ich konnte sonst nirgendwo hin. (2, S.854)

Dass Erdemović kein kroatischer Nationalist ist, steht außer Zweifel, sonst ginge er nicht in die Armee der bosnischen Serben. Ein serbischer oder muslimischer (bosnischer) Nationalist könnte er als bosnischer Kroate ohnehin nicht sein. Sein Vater sei übrigens ein Serbe und seine Mutter eine Kroatin gewesen, erwähnt gelegentlich Erdemović. Auch seine Frau ist eine Serbin. Nicht nur seiner Herkunft nach ist Erdemović also jemand, den man zu dieser Zeit einen „Jugoslawen" nannte. Was geht ihn dann dieser angeblich ethnisch-nationalistische Krieg an, in dem er dauernd die Fronten wechselt? Erdemović gibt dazu eine sehr plausible Erklärung, die nur nicht genau gehört wird. Er konnte nicht anders, sagt er, er musste seine Familie ernähren, er musste den Lebensunterhalt verdienen. Von Beruf ist Erdemović ein ausgebildeter Schlosser, hat aber nach der Fachschule keinen einzigen Tag diesen Beruf ausgeübt. Die Umstände waren halt so, sagt er. Als Soldat in der Jugoslawischen Volksarmee (JNA) erlernt er allerdings ein neues Handwerk, dann kommt Krieg und dieses Handwerk erweist sich als interessanter und einträglicher. Anders gesagt, im bosnischen Bürgerkrieg war Dražen Erdemović ein Söldner. Auch die 10. Sabotageeinheit ist übrigens eine Söldnertruppe, die in ihrer ursprünglichen Zusammensetzung, als sie noch aus einem Dutzend Menschen bestand, das damalige Jugoslawien widerspiegelt: ein Slowene (Franc Kos), mehrere Kroaten und Muslime und einige Serben. Das alles erfährt man von Erdemović selbst, allerdings später. Es geht diesen Soldaten um den Sold, nicht um irgendeine nationale Sache. Dies ist keineswegs eine Herabwürdigung, schließlich haben auch demokratische Staaten eine Berufsarmee, und warum sollte übrigens ein aus Überzeugung mordender Nationalist ein besserer Mensch sein als ein Söldner, der es quasi berufsmäßig tut? Es ist eine einfache Feststellung. Man muss sie aber auch im Auge behalten, denn sonst bliebe vieles in der ganzen Affäre unerklärlich, nicht nur Erdemovićs Wanderung von einer Armee zur anderen.

Dies alles interessiert aber den Ankläger überhaupt nicht, er hat sich einer anderen Wahrheitssuche verschrieben und daher will er den Angeklagten möglichst schnell zu der Frage führen, um die es ihm hier einzig und allein geht: die Frage, ob der Angeklagte nicht als Angehöriger einer Spezialeinheit der bosnischen Serben unter dem Kommando des Generalstabs der bosnisch-serbischen Armee (VRS) gestanden habe, dessen Chef General Ratko Mladić ist. Es geht bei diesem Prozess um nichts Geringeres als um den internationalen Fahndungsbrief gegen Mladić und Karadžić, und Erdemović hat den Beweis zu liefern, dass der Massenmord auf der Branjevo-Farm von Mladić befohlen wurde. Also bestätigt der Zeuge, dass er im April 1994 in die 10. Sabotageeinheit der VRS aufgenommen wurde und dass diese Einheit dem Stabchef und dem Generalhauptquartier der Armee der Republika Srpska in Han Pijesak zugeordnet gewesen sei:

> *Harmon:* Wer war zu der Zeit des bosnisch-serbischen Angriffs auf Srebrenica der befehlshabende Offizier der 10. Sabotageeinheit?
>
> *Erdemović:* Ihr Kommandant war Milorad Pelemiš.
>
> *Harmon:* Wem in der Kommandolinie der bosnisch-serbischen Armee hat Leutnant Pelemiš Meldung erstattet?
>
> *Erdemović:* Er war Oberst Salapura von der Armee der Republika Srpska meldungspflichtig.
>
> *Harmon:* Welche Stellung bekleidete Salapura?
>
> *Erdemović:* Ich glaube, ich sagte schon, dass er Aufklärungsoffizier im Hauptquartier der Armee der Republika Srpska war.
>
> *Harmon:* Wenn Sie „Hauptquartier" sagen, meinen Sie damit, dass er dem Zentrum für Aufklärung des Generalstabs in Han Pijesak zugeteilt war?
>
> *Erdemović:* Ja.
>
> *Harmon:* Also, wie ich verstanden habe, Herr Erdemović, Ihre spezielle Sabotageeinheit war direkt dem Generalstab der bosnisch-serbischen Armee in Han Pijesak unterstellt; ist das richtig?
>
> *Erdemović:* Ja, ja, so ist es. (2, S.835)

Damit ist ganz klar die Kommandolinie beschrieben, die über Pelemiš und Salapura zu General Mladić in Han Pijesak führt, und es dürfte bewiesen sein, dass General Mladić für die Srebrenica-Morde verantwortlich ist. Wären Oberst Salapura und Leutnant Pelemiš nicht kompetentere Zeugen für die Frage gewesen, woher die Befehle für die 10. Sabotageeinheit kommen? Stattdessen befragt man darüber einen psychisch beeinträchtigten und angeblich degradierten Sergeanten. In ihrem Urteil werden die Richter denn auch ausdrücklich Erdemović für seine Aussage loben, mit der er zu dem internationalen Fahndungsbrief gegen Mladić und Karadžić beigetragen habe, und bei den Überlegungen über das Strafmaß werden sie tatsächlich seine Aussage anerkennend berücksichtigen.

DER MORDBEFEHL EINES RANGLOSEN

Die Art und die Zusammensetzung der 10. Sabotageeinheit
scheinen bei der Aussage von Erdemović in diesem Verfahren
am 5. Juli 1996 den Ankläger nur mäßig zu interessieren, was
wirklich schade ist. Wir erfahren jedenfalls, dass diese Einheit
zu Beginn aus bosnischen Kroaten und Muslimen bestanden
und dass sie später mit der Aufnahme auch mehrerer Serben
die Zahlenstärke einer kleinen Kompanie erreicht hat: 60 bis
70 Mann. Diese aus zwei Zügen zusammengesetzte Sabotageeinheit habe vornehmlich Einsätze auf feindlichem Territorium durchgeführt, wie etwa die Sprengung einer Brücke
oder die Zerstörung einer Artilleriestellung. Auch Aufträge
zur Entführung und Liquidierung Angehöriger der feindlichen
Streitkräfte jenseits der Frontlinie hat es gegeben, was Erdemović weniger gern erwähnt, aber schon dem Vernehmungsprotokoll in Novi Sad zu entnehmen ist. Bei den Vernehmungen in
Den Haag hingegen bestreitet er solche ganz vehement. Er sei
zunächst mit dem Dienstgrad eines Sergeanten der Kommandant der 1. Gruppe dieser Einheit gewesen, sagt er. Später habe
man ihn degradiert, weil er einen Befehl verweigert habe, der zu
Menschenopfern hätte führen können:

Harmon: Was waren Ihre Pflichten und Verantwortlichkeiten in dieser Einheit?
Erdemović: Anfangs wurde ich mit Aufklärung auf dem Territorium befasst, wo ich mich auskannte, das ist in Richtung auf die Stadt Tuzla. Später wurde ich Sergeant. Ich
war Kommandant der 1. Sabotagegruppe in Bijeljina.
Harmon: War der Rang eines Sergeanten der höchste
Rang, den Sie bis zu dem Zeitpunkt erreichten, als Sie
schließlich diese Einheit verließen?
Erdemović: Ja, nur möchte ich sagen, dass ich zwei Monate
lang Kommandant dieser Gruppe war und den Rang eines Sergeanten hatte, dass ich aber als Degradierter en-
dete, weil ich mit manchen Entscheidungen meiner Vorgesetzten nicht einverstanden war. Sie degradierten mich
und ich war auch nicht mehr der Kommandant der 1.
Sabotagegruppe. Nach einigen Meinungsverschiedenhei-
ten, nach einem Einsatz, zu dem ich sagte, ich wollte ihn
nicht zu Ende ausführen, weil er zu menschlichen Verlus-
ten führen würde, zu menschlichen Opfern. (2, S.834f.)

Das ist es, was er sagt. Über den Rang und die Degradierung von Erdemović gibt es angeblich weder ein Dokument, noch die Bestätigung eines Zeugen, steht im ersten Urteil vom 29. November 1996 zu lesen. (Letzteres gewährleistet die Anklagebehörde selber, möchte man hinzufügen.) Kompaniechef der 10. Sabotageeinheit ist Leutnant Milorad Pelemiš gewesen, dessen unmittelbarer Vorgesetzter Oberst Petar Salapura gewesen ist, ein Aufklärungsoffizier beim Generalstab der bosnisch-serbischen Armee (VRS) in Han Pijesak. Jetzt braucht der Zeuge nur noch über den Massenmord auszusagen, den seine Einheit im Auftrag vom Kommando der bosnisch-serbischen Armee mit General Ratko Mladić an der Spitze verübt haben soll. Der Ankläger schreitet zur Sache, die Darstellung des Zeugen erfährt aber einen kleinen Knick:

> *Harmon:* Herr Erdemović, ich möchte nun Ihre Aufmerksamkeit auf den 16. Juli (1995, d. A.) lenken und Sie fragen, ob Sie und andere Soldaten Ihrer Einheit an diesem Tag einen Befehl bekommen haben, sich an einer speziellen Angelegenheit zu beteiligen.
> *Erdemović:* Nein, nein. Mir persönlich wurde keiner jener Befehle bekannt gegeben, sondern dem Kommandanten, der zu dieser Zeit die Befehlsgewalt innehatte, könnte irgendjemand den Befehl zu diesem speziellen Auftrag erteilt haben. (2, S.839)

Alles klar? Wer mag denn dieser Irgendjemand sein, der den Befehl „zu diesem speziellen Auftrag" erteilt haben soll? Mit einer neuen Frage, die nicht suggestiv sein darf und daher komisch klingt, bietet der Ankläger seinem Zeugen nochmals die Gelegenheit, die Sache in Bezug auf Befehl und Befehlsempfänger zu klären:

> *Harmon:* Erhielten Sie überhaupt an diesem Tag von irgendjemandem einen Befehl, der einen Auftrag oder Einsatz betraf, den Sie letztendlich ausführten?
> *Erdemović:* Ja.
> *Harmon:* Von wem haben Sie diesen Befehl erhalten?
> *Erdemović:* Vom Gruppenkommandanten Brano Gojković.
> *Harmon:* Hatte er einen dafür normalen Dienstrang? (*Was he of normal rank?*) Verzeihung, ich werde die Frage umformulieren. War es eine normale Sache, dass er Ihrer Einheit Befehle zur Durchführung gewisser Einsätze erteilte, oder war dieser Fall eine Ausnahme?
> *Erdemović:* Ja, es war eine Ausnahme. (2, S.840)

Ist das nicht interessant? Der Zeuge nennt Brano Gojković einen Gruppenkommandanten. Der Ankläger weiß freilich, dass Brano Gojković ein einfacher Soldat ist, er kennt auch das vorausgegangene Interview des Zeugen mit seinen Ermittlern und es ist ihm klar, dass es nicht überzeugend klingt, wenn man diesen Gojković einen Gruppenkommandanten nennt, der den anderen Soldaten Befehle erteilt. Und zwar nicht irgendwelche Befehle, sondern den Befehl, ein ganz schweres Verbrechen zu begehen. Die Frage nach dem Rang und nach der Führungsbefugnis von Gojković („was he of normal rank?") ist dem Ankläger irgendwie herausgerutscht, sorry, sagt er dann und er kaschiert schnell seinen Lapsus mit einer „Umformulierung": ob es denn normal gewesen sei, dass ein rangloser Soldat wie Gojković Befehle erteile, oder ob es sich nicht vielmehr um eine Ausnahme gehandelt habe. Eine Ausnahme war es – bestätigt prompt Erdemović, und damit hat sich die Sache. Eine merkwürdige Truppe muss diese 10. Sabotageeinheit gewesen sein, wo ein rangloser Soldat, sei es auch ausnahmsweise, das Kommando über eine Truppe führt, zu der sogar ein Leutnant gehört. Ein sonderbarer Sachverhalt, der nur geklärt werden kann, wenn auch die anderen Teilnehmer verhört werden könnten, was aber nie geschehen ist. Der Erzähler Erdemović versucht allerdings diese heikle Angelegenheit etwas annehmbarer zu gestalten, indem er andeutet, dass die Befehle eigentlich von einem mysteriösen Oberstleutnant kommen, der im Hintergrund agiert und mit dem Gojković ab und zu Zwiegespräche führt. Indem es dem Befehl des einfachen Soldaten Brano Gojković gehorcht, erfüllt das Erschießungskommando eigentlich den Befehl eines Oberstleutnants, den niemand kennt und der sich den Soldaten nicht einmal vorgestellt hat. Das muss man Erdemović alles abnehmen, denn eine andere Quelle gibt es nicht.

Zu diesem Zeitpunkt hat Erdemović vor den Richtern noch keinerlei Angaben über die Soldaten gemacht, die sich mit ihm in einer Reihe aufgestellt haben und sich anschicken, unter dem Kommando von Gojković Gefangene zu erschießen. Ob er sie alle nennen kann, fragt der Ankläger, und Erdemović nennt sie: Franc Kos, Marko Boškić, Zoran Goronja, Stanko Savanović, Brano Gojković, Aleksandar Cvetković und Vlastimir Golijan. Was die Richter noch nicht wissen, wissen mittlerweile Ermittler und Ankläger: Franc Kos, ein Slowene, ist Kommandant des 1. Zuges der 10. Sabotageeinheit, die mit der Zahlenstärke einer Kompanie von 60 Mann aus zwei Zügen besteht: dem Bijeljina-Zug und dem Vlasenica-Zug. Franc Kos, mit dem Dienstgrad eines ersten Leutnants, ist der Kommandant des Bijeljina-Zuges, dem auch Erdemović angehört. Wohlweislich erwähnt das alles Erdemović vor dem Gericht erst vier Jahre später, am 22. Mai 2000, als er als Zeuge der Anklage im Prozess gegen General Radislav Krstić aussagt. Da hat er schon seine milde Strafe abgesessen und alles hinter sich gebracht. Wie könnte Erdemović glaubhaft machen, dass „zu einer speziellen Angelegenheit", wie der Ankläger sich ausdrückt, Brano Gojković als einfacher Soldat der Kommandant des Zugführers gewesen ist? Daher verschweigt er den Rang von Franc Kos und nennt Gojković jedes Mal „unseren Kommandanten". Daher auch die sehr behutsame Fragestellung des Anklägers Harmon, sobald er sich dieser heiklen Angelegenheit nähert. Und wenn ein Richter eine direkte Frage dazu stellt, tarnt der Ermittler, der bei dieser Gerichtssitzung den Zeugenstand eingenommen hat, folgendermaßen die heikle Sachlage:

> *Richter Riad:* Und was ist mit dem Vorgesetzten, hat er Ihnen gesagt, wer seine Vorgesetzten waren?
> *Zeuge Ruez:* Ja, er gab uns den Namen des Anführers (*the leader*) des Exekutionstrupps (*the execution squad*), wie auch die Namen der sieben anderen Angehörigen der Einheit (*unit*). (3, S.160)

Kein Wort, dass es sich bei einem dieser Namen um den eigentlichen Vorgesetzten von Erdemović handelt, nämlich um seinen Zugskommandanten. Die ganze heikle Angelegenheit bleibt ausgeklammert. Angeklagter und Ankläger entwerfen gemeinsam vor den Richtern eine falsche Darstellung. Will man vielleicht daher keinen anderen Mittäter von Erdemović verhören und anklagen?

Von niemandem hinterfragt oder widersprochen, bleibt Erdemović bei seiner Geschichte, in der Brano Gojković „the Commander of the group" ist und den Befehl über das Erschießungskommando führt.

Acht Angehörige der 10. Sabotageeinheit der bosnisch-serbischen Armee (VRS) treffen am 16. Juli 1995 vormittags auf der Branjevo-Farm beim Ort Pilica unweit von Zvornik ein: Franc Kos, Marko Boškić, Zoran Goronja, Stanko Savanović, Brano Gojković, Aleksandar Cvetković, Vlastimir Golijan und Dražen Erdemović. Es gibt auch einen unidentifizierten Oberstleutnant und zwei Militärpolizisten, die man vorübergehend außer Acht lassen kann, da sie schnell das Blickfeld verlassen und am Massaker nicht beteiligt sind. Nach einigem Getuschel mit dem Oberstleutnant, der dann die Szene verlässt, kommt Brano zur Gruppe zurück und benachrichtigt sie, dass Busse mit Muslimen aus Srebrenica ankommen werden, die man erschießen muss. Kurz danach, um 10 Uhr, kommt der erste Bus an. Darin befinden sich Männer im Alter zwischen 17 und 70 Jahren in Begleitung von zwei Militärpolizisten. Die meisten Männer im ersten Bus sind an den Händen gefesselt und tragen Augenbinden, in den nächsten Bussen nicht mehr. Mit der Ankunft des ersten Busses gibt Gojković Anweisungen, wie hiernach die Erschießung erfolgen soll: Die zwei Polizisten holen jeweils eine Gruppe von 10 Gefangenen heraus, worauf Brano Gojković und Vlastimir Golijan diese zum Ort der Hinrichtung abführen. Die Hinrichtungsstelle befindet sich auf einer Wiese, die 50 bis 100 oder 200 Meter, je nach Aussage, vom Bus entfernt ist. Der Rest des Kommandos hat sich dort aufgestellt und wartet. Jede Gruppe von zehn Gefangenen wird an diese Stelle herangeführt und in einer Entfernung von 20 Metern mit dem Rücken zum Kommando aufgestellt. Dann erteilt Brano Gojković den Befehl zu feuern. In allen seinen Aussagen bestätigt Erdemović, dass man immer wieder eine Gruppe von 10 Gefangenen zur Erschießung aufgestellt habe. Ferner fragt der Ankläger nach der Anzahl der Busse, die an diesem Tag in ungewissen Zeitabständen nacheinander herangefahren seien. Erdemović weiß es nicht genau, aber es müssen zwischen 15 und 20 gewesen sein, sagt er (2, S.845). Ob man mit den Insassen eines jeden Busses auf dieselbe Art und Weise verfahren habe, wie soeben beschrieben? Ob alle auf dieser Farm hingerichtet wurden? So ist es, bestätigt Erdemović. Er sagt aber auch etwas sehr Interessantes über das Verhalten der Busfahrer, und das muss man sich merken:

> *Ankläger:* Lassen Sie mich fragen, Herr Erdemović, was war das Verhalten der Busfahrer, die die Opfer zu der Branjevo-Farm (*Pilica farm*) brachten?
>
> *Erdemović:* Sie waren entsetzt. Ich denke, diese Leute, diese Männer wussten gar nicht, dass sie zu einer Hinrichtungsstätte gefahren wurden. Sie dachten wahrscheinlich, dass sie zum Gefangenenaustausch geführt würden, und das war es auch, was dieser Mann zwischen 50 und 60, mit dem ich sprach, mir tatsächlich sagte, nämlich dass es ihnen versprochen worden war. (2, S. 848)

Ist es nicht merkwürdig, dass der Ankläger weiter nicht das geringste Interesse für diese Aussage zeigt? Was mag denn die Busfahrer entsetzt haben? Ist es wirklich so, dass die Busfahrer, wie der Zeuge denkt, den Auftrag hatten, die Gefangenen in Begleitung von zwei Militärpolizisten zum Austausch mit serbischen Gefangenen zu bringen? Was hat ihn denn veranlasst, so zu denken? Im bosnischen Krieg hat es regelmäßig Gefangenenaustausch zwischen den kriegführenden Parteien gegeben, das ist bekannt. Könnte es vielleicht möglich sein, dass es einen Befehl der militärischen Führung gegeben hat, die Gefangenen zum Gefangenenaustausch zu fahren, und dass diesem Befehl zuwider die Busse unterwegs zur Grenze angehalten und zur Farm umdirigiert wurden, um die Gefangenen zu erschießen?[12] Und dass eben daher die ahnungslosen Busfahrer entsetzt waren? Das würfe ja ein anderes Licht auf die ganze Affäre! Dem Ankläger aber ist das Entsetzen der Busfahrer keine weitere Frage wert, er flieht mit seiner nächsten Frage regelrecht. Dass auch keinen Richter das Verhalten der Busfahrer neugierig macht, ist wirklich schade. Der Wahrheitsfindung hat man damit, gelinde gesagt, keinen guten Dienst erwiesen. Könnte es sein, dass die Ankläger diese Möglichkeit nicht interessiert, weil sie den Beweis entkräftet, dass die Gefangenen im Auftrag von General Mladić erschossen wurden? Sollte es tatsächlich einen Auftrag gegeben haben, die muslimischen Gefangenen gegen serbische auszutauschen, wer hat diesen Auftrag erteilt und wer hat ihn

---

[12] Erst Slobodan Milošević wird in seinem Kreuzverhör am 25. August 2003 den Kronzeugen mit dieser Frage konfrontieren.

unterlaufen? Fragen über Fragen. Werden sie daher nicht gestellt, weil Ankläger und Richter nichts anderes als den Beweis wollen, dass dieser Massenmord im Auftrag von General Mladić geschah, und dass sie nichts wissen wollen, was sie von diesem Beweis abbringen könnte? Das alles sind freilich Spekulationen, die gar nicht nötig wären, wenn die Ankläger ihrer Pflicht zur Wahrheitsfindung nachgekommen wären und auch andere Täter vernommen hätten.

Wann der letzte Bus eingetroffen ist, will der Ankläger ferner wissen. Erdemović weiß es nicht mehr genau, es müsste zwischen 15.30 und 16 Uhr gewesen sein. Er weiß aber, dass mit der Ankunft des letzten Busses eine Gruppe von zehn Soldaten aus Bratunac eingetroffen ist, um auszuhelfen. Sie haben die Erschießung der Insassen des letzten Busses übernommen und sich dabei anders verhalten als seine Gruppe, sagt Erdemović. Sie haben die Gefangenen mit eisernen Stangen geschlagen, haben sie beleidigt und erniedrigt, haben sie gezwungen, zu knien und nach muslimischer Art zu beten, bevor man sie erschossen hat. Erdemović scheint aufrichtig empört zu sein. (Dem Untersuchungsrichter in Novi Sad hat er allerdings am 6. März 1996 gesagt, dass gerade die Soldaten aus seiner Gruppe die Gefangenen beschimpft, beleidigt und geschlagen haben, er selber habe sich aber herausgehalten.) Dann erzählt er auch, er habe versucht, einen älteren Mann zu retten. Dieser Mann habe beteuert, viele serbische Freunde zu haben, er habe in seinem Notizbuch geblättert und Erdemović mehrere Telefonnummern dieser Freunde sehen lassen. Erdemović habe daher erfolglos versucht, seinen Kommandanten Brano Gojković zu überreden, diesen Mann nicht zu erschießen. Gojković aber habe keinen überlebenden Zeugen zulassen wollen, worauf Vlastimir Golijan auch diesen Mann weggeführt und erschossen habe. Erdemović habe das nicht verhindern können, was er ganz schrecklich gefunden habe. Er habe sich noch mit Vlastimir gestritten, um den alten Mann zu retten, aber alles umsonst. Was davon wahr ist? Gojković und Golijan wüssten es, die fragt aber keiner. Und Erdemović ergreift erneut die Gelegenheit für eine Selbstdarstellung, nämlich, wie verzweifelt er sich dem von Gojković erteilten Erschießungsbefehl widersetzt habe. Nebenbei versucht er auch, die führende Position von Gojković glaubhafter zu machen. Auf die Frage, ob er selber auch den Erschießungsbefehl befolgt hat, erklärt Erdemović:

> *Erdemović:* Ja, aber zuerst widersetzte ich mich, und Brano Gojković sagte mir, wenn mir diese Leute leid täten, so soll ich mich doch zu ihnen in die Reihe stellen, und ich wusste, dass dies keineswegs eine leere Drohung war, sondern dass es hätte geschehen können, denn die Situation in unserer Einheit hatte sich so entwickelt, dass der Gruppenkommandant das Recht hatte, jeden, der im Geringsten die Sicherheit der Gruppe gefährdet oder sonst in irgendeiner Weise dem vom Kommandanten Milorad Pelemiš eingesetzten Gruppenkommandanten widerspricht, auf der Stelle zu erschießen. (2, S.845)
> *Harmon:* OK. (…)

Der Kompaniechef Milorad Pelemiš habe also den einfachen Soldaten Brano Gojković zum Gruppenkommandanten ernannt, und er habe ihm auch das Recht verliehen, jeden auf der Stelle zu erschießen, der ihm widerspricht. Und der Ankläger nimmt Erdemović diese Erklärung mit einem schlichten OK ab.

Auf die Frage, wie viele Gefangene seine Gruppe und die Gruppe von der Bratunac-Brigade auf der Farm insgesamt erschossen haben, antwortet Erdemović wiederholt, es müssen zwischen 1000 und 1200 gewesen sein. Alle Leichen habe man auf der Wiese liegen lassen, so wie sie gefallen sind. 1200 Leichen auf einer Wiese, das muss man sich einmal vorstellen. Es würden Bagger kommen und alle an Ort und Stelle begraben, habe jemand gesagt. Und dann taucht erneut irgendwoher der geheimnisvolle Oberstleutnant auf. Ja, er muss natürlich die Leichen gesehen haben. Nein, er habe dazu keinen Kommentar gehabt. Gesagt habe er hingegen, dass es im Kulturhaus des Dorfes Pilica weitere 500 Muslime aus Srebrenica gebe und dass man dorthin müsse, um auch diese Arbeit zu erledigen. Dann habe aber Erdemović laut und deutlich nein gesagt. Ist das nicht merkwürdig? Erst wagt es Erdemović nicht, dem einfachen Soldaten Gojković den Gehorsam zu verweigern, danach widersetzt er sich aber dem Befehl eines Oberstleutnants! Nun sei es genug gewesen, habe Erdemović erklärt, er wolle keinen töten, er sei doch niemandes Erschießungsroboter („robot for the extermination of people")! (2, S.850) Andere Angehörige seiner Gruppe haben ihn dabei unterstützt. Welche – will Ankläger

Harmon plötzlich ganz genau wissen, und Erdemović nennt Franc Kos, Marko Boškić und Zoran Goronja. Warum er sich denn jetzt geweigert habe, fragt der Ankläger weiter und Erdemović antwortet resolut: „Weil es mir jetzt einfach zuviel war!" („Because I just could not take it any more.") Hätte er doch eher diesen Mut aufgebracht, denkt man sich als Beobachter im Zuschauerraum. Die Erschießung der 500 Muslime in Pilica habe dann die Gruppe aus Bratunac bereitwillig übernommen.

Abschließend will der vorsitzende Richter Jorda im Mladić-Karadžić-Verfahren sicherheitshalber doch noch wissen, warum Erdemović willig war, als Zeuge auszusagen, und bekommt als Antwort zunächst ein letztes Reuebekenntnis: Meines Gewissens wegen, sagt Erdemović („I wanted to testify because of my conscience", 2, S.854). Schon mit seinem nächsten Satz nimmt er es wieder zurück: Er habe zwischen seinem Leben und dem Leben dieser Menschen wählen müssen, wenn er sein Leben verloren hätte, hätte er das Schicksal dieser Menschen doch nicht ändern können, denn das Schicksal dieser Menschen sei von jemandem besiegelt worden, der eine höhere Position gehabt habe als er. (2, S.855) Vielleicht stimmt das auch, nur war dieser jemand auf Leute wie Erdemović angewiesen – denkt man sich als Beobachter im Zuschauerraum.

Der Ankläger schließt sein Verhör mit einer Frage zu der Schießerei in einer Kneipe ab, die in Bijeljina stattgefunden habe, als Erdemović nach dem Massaker auf der Branjevo-Farm nach Hause ging. Ob er nicht bei dieser Schießerei schwer verwundet wurde. Erdemović bestätigt es. Wer auf ihn geschossen habe, will der Ankläger noch wissen. Es sei Stanko Savanović gewesen, der auf der Branjevo-Farm behauptet habe, eigenhändig 200 bis 300 Gefangene erschossen zu haben, antwortet Erdemović. Dann wollen auch die Richter dem sichtbar erschöpften Zeugen einige Fragen stellen. Ob er eine Pause möchte? Nein, sagt Erdemović, er möchte aber, dass es schnell vorbei ist, denn er finde dies alles sehr hart. (2, S.252) Die Richter haben Verständnis dafür, hatten sie doch glatt vergessen, dass der Zeuge an post-traumatischer psychischer Störung leidet und vernehmungsunfähig ist. Zu viele Fragen sollen es also nicht sein. Eine der Fragen des Richters Riad lautet, weshalb dieser Stanko auf ihn geschossen habe. Nicht nur auf ihn habe man geschossen, ergänzt Erdemović, sondern auf noch zwei seiner Kollegen, die sich dem Befehl des Kommandanten und anderer Angehöriger der Einheit widersetzt haben. Jemand, wahrscheinlich Brano Gojković, muss dem Kompaniechef Pelemiš das widerspenstige Verhalten von Erdemović bei der Erschießung gemeldet haben, und da muss sich Pelemiš gedacht haben: Dieser Erdemović wird eines Tages noch als Zeuge gegen mich aussagen. Was ich jetzt gerade auch tue, ergänzt mit verhaltenem Stolz Erdemović:

> *Richter Riad:* Das ist meine letzte Frage. Sie sagten, dass, nachdem Sie die Pilica-Farm verlassen hatten, Sie dieser Mann namens Stanko angeschossen habe. Warum hat er auf Sie geschossen?
>
> *Erdemović:* Nun, meine Vermutung ist, dass jemand, einer dieser Männer (ich denke, es war Gojković Brano), dem Kommandanten mein Verhalten auf der Farm mitgeteilt hatte, und dass sie wahrscheinlich zu der Schlussfolgerung gekommen waren, dass ich das einfach nicht ertragen könne und dass, vielleicht, ich weiß nicht, dass ich das tun könnte, was ich heute tue, nämlich gegen sie aussagen. (2, S.853)

Bei der zweiten Anhörung in seinem eigenen Verfahren am 19. November 1996 wird Erdemović den Richtern eine etwas andere Erklärung vorlegen: Man habe auf ihn geschossen, weil er auf der Branjevo-Farm ungehorsam gewesen ist und sich zunächst dem Erschießungsbefehl widersetzt habe. Auf die Frage des Richters, warum er den Schießbefehl nicht einfach verweigert hat, reißt Erdemović sein Hemd auf und zeigt den Richtern seine Schussnarben: „Seht, was man dann mit mir getan hätte!" (3, S.197) Ob diese Erklärung überzeugender ist als die erste? Und als Zeuge der Anklage im Milošević-Prozess am 25. August 2003 wird Erdemović schließlich behaupten, er könne sich gar nicht mehr erinnern, weshalb er vom Kollegen Stanko Savanović angeschossen worden ist. Er wisse es einfach nicht mehr. (8a, S.25222, 8b, S.348)

Eine kleine Arithmetik

In seinen späteren Varianten, die er als Angeklagter und mehrmals als Belastungszeuge vorbringt, bereichert Erdemović seine Geschichte mit neuen narrativen Details, die zwar ihrer literarischen Qualität zugute kommen, nicht aber ihrer Glaubwürdigkeit. Neben allen Widersprüchen, Ungereimtheiten und sonstigen Variablen gibt es eine Konstante: die Erschießung von 1000 bis 1200 muslimischen Gefangenen auf der Branjevo-Farm in Gruppen von jeweils 10 Opfern. Außerhalb des Gerichtssaals aber, bei den sogenannten Interviews der Ermittler, die nichts anderes als Vernehmungen sind, weiß es Erdemović auch selber nicht, wie viele Gefangene am 16. Juli 1995 auf der Branjevo-Farm erschossen wurden. Bei seiner Vernehmung in Novi Sad am 6. März 1996 sagt er dem Untersuchungsrichter Tomislav Vojnović, es seien vielleicht 15 bis 20 Busse angefahren, und was die Opfer betrifft, er wisse es nicht genau, er „schätze", es müssten um die 1200 sein. (S.6, S.6) Das Vernehmungsprotokoll der Haager Ermittler am 24. April 1995 macht schnell klar, weshalb auch die Anklageschrift so vorsichtig von „hundreds of Bosnian Muslims" spricht. Auf die Frage des Ermittlers Jean-Rene Ruez, ob er eine Ahnung habe, wie viele Menschen hingerichtet worden seien, antwortet Erdemović, er könne es nicht genau sagen, er denke, es könnten 1200 gewesen sein, er wisse es aber wirklich nicht. Er denke an die Zahl der Busse, und außerdem haben manche Soldaten erzählt, wie viele Leute sie persönlich erschossen hätten. (S.6, S.5) Mehrmals hat Erdemović angeführt, er selber habe 70 bis 100 Leute erschossen. Laut Protokoll sagt er aber, er habe sie nicht gezählt, es sei eine schreckliche Sache für ihn gewesen, wie hätte er dabei noch zählen können. „Weniger als 10, oder mehr als 50, oder?" – bohrt Ruez weiter. „Nicht weniger als 10, aber eine genaue Zahl weiß ich wirklich nicht", lautet die Antwort. (S.33f., S.22) Eine erneute Kurzfassung der Geschichte von der Massenerschießung mit Ergänzungen aus späteren Varianten dürfte zu einiger Klärung beitragen:

Acht Täter haben am 16. Juli 1995 auf einer Farm beim Dorf Pilica, 40 Kilometer nördlich von Srebrenica, 1200 muslimische Gefangene bzw. Zivilisten erschossen. Der erste Bus mit 50 bis 60 Menschen kommt zwischen 10 und 11 Uhr an. In diesem ersten Bus sind sie gefesselt und tragen eine Augenbinde, in den weiteren Bussen nicht mehr. Der Platz der Erschießung befindet sich 50, 100 oder, in späteren Fassungen, 200 Meter vom Bus entfernt auf einer Wiese. Die acht Täter stellen sich zunächst zwischen Bus und Erschießungsplatz in einer Linie auf. Dann werden jeweils 10 Gefangene aus dem Bus geholt. Sie müssen erst alles herausholen, was sie in den Taschen haben, und die persönlichen Papiere müssen sie in die Ecke einer Garage werfen, die sich nebenan befindet. Dann werden die Opfer an den Tätern vorbei zum Erschießungsplatz geführt und mit dem Rücken zu den Tätern aufgestellt, die sich inzwischen auch in eine Linie parallel zu den Opfern aufgestellt haben, wobei der Abstand zu den Opfern 20 Meter beträgt. Dann wird auf Kommando von Brano Gojković auf die Opfer gefeuert, die Kalaschnikows auf Einzelfeuer. Am Ende kontrolliert man, ob jedes Opfer tot ist, und die noch lebenden erledigt man mit der Pistole. Dieses Handwerk übernimmt meistens Stanko Savanović. Daraufhin stellen sich die Täter wieder in einer Linie bis zum Bus auf, während Brano Gojković und Vlastimir Golijan die nächste Zehnergruppe aus dem Bus holen.

In allen Aussagen bestätigt Erdemović ausdrücklich, dass sich dieser Vorgang unverändert bei jeder neuen Gruppe wiederholt habe. Es werden immer nur 10 Opfer aus dem Bus herausgeholt. Bei der letzten Gruppe vom ersten Bus habe man mit einem Maschinengewehr M-84 experimentiert. Brano Gojković und Aleksandar Cvetković seien auf die Idee gekommen, zur Beschleunigung der Arbeit dieses schwere Maschinengewehr einzusetzen. Damit habe man aber die meisten der Zehnergruppe nur verwundet. Man habe sie dann alle mit der Pistole erledigen müssen, die reinste Zeitverschwendung. Einige der Täter hätten sich auch das Schreien und Flehen der Verwundeten nicht mehr anhören können, und man sei in eine längere Auseinandersetzung geraten. Daher habe man nach der zweiten oder dritten Gruppe das Maschinengewehr weggelegt und sei zur erprobten Erschießungsmethode zurückgekehrt: Kalaschnikow auf Einzelfeuer. Erdemović habe auch lange mit einem alten Mann geredet, der angegeben habe, serbische Freunde zu haben. Der Mann habe in seinem Notizbuch geblättert und ihn mehrere Telefonnummern dieser Freunde sehen lassen, worauf Erdemović das Leben des alten Mannes habe retten wollen und erfolglos versucht habe, seinen Vorgesetzten Brano Gojković dazu zu überreden, diesen Mann nicht zu erschießen. Gojković aber habe keine überlebenden Zeugen zulassen wollen und den Mann doch erschießen lassen. Irgendwann nach dem zweiten oder dritten Bus war der Alkohol alle und da sei der Fahrer Cvetković ins Auto gestiegen und habe für Nachschub gesorgt. Um 13 oder um 14 oder um 15 Uhr, je nach Aussage, sei eine Gruppe von ca. 10 Soldaten aus Bratunac gekommen, um auszuhelfen. Man habe sich begrüßt, die Hand gegeben, einige kannten sich persönlich. Dann haben Erdemović und der Rest seiner Gruppe nicht mehr weitermachen wollen und sich etwas abseits hingesetzt, während die Gruppe aus Bratunac die Erschießung zu Ende geführt habe. Allerdings hätten sich jetzt die Täter aus Bratunac auch die Zeit genommen, um die Opfer zu prügeln, zu beschimpfen und zu erniedrigen. Sie sollten z.B. knien und auf muslimische Art beten. Erdemović sei ferner aufgefallen, dass diese Soldaten mehrere Opfer persönlich kannten. Eines der Opfer versuchte zu fliehen, man rannte hinter ihm her, holte es ein und erschoss es. Das alles nimmt Zeit in Anspruch. Zwischendurch trinkt man Sliwovits und raucht eine Zigarette, und um 15 Uhr oder etwas später ist man mit den 1200 Opfern fertig. Die Leichen habe man einfach liegen lassen, Gruppe nach Gruppe, so dass am Ende die Wiese mit bis zu 1200 Leichen bedeckt gewesen sein muss. Man stelle sich das einmal vor.

Nehmen wir an, dass man auf diese Weise alle 10 Minuten eine Gruppe von 10 Opfern erschossen hat. Selbst das wäre ein extrem kurzer Zeitraum, will man alle Einzelheiten des dargestellten Vorgangs berücksichtigen. Insgesamt soll es sich um 120 Gruppen von je 10 Gefangenen gehandelt haben. Will man Gruppe nach Gruppe im Abstand von 10 Minuten erschossen haben, auch dies schon ein unzumutbares Tempo, bräuchte man für die Erschießung von 1200 Menschen mindestens 20 Stunden. Kein Richter würde es normalerweise versäumen, diese einfache Rechnung zu machen. Nicht so die Richter des Haager Tribunals. In mehreren Anhörungen akzeptieren sie, dass man 1200 Menschen in Gruppen von zehn in weniger als 5 Stunden erschossen hätte. Das würde heißen, dass man 120 Gruppen in 300 Minuten erschossen hätte, also dass man alle 2,5 Minuten eine neue Gruppe aus dem Bus holt, jeden Einzelnen seine Taschen leeren und seine Papiere wegwerfen lässt (was bei den Gefesselten ein besonderes Problem sein dürfte!), dass man dann die Zehnergruppe 100 bis 200 Meter weit zur Wiese jagt, dort erschießt und anschließend kontrolliert, ob jeder tot ist. Und dann habe man noch zwischendurch getrunken, geprügelt und gestritten. In einem normalen und auf Wahrheitsfindung angelegten Strafverfahren würden sich die Richter übrigens selber zum Tatort begeben und sich vorführen lassen, wie das möglich sein soll.

Das Tribunal sperrt sich vehement dagegen, die Mittäter von Erdemović zu vernehmen, um die offensichtliche Unglaubwürdigkeit seiner Geschichte zu überprüfen. Weit weg von Den Haag hat dennoch einer dieser Mittäter eine Aussage dazu getätigt: Marko Boškić, der im April 2004 in Peabody bei Boston, USA, festgenommen wurde. Vom FBI verhört, gibt Boškić seine Beteiligung an dem Massaker zu und behauptet, man habe die Gefangenen jeweils in Gruppen von vier bis fünf Mann erschossen![13] Das wären in dem Fall 240 Gruppen, die man innerhalb von 300 Minuten erschossen hätte, d.h. doppelt so schnell wie in der Darstellung von Erdemović! Wollte man vielleicht daher auf keinen Fall die Auslieferung von Boškić an das Tribunal?

Ein Kommando von 8 Mann soll 1200 Gefangene in Gruppen von 10 innerhalb von 5 Stunden erschossen haben und ein rangloser Soldat soll dieses Kommando angeführt haben, wobei er auch seinem Zugskommandanten, der demselben Kommando angehört, Befehle erteilt habe. Anders gesagt: die Geschichte von Dražen Erdemović muss sich, wenn schon, ganz anders zugetragen haben, als er sie erzählt.

---

[13] S. Boston Globe vom 10 März 2005: „Marko Boškić, a Peabody construction worker accused of being a war criminal, admitted to federal agents last year that he helped kill busloads of unarmed Muslim men in an infamous July 1995 massacre in a field outside the town of Srebrenica. The men were led out of the bus and lined up to be ‚liquidated with automatic rifles‘,“ Boškić wrote in a six-page statement to FBI agents in Boston while being interrogated last August. ‚First, they started to shoot, and I didn't want to join, but they forced me to shoot‘, Boškić said, according to an FBI account of the interview last summer. He admitted using a rifle to gun down prisoners who were taken off buses in groups of four and five, the FBI said.“

AM ORT DER WAHRHEIT

In ihrer literarischen Verklärung „Ein Tag im Leben des Dražen Erdemović", die Slavenka Drakulić anscheinend aufgrund von Gesprächen mit ihrem tragischen Helden verfasst hat, erzählt sie die Geschichte von Dražen Erdemović und dem alten Mann nach, dessen Leben er erfolglos habe retten wollen. Er habe diesen alten Mann zur Seite genommen, ihm eine Zigarette gereicht und ein Glas Orangensaft eingeschenkt. (Warum keinen Sliwovits, der reichlich geflossen sei, möchte man fragen. Nur weil der alte Mann ein Muslim war?) Von Frau Drakulić erfahren wir ferner, dass sich beide, Mörder und Opfer, lange über ihr trauriges Los unterhalten haben, und das geht so: „,Wir haben alle zusammengelebt, Muslime, Serben, Kroaten', sagte der alte Mann. ,Was ist uns einfachen Menschen geschehen? Warum haben wir das zugelassen?' ,Ja wirklich, was ist uns geschehen?', sagte Dražen. ,Wenn mir das nur jemand erklären könnte. Ich weiß nicht mehr als du.'" So geht es eine Weile weiter, Dražen kann aber nichts für den alten Mann tun. Die Tragik des schuldlos Schuldigen bringt die Dichterin in zwei knappen Sätzen zum Ausdruck: „Es klang verdammt. Aber es war die Wahrheit."
Frau Drakulić scheint volles Vertrauen zu Erdemović zu haben. Ob das auch umgekehrt der Fall ist? Der Reporterin des US-Senders ABC, Vanessa Vasic-Jenekovic, nannte er ein falsches Datum der Erschießung, weil er ihr nicht vertraut habe, und Frau Drakulić nennt er falsche Namen seiner Mittäter. So heißt der grausame Kommandant Gojković hier Pero, während ein anderer, der den kroatischen Namen Ivan führt, Erdemović immer wieder hausgebrannten Sliwovits einschenkt. Kein Pero und kein Ivan kommen aber unter den acht Tätern vor, die Erdemović mehrmals aufzählt. Möglicherweise könnte es sich bei der gesamten Szene um literarische Freiheit handeln, seitens Erdemović oder seitens Drakulić, egal. Exklusiv für Frau Drakulić berichtet Erdemović auch von einer weiteren erschütternden Szene, die er sonst keinem Ermittler und keinem Richter preisgegeben hat:

> Während er noch einen langen Schluck nahm, beobachte Dražen aus dem Augenwinkel, wie aus einem der Busse ein kleiner Junge stieg. Er trug keine Augenbinde, und

Dražen konnte sein Gesicht sehen, obwohl er sich geschworen hatte, nicht mehr auf die Gesichter der Gefangenen zu achten. Das erschwerte ihm die Arbeit. Der Junge mochte fünfzehn sein, vielleicht auch jünger. Er war nackt bis zur Gürtellinie und seine bleiche Haut der Sonne ausgesetzt. Er musterte die Soldaten und dann die Toten auf dem Feld. Seine Augen wurden immer größer, als könnte er das alles nicht aufnehmen. ,Er ist doch erst ein Junge', murmelte Dražen mehr für sich und war bemüht, nicht hinter ihm zu stehen zu kommen. Als die Gefangenen vor dem Trupp nieder knieten, hörte Dražen noch vor dem Schießbefehl die Stimme des Jungen. Mama, flüsterte er, Mama. An diesem Tag war Dražen Zeuge geworden, wie Männer um ihr Leben flehten, wie Kinder weinten, den Soldaten Geld, Autos, sogar Häuser versprachen. Viele fluchten, einige schluchzten. Doch dieser Junge rief nach seiner Mutter, wie Kinder es tun, wenn sie aus einem bösen Traum erwachen und Trost suchen. Obwohl der Junge eine Minute tot war, glaubte Dražen noch immer seine Stimme zu hören.[14]

Es ist einfach friedensliteraturpreisverdächtig. Wolfgang Petritsch, österreichischer Diplomat und 1999 bis 2002 Hoher Repräsentant der internationalen Zivilverwaltung in Bosnien und Herzegowina, hat bei einer festlichen Veranstaltung in Wien am 19. Mai 2005 den Essay von Slavenka Drakulić sehr eindrucksvoll vorgelesen.[15] Zuerst bekommt aber die Dichterin das Wort, und sie hebt an zu einer Laudatio auf das Tribunal, wie man es nur von wahren Dichtern erwarten kann. Frau Drakulić erhebt das Tribunal zu einem gleichsam metaphysischen Ort der Wahrheit und verkündet: „Es gibt keine Wahrheit über diesen Krieg außer derjenigen, die vom Tribunal in Den Haag kommt." Den Haag sei nicht bloß eine symbolische Justiz, sondern die Wahrheit selber, Den Haag sei der einzige Ort, wo die Wahrheit im Gerichtsverfahren erscheine, alles andere, was man hört, sei Ideologie und Politik, das heißt Manipulation. In gewissem Sinne möchte man ihr Recht geben.

Zu der dichterischen Wahrheit von Frau Drakulić gehört freilich auch die rosige Schwiele am rechten Zeigefinger von Dražen Erdemović („Er hatte vielleicht siebzig Menschen getötet und

---

[14] Slavenka Drakulić: Keiner war dabei. Wien 2004, S.111f.
[15] Slavenka Drakulić im Dialog mit Wolfgang Petritsch: http://www.kreisky.org/ kreiskyforum/pdfs/rueck/238.pdf

davon eine Schwiele bekommen. Plötzlich kam ihm das so komisch vor, dass er kurz und hysterisch auflachte.") . Das Tribunal erhebt Frau Drakulić auch zum Ort der Wahrheit, indem sie ihren Held ein schnelles Kopfrechnen durchführen lässt und damit die Zahl von 1200 Erschossenen ganz authentisch macht: „Als Dražen auf seine Uhr sah, war er schockiert. Sie hatten nur fünfzehn Minuten gebraucht, um mehr als sechzig Menschen zu töten." Dichtung und Wahrheit: man hat sechs Gruppen von zehn Gefangenen aus dem Bus gezerrt, ihre Papiere abgenommen, sie 100 bis 200 Meter durch die Wiese gejagt und erschossen, und dies alles innerhalb von 15 Minuten. Also, Gruppe nach Gruppe im Rhythmus von zweieinhalb Minuten. Frau Drakulić kann nicht nur gut schreiben, sie ist auch gut im Rechnen. Will es jemand noch bezweifeln, dass man innerhalb von 5 Stunden 1200 Gefangene erschossen hat?

WIE VIELE ERSCHOSSENE?

Bei der Anhörung von Dražen Erdemović am 19. November 1996 legt der Ankläger Mark Harmon die Beweise für das Geschehen auf der Branjevo-Farm vor, die das Schuldbekenntnis von Dražen Erdemović in seiner Faktizität bestätigen sollen. Zu diesem Zweck verhört er als Zeugen seinen Hauptermittler Jean-Rene Ruez, der zunächst einige Luftfotos vorlegt. Auf Basis der von Erdemović gelieferten Information seien diese Luftfotos von „relevanten Diensten" aufgenommen und dem Tribunal zur Verfügung gestellt worden. Luftfotos müssen bekanntlich fachmännisch „gelesen" und interpretiert werden, ein Laie wird darauf so gut wie nichts erkennen. Also erklärt Ruez den Richtern, was sie auf den Luftfotos sehen. Das eine Luftfoto ist vom 17. Juli 1995, einen Tag nach dem Massaker, und darauf seien mehrere Leichen zu erkennen, wie auch möglicherweise ein Massengrab im Prozess seiner Aushebung. Ein anderes Luftfoto vom 27. September 1995 lasse „Spuren von Arbeit" erkennen, erklärt Ruez. Es habe also Ende August und Anfang September eine Exhumierung stattgefunden, eine Exhumierungstätigkeit, die auf dem Luftfoto noch im Gange sei, und „trotzdem, trotz dieser Tätigkeit, die wir hier sehen", hebt Ruez hervor, haben die Ermittler an Ort und Stelle 153 Leichen ausgegraben. (3, S.135)

Die materielle Evidenz für das Massaker auf der Branjevo-Farm besteht also aus 153 Leichen und aus einigen geheimdienstlichen Luftfotos, die beweisen sollen, dass es weit mehr Leichen gewesen sein müssen.[16]

Da Bosnien zu dieser Zeit, wie Militärexperten behaupten, permanent unter Satellitenbeobachtung gestanden hat, fragt man sich, warum es denn keine Luftaufnahmen von den Ausgrabungsarbeiten und Leichenumbettungen selber gibt. Warum es etwa keine Aufnahmen von Leuten und Maschinen gibt, die dabei sind, Leichen auszugraben und aufzuladen, und nicht nur von den Spuren ihrer Tätigkeit. Vielleicht gäbe es eine überzeugende Antwort darauf, wenn man nur fragte, was aber bei diesem Gericht keiner tut.[17]

Doch der Hauptermittler hat einen weiteren Beweis. Immerhin, so Ruez, habe Erdemović während der Erschießung bis 3 Uhr nachmittags 60 Busse gesehen, pardon, sagt er, 20 Busse mit 60 Gefangenen in jedem Bus. Für die Zahl von 1200 Erschossenen ist somit die Zahl der Busse entscheidend, die Erdemović gesehen haben will. Auf diese Frage angesprochen gibt er meistens an, er wisse es nicht genau, es müssten aber zwischen 15 und 20 gewesen sein. Als ihm in seinem Interview am 24. April 1996 Hauptermittler Ruez die Frage stellt, wie viele Busse insgesamt gekommen seien, sagt er: „Das kann ich jetzt nicht beantworten, ich habe sie nicht gezählt, es war mir nicht danach, ich weiß nicht, was ich darauf antworten soll." (S.6, S.5) So sieht die Beweisführung am „Ort der Wahrheit" aus.

---

[16] Über die weitgehende Unzuverlässigkeit dieser von der damaligen US-Staatssekretärin Madeleine Albright für das Tribunal freigegebenen Aufnahmen siehe ferner Cees Wiebes: Intelligence and the War in Bosnia, 1992-1995, Münster-Hamburg-London 2003, S.348f. Ein schönes Beispiel für die Manipulation der Öffentlichkeit gab es z. B. auch, als am 5. Februar 2003 der damalige US-Außenminister Colin Powell den UN-Sicherheitsrat anhand solcher Fotos davon überzeugen wollte, dass Irak im Geheimen Massenvernichtungswaffen produziere. Nur konnte man damals an seinem Gesicht noch ablesen, dass er sich dabei schämte.

[17] Mehrere gut begründete kritische Fragen dazu finden sich in dem im Internet veröffentlichen Essay von Werner Sauer „Srebrenica und das Video". http://www.labournetaustria.at/archiv41.htm

153 wehrlose Zivilisten zu erschießen bleibt freilich ein ganz schweres Kriegsverbrechen und alle, die daran beteiligt waren, müssen vor Gericht gestellt werden. Doch hat diese Zahl zwei große „Vorteile" im Vergleich zu 1200. Erstens, für sie gibt es eine materielle Evidenz, und zweitens, es ist tatsächlich annehmbar, dass man in 5 Stunden 15 Gruppen von 10 Gefangenen erschießen kann, wobei man zwischendurch noch sauft, raucht, sich rauft, mit einem Maschinengewehr experimentiert und die Opfer prügelt und erniedrigt. Nur: diese Zahl ist etwas zu mager, um mit ihr einen Völkermord an den bosnischen Muslimen zu untermauern. Ein Völkermord, den die Medien zum zweifellos größten Verbrechen erklären, das seit dem Ende des Zweiten Weltkriegs auf europäischem Boden verübt worden ist.

DIE GESTÖRTE RANGORDNUNG II

Wie wir gesehen haben, verschweigt also Erdemović bis zu seinem Auftritt als Belastungszeuge im Krstić-Prozess am 22. Mai 2000 den Offiziersrang eines seiner Mittäter, und die Ankläger schweigen mit. Hatten sie vielleicht nicht die Gelegenheit, die Personalien aller Mittäter zu ermitteln? Im Gegenteil, schon ihm Frühstadium der Ermittlungen haben sie sich ausführlich damit beschäftigt und waren richtig erstaunt über den Befund, dass einer der acht Soldaten, die angeblich unter dem Kommando eines Brano Gojković geschossen haben, ein Leutnant und sogar Zugskommandant des Bijeljina-Zuges war, dem die Hälfte der Täter angehörten (s. „Die gestörte Rangordnung I"). Ein Angeklagter darf bekanntlich verschweigen, was ihn belasten oder auch seine Lage erschweren könnte. Der Ankläger aber ist genauso der Wahrheitsfindung verpflichtet wie der Richter. Im Prozess der Wahrheitsfindung (und nichts anderes hat ein Strafverfahren zu sein) ist es sogar strafbar, einen wichtigen Sachverhalt den Richtern vorzuenthalten. Auch als Ankläger.

Am 6. November 1996 führen der Hauptermittler Jean-Rene Ruez und sein Kollege Peter McCloskey wiederum ein wichtiges Interview mit Dražen Erdemović, das zum Ziel hat, den Angeklagten auf sein anstehendes Verhör durch die Richter vorzubereiten. Am 19. November 1996 findet nämlich seine wichtigste Anhörung im guilty-plea-Verfahren statt. Er müsse die Fragen, die ihm die Richter stellen werden, überzeugend und ohne Ausflüchte beantworten können. Vor allem dürfe er sich nicht in Widersprüche verstricken. Und plötzlich bringt Ruez mit einer Frage seine kaum zu übertreffende Skepsis zutage. Was ist z.B. mit diesem Franc Kos, dem Chef des Bijeljina-Zuges, fragt Ruez ganz unvermittelt. Könne Erdemović ihm vielleicht erklären – „wenn es überhaupt eine derartige Erklärung gibt" – wie es denn kommen konnte, dass Gojković in Anwesenheit von Zugführer Franc Kos der Anführer war? Wie will das Erdemović erklären? Der Argwohn trieft nur so aus der Frage des Ermittlers:

> Ich möchte, dass Sie mir erklären – wenn es überhaupt eine derartige Erklärung gibt –, wie es bei der Zusammenstellung des Tötungskommandos dazu kommen konnte, dass der Anführer dieser Gruppe Brano Gojković war, obwohl in der Gruppe Leute waren, die entweder in der Srebrenica-Operation Teams anführten, oder sogar, wenn wir von Franc Kos sprechen, der Chef des Bijeljina-Zuges. Wie erklären Sie diese Rolle von Brano Gojković? (S.4, S.4)

Erdemović hat offensichtlich große Mühe damit und bringt es nicht weiter als zu der Erklärung, dass sich der Kompaniechef Pelemiš und Brano Gojković nahe gestanden hätten. Das findet Ruez zu mager. Ob Gojković im Vlasenica-Zug vielleicht etwas mehr als ein einfacher Soldat gewesen sein könnte? Er wisse dies nicht, sagt Erdemović, woher solle er es auch wissen. Ruez scheint sich zunächst damit abzufinden, kommt aber eine Weile später darauf zurück. Franc Kos müsste doch ganz bestürzt („quite upset") darüber sein, dass er nicht selber die Führung dieses Exekutionstrupps gehabt hat, bemerkt Ruez hämisch. (S.27, S.27) Das habe ihm nichts ausgemacht, meint Erdemović; Kos war OK. Aber er war doch an Ort und Stelle der einzige Offizier, wundert sich erneut Ruez. Ach, sagt Erdemović, man habe Kos einfach einen Rang gegeben, weil er clever sei, weil er mit Sprengstoff umzugehen wusste, weil er den Soldaten einiges zeigen und beibringen konnte. Kos sei nicht so ein Strebertyp gewesen, der unbedingt ein Offizier sein wollte, ihm sei alles egal gewesen, „sie" hätten einfach nach Belieben Ränge verteilt, es habe nun einmal jemand Zugskommandant sein müssen, und Kos habe guten Eindruck gemacht, sei nicht wie die anderen gewesen, dauernd hinter den Frauen her, still und ruhig habe er sich verhalten, kein Wort zuviel. (S.27f., S.27) Wenn das nicht überzeugend ist.

Der gute Leutnant Franc Kos, genannt Slovenac, erschießt an diesem Tag mehrere Stunden lang wehrlose Gefangene, obgleich er als Offizier wissen muss, dass es sich um ein schweres Kriegsverbrechen handelt. Ein Offizier, der weiß, dass es auch einem einfachen Soldaten untersagt ist, Befehle zu befolgen, die offensichtlich ein Verbrechen sind. Und dann soll noch diesem Offizier der Befehl zum Kriegsverbrechen von einem einfachen Soldaten erteilt worden sein! Vielleicht könnte Franc Kos persönlich diese Sachlage klären, er scheint heute als Klempner in Bijeljina eine ruhige Kugel zu schieben. Ihn fragt aber keiner.

Bei der Anhörung durch die Richter zwei Wochen später, am 19. November 1996, nimmt Ruez den Zeugenstand ein und legt den Richtern das Ergebnis seiner Ermittlungen zum Falle Erdemović vor. Seine große Skepsis scheint allerdings verflogen zu sein. Im Gegenteil, auf Anfrage versichert er den Richtern, dass die Aussage von Erdemović widerspruchslos mit den getätigten Ermittlungen übereinstimme:

> *Ruez:* Es gibt keine Widersprüche zwischen dem, was Dražen Erdemović gesagt hat, und dem, was wir unabhängig davon im Laufe unserer Ermittlungen herausgefunden haben. Es gibt nichts, das dem widerspricht, was er gesagt hat. Zu allen Themen, die wir angeschnitten haben, hat er uns die volle Information geliefert. (3, S.153)

In seiner Antwort auf die Frage des Richters, ob Erdemović die Namen seiner Vorgesetzten erwähnt hat, lässt der Ermittler Ruez im Zeugenstand erneut unerwähnt, dass sich unter den Tätern der Zugskommandant von Erdemović befindet:

> *Richter Riad:* Und was ist mit den Vorgesetzten, hat er Ihnen gesagt, wer seine Vorgesetzten waren?
> *Ruez:* Ja, er gab uns den Namen des Anführers (*the leader*) des Exekutionskommandos (*the execution squad*), wie auch die Namen der sieben anderen Angehörigen der Einheit. (3, S.160)

Und als Erdemović selber im Zeugenstand von den Richtern verhört wird, erklärt er:

> *Erdemović:* Der Kommandant der Gruppe war Brano Goj-
> ković. Ich war ein Angehöriger dieser Gruppe, ein Sol-
> dat, und sieben andere Soldaten waren auch Angehörige
> dieser Gruppe. (3, S.185)

Kommandant Gojković mit sieben anderen Soldaten, alles klar. Dass ein Leutnant Kos, der Zugkommandant des Bijeljina-Zugs, einer von diesen sieben anderen Soldaten ist, brauchen die Richter gar nicht zu wissen. Und im Zusammenspiel von Ankläger und Angeklagtem bekommen sie es auch nicht zu wissen.

Vier Jahre später, am 22. Mai 2000 findet Dražen Erdemović erneut Verwendung als Belastungszeuge, nun im Prozess gegen General Krstić. Und siehe da, zum ersten Mal hören die Richter, dass es sich bei Franc Kos um einen Leutnant und Zugskommandanten handelt, dass also auch ein Offizier unter den acht Tätern gestanden und geschossen hat. Auffallenderweise erscheint aber Brano Gojković in der Aussage von Erdemović jetzt nicht mehr als Kommandant oder Kommandeur, wie ihn Erdemović bisher zu nennen pflegte. Die Erschießung habe Pelemiš befohlen, während Brano Gojković diesen Befehl lediglich überbracht, nur vermittelt habe:

> *Harmon:* Von wem haben Sie den Auftrag bekommen?
> *Erdemović:* Brano Gojković kam und sagte uns, sagte zu
> mir, Franc Kos und Zoran Goronja, dass wir uns auf un-
> seren Auftrag vorbereiten sollten. Und als wir ihn frag-
> ten, wer denn gesagt habe, dass wir gehen sollten, sagte
> er, dass Pelemiš den Befehl gegeben habe (7, S.3116).

Auf diese Vermittlerrolle reduziert Erdemović den angeblichen Kommandanten Gojković auch im Milošević-Prozess drei Jahre später: "Konkret gesprochen hat uns Gojković nur gesagt, dass Pelemiš gesagt hat, auf Einsatz zu gehen." (8a, S.25150, 8b, S.299) Den grausamen „Kommandanten Gojković" brauchte Erdemović, solange sein Strafmaß noch nicht fest stand und er zu seiner Entschuldung einen Befehlsnotstand anführte. Nun hatte er aber schon längst seine milde Strafe abgesessen.

Am 16. Juli 1995 habe also der Kompaniechef Pelemiš über Brano Gojković seinen Befehl vermitteln lassen, Erdemović, Franc Kos und die anderen sollten sich für einen Einsatz fertig machen. Was denn Pelemiš dazu sagen würde? Wahrscheinlich, dass er am 16. Juli 1995 mit Gehirnerschütterung und gebrochenen Rippen nach einem schweren Unfall im Krankenhaus gelegen habe. Und mit Sicherheit würde er als Beweis Krankenhauspapiere vorlegen. Will man ihn deshalb nicht verhören? In seinem Verhör am 22. Mai 1996 als Belastungszeuge im Prozess gegen Karadžić und Mladić behauptet Erdemović auch, dass der Kompaniechef Pelemiš den Soldaten Gojković zum Gruppenkommandanten ernannt habe, der jeden Befehlsverweigerer erschießen dürfe. Was denn Pelemiš selber dazu sagen würde? Verhören will man ihn nicht. Dann bleibt leider nur das, was er in seinem Interview für *Nezavisne Novine* vom 21.11.2005 sagt. Erdemović habe psychische Probleme gehabt, meint Pelemiš. Schon im Oktober 1995 habe er seine Vorgesetzten benachrichtigt, dass Erdemović dringend eine psychiatrische Behandlung benötige. Es sei übrigens unmöglich gewesen, dass Erdemović unter dem Kommando von Brano Gojković gestanden habe, behauptet Pelemiš ganz dezidiert:

> *NN:* Während des Prozesses hat Erdemović behauptet, dass ihm Brano Gojković die Morde befohlen habe, der auch ein Angehöriger der 10. Einheit war, also Ihr Untergeordneter?
>
> *Pelemiš:* Das ist unmöglich, denn der einzige Unteroffizier in diesem Zug war Erdemović, und zwar ein Sergeant 1. Grades. Gojković war ein einfacher Soldat.[18]

Ob Pelemiš auch vor dem Gericht, egal ob als Angeklagter oder als Zeuge, bestätigen würde, was er in seinem Interview sagt, dass nämlich Erdemović am Tatort auf der Branjevo-Farm immer noch ein Unteroffizier war, ein „vodnik" der 1. Abteilung des Bijeljina-Zuges der 10. Sabotageeinheit? Dass Erdemović also nicht degradiert worden ist, wie er in allen Varianten seiner

---

[18] „Bili smo profesionalci, a ne plaćenici" („Fachleute waren wir, keine Söldner"), in: *Nezavisne Novine* (Banja Luka), 21.11.2005.

Geschichte behauptet? Das können wir nicht wissen, weil es das Tribunal nicht wissen will.

Was Erdemović selber von seiner Beförderung und Degradierung sagt, ist eine Reihe von widersprüchlichen Angaben. Mehrmals behauptet er, z.b. in der Anhörung am 19. November 1996, man habe ihn bereits bei seiner Aufnahme in die 10. Sabotageeinheit im April 1994 in den Rang eines Sergeanten befördert. (3, S.181) In seiner Vernehmung in Novi Sad am 6. März 1996 sagt er allerdings, er habe am 1. Februar 1995 den Rang eines Sergeanten („vodnik") bekommen und das Kommando über die 1. Gruppe vom 1. Zug übernommen. (S.4, S.4) Am 7. März 1995 habe er als Kommandeur einer Gruppe vom Kompaniechef Pelemiš den Befehl erhalten, einige Aufklärungssoldaten der 2. muslimischen Brigade unweit von Tuzla in der Region des Majevica-Gebirges zu liquidieren. Dieser Einsatz hätte viele Zivilisten das Leben gekostet und das wollte er eben nicht, erklärt Erdemović. Er habe den Einsatz abgeblasen und sei deswegen degradiert worden. Zuerst ist er also im April 1994 Sergeant geworden, dann am 1. Februar 1995. Im Interview der Haager Ermittler am 6. November 1996, als der Ermittler Peter McCloskey ihm diese Stelle aus der Vernehmung der jugoslawischen Justiz zitiert, sagt Erdemović hingegen, dies sei alles nicht wahr. Im Gegenteil, er sei an diesem Tag, am 1. Februar 1995, wegen einer Befehlsverweigerung degradiert worden. Ab diesem Datum hätte er keinen Rang mehr gehabt. (S.10, S.10) Er habe dem serbischen Untersuchungsrichter schon einiges vorgelogen, sagt Erdemović in diesem Interview. Gleich darauf erzählt er aber dieselbe Geschichte, die er schon in Novi Sad aufgetischt hatte: Am 7. März 1995, also einen Monat nach seiner angeblichen Degradierung, habe er als Kommandant einer Gruppe den Auftrag bekommen, zwei muslimische Aufklärungsoffiziere zu liquidieren oder zu entführen, er habe aber die Durchführung abgeblasen und sei daher degradiert worden. War er also bei diesem Einsatz doch noch nicht degradiert? Zu seinem Kommando habe übrigens auch Franc Kos gehört, sagt er, was die Geschichte nicht glaubwürdiger macht, da Kos erwiesenermaßen schon damals ein Leutnant war. Erdemović widerspricht sich am laufenden Band, die Ermittler scheint dies alles überhaupt nicht zu stören, wahrscheinlich haben sie selbst die Nase voll davon. Überhaupt ist die Geschichte, die Erdemović von seinem Rang und von seiner Degradierung erzählt, ein einziges unentwirrbares Knäuel von Widersprüchen. Erstaunlicherweise scheint er aber damit bei den Richtern durchzukommen, ja sogar Erfolg zu haben, wie dem Urteil vom 29. November 1996 zu entnehmen ist:

> Der Angeklagte betonte, dass er seinen Rang zwei Monate, nachdem er ihn erhalten hatte, wieder verlor, hauptsächlich aus dem Grund, dass er sich weigerte, einen Einsatz auszuführen, der voraussichtlich „Verluste unter Zivilisten" verursacht hätte. Er machte geltend, dass er nach seiner Degradierung nicht mehr in der Lage war, sich den Befehlen seiner Vorgesetzten zu widersetzen. (…) Das Gericht vermerkt die Tatsache, dass der Angeklagte in den Anhörungen vom 5. Juli und vom 19. und 20. November erklärte, dass er den Rang eine Sergeanten erhalten und als Kommandant einer kleinen Einheit fungiert hatte. Es vermerkt auch die Tatsache, dass Dražen Erdemović nach seinen eigenen Aussagen seinen Rang vor Verübung der ihm angelasteten Handlungen verlor. Es stellt aber auch fest, dass kein Dokument seinen Rang in der militärischen Hierarchie präzise nachgewiesen hat. (s. Quellenverzeichnis, keine Seitenzahl)

Der letzte Satz klingt merkwürdig. Im Interview vom 6. November 1996 erwähnt der Ermittler Ruez beiläufig, über den Militärdienst von Erdemović habe man aus Belgrad viele Dokumente erhalten. Gab es kein einziges, dem sein Rang zu entnehmen war? Am 16. Juli 1995 auf der Branjevo-Farm will Dražen Erdemović jedenfalls kein Sergeant gewesen sein. Denn hätte er einen Rang gehabt, dann hätte er auch eine Wahl gehabt, sagt er, dann hätte er sich widersetzt, hätte den Schießbefehl von Brano Gojković verweigert und auch die anderen dazu überredet. Man habe ihn aber nun einmal zum einfachen Soldaten degradiert, und damit war das Schicksal der Gefangenen besiegelt. Wozu man nicht alles im Stande wäre, wenn man nur einen Rang hätte. In den Anhörungen am 19. und 20. November 1996 bietet Erdemović den Richtern mehrere Varianten seines versäumten Anstands, wie z.B. diese:

> *Erdemović:* Wäre ich der Kommandant der Gruppe gewesen, dann muss ich Ihnen ganz ehrlich sagen, dass ich mit irgendeiner Begründung diesen Auftrag zurückgewiesen hätte, ich hätte versucht, für die Vorgesetzten eine

Begründung zu finden, ich hätte es versucht. Ich will Ihnen sagen, was diese Begründung gewesen wäre. Ich hätte gesagt, dass das ein Verbrechen ist, dass das strafbar ist, und ich hätte vor allem meine Kollegen davon überzeugt, dass man für so etwas zur Verantwortung gezogen wird, dass dies keine kleine Affäre ist, wenn hier Menschen ums Leben kommen. So hätte ich es begründet. Und dann würden sie mir helfen, wenn ich Pelemiš davon Meldung mache. Sie würden mich verteidigen. Doch ich war damals nicht der Kommandant, leider. Ein Idiot war der Kommandant, ein Idiot – nicht ein Verrückter, ein Idiot. Ein Verrückter ist gut und ehrlich, aber ein Idiot ist ein Idiot. (4, S.292)

Als er noch einen Rang hatte, da hat er Menschen gerettet und nicht getötet, sagt Erdemović und führt als Beweis eine andere Geschichte an. Im August 1994, als er noch einen Rang hatte, habe er mit seinem Kommando auf dem Berg Majevica einen Militärpolizisten der bosnisch-kroatischen Armee (HVO) gefangen genommen, der einfach zum falschen Zeitpunkt am falschen Ort war. Man hätte ihn freilich auf der Stelle umlegen können. Erdemović hat aber den Unglückseligen als einen vormaligen Kollegen erkannt. Er kannte ihn aus der Zeit, da er selber Militärpolizist bei der HVO war. Daher hat er es nicht zugelassen, ihn über den Haufen zu schießen. Als Sergeant hat er sich einfach durchgesetzt. Man hat den Gefangenen nach einigen Stunden gehen lassen und ihm auch noch eine Schachtel Zigaretten zum Abschied gegeben. Da war Erdemović noch ein Sergeant und konnte sich diese Großzügigkeit leisten. (3, S.203) Bei der Anhörung am 20. November 1996 trat der dankbare Gerettete als Entlastungszeuge auf. Als anonymer Zeuge X bestätigte er den Richtern diese schöne Geschichte. Habe es einen speziellen Grund gegeben, dass Erdemović ihm das Leben gerettet habe, fragt bestürzt Richter Riad. Vielleicht, weil sie demselben Land angehörten? Der Zeuge X weiß es auch nicht. Vielleicht, weil sie derselben Einheit angehört haben, sagt er. Weil sie drei oder vier Monate zusammen bei der Militärpolizei der 115. Brigade gewesen sind. (4, S.245) So anständig kann man sein, wenn man einen Rang hat.

Auch diese Entlastungsgeschichte führt übrigens Erdemović als Grund für seine Degradierung an. Vorausgreifend auf die Aussage seines Zeugen erzählt er am 19. November 1996, man habe ihn degradiert, weil er während eines Einsatzes einen Gefangenen habe laufen lassen, nämlich den Zeugen X. Jemand muss ihn beim Oberst Petar Salapura deswegen verpetzt haben:

> *Erdemović:* Einige Tage später traf Oberst Salapura vom Hauptquartier ein. Er war der höchste Aufklärungsoffizier im Generalstab. Wir, ich und andere anwesende Kommandeure wurden zu einem Treffen eingeladen, bei dem es hauptsächlich um mein Verhalten und um das von gewissen anderen Personen ging. Sie warfen mir vor, zu lügen, dass ich mich nicht so benehmen dürfe, dass ich einen Gefangenen hatte gehen lassen, dass ich das Leben eines Gefangenen gerettet hatte (das ist der Mann, der heute als Zeuge aussagen wird), dass ich Befehle verweigere, usw. Daher wurde ich degradiert. (3, S.182f.)

Erdemović erzählt mal dies und mal jenes über das Wann und Warum seiner angeblichen Degradierung, und das scheint niemanden bei diesem Gerichtshof zu stören. Ist das nicht merkwürdig? Sehr eindrucksvoll erzählt er auch, wie Salapura ihn ausgeschimpft und ihm den Rang abgenommen habe. Es muss im März 1995 gewesen sein, als Oberst Salapura, Chef der Aufklärung im Hauptquartier und unmittelbarer Vorgesetzter des Kompaniechefs Pelemiš, nach Bijeljina gekommen sei, um dem eigensinnigen und unzuverlässigen Sergeanten kroatischer Herkunft Gehorsam beizubringen. (4, S.269)

Es gibt allerdings spätere Zeugenaussagen, die der Behauptung von Erdemović, er sei beim Massaker auf der Branjevo-Farm ein rangloser Soldat gewesen, entschieden widersprechen. Am 8. Juni 2004 ist der Oberst a. D. Petar Salapura Zeuge der Verteidigung im Prozess gegen Vidoje Blagojević und Dragan Jokić. Vom Massenmord auf der Branjevo-Farm habe er erstmals aus den Medien erfahren, als diese über Erdemović und sein Geständnis berichtet haben. (10, S.10525) Weiter verliert Salapura kein Wort über Erdemović, den er angeblich persönlich degradiert haben soll. Merkwürdiger noch ist die Zurückhaltung des Anklägers Peter McCloskey, der das Kreuzverhör des Zeugen Salapura führt. McCloskey ist bestens mit der problematischen Geschichte von Erdemović vertraut und kennt auch seine widersprüchlichen Aussagen zu seiner Degradierung. Nun verhört er als Zeugen den Mann, der persönlich Erdemović wegen seiner Ungehorsamkeit degradiert haben soll. Will Salapura dies bestätigen? Habe er tatsächlich den Sergeanten Erdemović degradiert? Der Ankläger will davon nichts wissen. Er stellt ihm diese Frage einfach nicht. Will er sich vielleicht nicht anhören, was ihm Salapura vermutlich antworten würde, nämlich, dass er Erdemović nie degradiert hat? Die Glaubwürdigkeit des Kronzeugen darf keinen Schaden nehmen. Eine strafrechtliche Wahrheitsfindung der besonderen Art.

Drei Jahre später, am 21. August 2007, tritt in Den Haag der Zeuge Dragan Todorović auf. Er ist ein wichtiger Zeuge der Anklage im Prozess gegen Vujadin Popović und andere hohe Offiziere der bosnisch-serbischen Armee. Dragan Todorović hat ebenso der 10. Sabotageeinheit angehört, nur hatte er seine Dienststelle in der Vlasenica-Militärbasis, die sich einige Kilometer nordwestlich von Vlasenica im Ort Dragaševac befindet. Dragan Todorović war für die Logistik der 10. Sabotageeinheit verantwortlich. Wenn der Bijeljina-Zug oder der Vlasenica-Zug mit einem Einsatz beauftragt werden, holt man sich zuerst beim Korporal Todorović die benötigten Waffen, Munition und sonstige Ausrüstung. So auch am 15. Juli 1995, als in Abwesenheit des Kommandanten Pelemiš mit viel Geschrei eine Gruppe zu einem Einsatz zusammengestellt wird. Todorović kann sich sehr gut an Erdemović erinnern als Einen, der einen Rang gehabt habe – der Zweite in dieser Gruppe mit einem Rang neben Leutnant Franc Kos. Genauso gut kann er sich erinnern, dass Brano Gojković ein rangloser Soldat war, der niemandem habe befehlen können. Auf die Frage, ob Brano Gojković die Gruppe angeführt habe, antwortet der Zeuge: „Ich weiß, dass Herr Gojković keine Befehlsgewalt hatte, dass er keinen Rang hatte, dass er keinen einzigen Angehörigen der Sabotageeinheit kommandieren konnte. Er konnte nicht befehlen, er war nicht in der Position auch nur einem Einzigen der Soldaten dort einen Befehl zu erteilen." (13, S.14042)

Die Aussagen von Salapura und Todorović zum Fall Erdemović sind ein beiläufiges Nebenprodukt anderer Prozesse, was ihrer Glaubwürdigkeit nur zugute kommt. Es sind dies nämlich keine interessegeleiteten Aussagen, denn in diesen Prozessen ist der Dienstgrad eines Erdemović von keinerlei Bedeutung. Diese Aussagen werfen aber ein anderes Licht auf die ganze Affäre und daher kommen wir noch auf sie zurück. Die Weigerung der Anklagebehörde, die Wahrheit im Fall Erdemović durch die Festnahme und die Vernehmung seiner Mittäter ans Licht zu bringen, macht diese zwei Aussagen besonders wertvoll.

Am 25. August 2003 präsentiert Geoffrey Nice, Hauptankläger im Milošević-Prozess, seinen Zeugen Dražen Erdemović, und lässt ihn eine kurze Videoaufnahme sehen. Es müsste Oktober 1995 sein, wir sehen General Radislav Krstić, Vize-Kommandant des Drina-Corps der VRS, der die Soldaten der 10. Sabotageeinheit anlässlich einer Jubiläumsfeier mit den zu diesem Anlass üblichen rhetorischen Worthülsen beglückwünscht:

> *Radislav Krstić:* „Tapfere serbische Krieger, erlauben Sie mir, Sie im Namen der Angehörigen des Drina-Corps, in meinem Namen und im Namen des Kommandanten des Generalstabs zu begrüßen und Sie zum Jahrestag der Aufstellung dieser Einheit zu beglückwünschen." Die Soldaten: „Danke." Radislav Krstić: „Mit Ihren bisherigen Handlungen haben Sie sehen lassen, wie ein Soldat der VRS zu kämpfen hat. Sie haben bisher alle Aufträge sehr erfolgreich ausgeführt, ohne Verluste, was besonders zu schätzen ist. Wir sind nun in einer Lage, in der..." (8a, S.25163, 8b, S.308)

Hier bricht das Band ab. Dann fragt Nice seinen Zeugen, ob er selber auch bei dieser Zeremonie dabei war, und dieser erklärt:

> *Erdemović:* Ich war zu diesem Zeitpunkt nicht angetreten, sondern habe auf der Seite gesessen, da ich damals noch schwer verwundet war und nicht stehen konnte. Und dann wurden einige... Mir wurde der Rang eines Reserveunteroffiziers gegeben, Franc Kos, der der Kommandant des Bijeljina-Zuges war, bekam den Rang eines Reserveleutnants, ich denke auch einige andere Personen, an die ich mich nicht erinnern kann. (8a, S.25164, 8b, S.308)

Unter der Regie des Hauptanklägers Nice vollzieht sich ein kleiner Sketch mit bestem Unterhaltungswert. Anschließend an die Videoeinspielung erzählt Erdemović, was in der Einspielung selber gar nicht zu sehen ist, nämlich, dass er bei dieser Jubiläumsfeier zum Sergeanten befördert worden sei. Wozu dann diese Einspielung? Offensichtlich nur um den Rahmen abzugeben für das, was sie als Aufnahme eben *nicht* zeigt, nämlich die doppelte Beförderung von Dražen Erdemović und Franc

Kos. Schade, dass die Beförderung selber nicht mitgefilmt wurde und dass uns Erdemović von ihr *erzählen* muss. Erst versucht ihn Pelemiš wegen Ungehorsam oder was auch immer umzubringen, und keine drei Monate später, auf der Jubiläumsfeier, lässt er ihn zum Sergeanten befördern. Und das müssen wir Erdemović glauben, denn von der Jubiläumsfeier gibt es ein Videodokument, das haben wir soeben alle gesehen, und Mr. Nice wird es als Beweisstück aufnehmen lassen. Gleich darauf verlangt er, dass Erdemović auf einem Foto von der Jubiläumsfeier jemanden identifiziert, und da sagt Erdemović: „Das ist Franc Kos, Kommandant des Bijeljina-Zugs." Sein Zugskommandant also. Und der Ankläger Nice fügt bestätigend hinzu: „Der befördert wurde, wie Sie beschrieben haben." Wozu befördert, zu dem, was er immer schon war, zum Leutnant und Zugskommandanten? Im wunderlichsten Zusammenspiel erzeugen Kronzeuge und Ankläger vor den Richtern eine Wirklichkeit von 2. Potenz, die weder durch die Einspielung noch durch was auch immer begründet ist, lediglich durch die Worte des Kronzeugen, und die Richter haben nichts dagegen. Der einzige Zweck dieses Verwirrspiels kann nur sein, den Richtern zu suggerieren, dass Franc Kos und Dražen Erdemović erst bei dieser Jubiläumsfeier zu ihrem Dienstrang befördert worden sind. So ist das Problem mit der Rangordnung im Exekutionskommando unter dem Befehl des ranglosen Brano Gojković endlich gelöst.

Dasselbe Videodokument wurde übrigens Erdemović schon einmal vorgeführt. Am 7. Dezember 2002 führen der Ankläger McCloskey und der Ermittler Bruce Bursik an einer „secure location" ein Gespräch mit ihrem Kronzeugen, um ihn auf zukünftige Verwendungen vorzubereiten, und spielen ihm u.a. auch dieses Band vor. Erdemović identifiziert mehrere Angehörige der 10. Sabotageeinheit, erwähnt auch, dass er dabei war, aber wegen seiner Verwundung seitwärts gesessen habe. Er berichtet ausführlich über die Jubiläumsfeier und erwähnt mit keinem Wort, dass er bei dieser Feier auch zum Sergeanten befördert worden sei.[19] Am 25. August 2003 lässt aber Nice seinen Zeugen erklären, er und Franc Kos seien bei dieser Jubiläumsfeier befördert worden, woraus man schließen soll, dass Erdemović

[19] Siehe „Information Report" vom 13. 12. 2002.

davor ein rangloser Soldat gewesen sein muss und dass also die Geschichte seiner Degradierung stimmt.

Und siehe da, eine Weile später legt Ankläger Nice seinem Kronzeugen ein Dokument vor, das die Richter in ihrem Urteil vom 29. November 1996 vermisst hatten. Es ist der Kontrakt von Erdemović mit der VRS, datiert auf den 1. Februar 1995. Im Kontrakt steht unmissverständlich, dass Erdemović ein Angehöriger der bosnisch-serbischen Armee (VRS) mit dem Rang eines Sergeanten ist. Nice präsentiert dieses plötzlich aufgetauchte Dokument mit den Worten:

> *Nice:* Das nächste Beweisstück, Tabulator 22, ist ein Vertrag über die Aufnahme von Personen in die Armee der Republika Srpska unter einem Vertrag für eine Zeitverpflichtung. Er gibt Ihren Namen, Ihren Rang als Sergeant und ihre Pflichten an, und wieder ist es ein von Mladić unterzeichnetes Dokument, wie wir an seinem Ende sehen können. Das in ihm angegebene Datum für den Beginn Ihrer Verpflichtung ist Februar 1995. Das stimmt nicht mit Ihrer Erinnerung überein. Können Sie erklären, warum er erst vom Februar 1995 datiert? (8a, S.25166, 8b, S.309)

Wiederholt hat Erdemović in Den Haag erklärt, er sei am 1. Februar 1995 degradiert worden, z.B. in der Befragung vom 6. November 1996. (S.10, 10) Ob er nun erklären könne, warum dieses Datum nicht mit seinen bisherigen Aussagen übereinstimme, will der Ankläger Nice wissen. Erdemović kann es nicht erklären. „Ich kann es nicht erklären, weil ich damals auch selber keine Erklärung bezüglich dieses Datums bekommen habe", sagt er. (ebd.) Eine amüsante Erklärung, das muss man ihm lassen. Ankläger Nice findet sie in Ordnung. Wie auch immer, man habe Erdemović danach degradiert und er sei am Massaker als ein rangloser Soldat beteiligt gewesen, denn sonst hätte man ihn nicht bei der Jubiläumsfeier im Oktober 1995 zum Sergeanten befördern können. Welch ein Aufwand, um jede Gefahr für die Glaubwürdigkeit seiner Geschichte abzuwenden!

Fassen wir zusammen: Als er am 6. März 1996 in Novi Sad zum ersten Mal vernommen wurde, gab Erdemović dem Untersuchungsrichter Tomislav Vojnović den 1. Februar 1995 als das Datum an, an dem er zum Kommandeur der 1. Sabotagegruppe mit dem Dienstgrad eines Sergeanten („vodnik") ernannt worden sei. (S.4, S.4) Bei seiner Vernehmung in Scheveningen am 6. November 1995 hat er hingegen dieses Datum geleugnet. Er sei am 1. Februar 1995 nicht befördert, sondern degradiert worden, erklärt Erdemović den Ermittlern Jean-Rene Ruez und Peter McCloskey. (S.10, S.10) Er habe dem serbischen Untersuchungsrichter mehrere Einzelheiten vorgelogen. Nun stellt sich das Umgekehrte heraus. Aus seinem Kontrakt ist klar ersichtlich, dass er den Haager Ermittlern etwas vorgelogen hat, dem serbischen Untersuchungsrichter aber das richtige Datum genannt hatte. Es ist nicht einfach mit diesem Kronzeugen. In seiner Fabulierungslust sagt Erdemović mal dieses und mal jenes, aber das Dokument ist, was es ist, und man kann sich nur fragen, was Geoffrey Nice bezweckt haben könnte, als er plötzlich dieses Dokument aus seinem Ärmel zauberte. Ganz bestimmt nicht, am „Ort der Wahrheit" die Glaubwürdigkeit seines Zeugen und seine bisherigen Aussagen in Frage zu stellen.

Am 11. Juni 1996 hatte die jugoslawische Justiz alle Ergebnisse ihrer Ermittlungen im Falle Erdemović der Anklagebehörde des Tribunals übergeben. Wahrscheinlich gehörte auch dieses Dokument dazu. Bei seiner Vernehmung am 24. April 1996 in Scheveningen zählt Erdemović die persönlichen Papiere auf, die er bei seiner Festnahme in Serbien bei sich gehabt hat, und erwähnt auch seinen Kontrakt mit der VRS. In diesem Kontrakt steht freilich auch, welchen Dienstgrad er hat, nämlich den eines Sergeanten. Das macht auch sofort klar, warum er schon bei seiner ersten Vernehmung in Novi Sad erzählt hat, man hätte ihn irgendwann vor dem 16. Juli 1995 degradiert, und diese Geschichte in mehreren widersprüchlichen Varianten wiederholt. Wie soll er sonst glaubhaft machen, dass er als ein Sergeant unter dem Befehlszwang eines ranglosen Gojković gestanden hätte. Spätestens Ende Juni 1996 müssen die Ankläger im Fall Erdemović diesen Kontrakt erhalten haben, in dem der Rang ihres Kronzeugen festgehalten ist und den Geoffrey Nice, der Hauptankläger im Fall Milošević, am 23. August 2003 vor dem Gericht zitiert. In ihrem Urteil vom 29. November 1996 weisen aber die Richter darauf hin, dass kein Dokument den Rang von Erdemović in der militärischen Hierarchie belegen würde.

Wie kann man sich das erklären? Hat die Anklagebehörde am „Ort der Wahrheit" den Richtern vielleicht dieses Dokument einfach vorenthalten?

Widerstand und Mordanschlag

Dražen Erdemović habe dem Erschießungsbefehl des Kommandanten Gojković Widerstand entgegengesetzt, aber ach, was konnte er tun, er musste wohl als rangloser Soldat dem Befehl des Kommandanten gehorchen, da ihn dieser sonst hätte erschießen lassen. Diese erschütternde Geschichte in der Geschichte des Dražen Erdemović hat 1996, als die Medien noch eigene Korrespondenten nach Den Haag schickten, ein breites Echo gefunden. Auch, dass sich Erdemović durch seinen Widerstand einen Mordanschlag eingehandelt hätte, wussten die Medien zu melden. Das Hamburger Wochenblatt *Die Zeit* hat z.B. seine Redakteurin Constanze Stelzenmüller nach Den Haag geschickt, um über die Anhörung im Karadžić-Mladić-Prozess zu berichten, als gegen beide 1996 in Abwesenheit verhandelt wurde. Besonders tief hat sie die Geschichte des Kronzeugen Dražen Erdemović ergriffen. Ein Kroate, desertiert Erdemović wegen seiner schwangeren serbischen Frau nach Pale, wo er in die bosnisch-serbische Armee „gepresst" worden sei.[20] „Sonst hätten wir doch keine Unterkunft bekommen", zitiert ganz erschüttert Frau Stelzenmüller den jungen Mann, der, den Tränen nahe, gestammelt habe. Es ist ihr sofort klar, wer hier das Opfer ist. Sie erwähnt den „späten Widerstand" von Erdemović gegen die Erschießung und auch den Preis, den er für seinen Widerstand habe zahlen müssen. Schließlich ist man am Ort der Wahrheit, wo diese in der Gestalt eines von den Serben zum Völkermord erpressten jungen Kroaten erscheint. Es sei

---

[20] Hier täuscht sich Frau Stelzenmüller. Als Zeuge der Anklage im Milošević-Prozess am 25. August 2003 erklärt Erdemović folgendermaßen seine Aufnahme in die bosnisch-serbische Armee: „I went to the military department in Bijeljina, I said I was a Croat and that I wanted to join a unit, and they told me that it would be best for me to join a unit that had already been formed of several Croats and Muslims, and that is what I did." (8, S.25130) Von einer Erpressung kann also keine Rede sein.

hier ein längerer Auszug aus diesem journalistischen Bericht erlaubt, einfach weil er so bestechend ist mit seiner klaren Sicht der Dinge, und auch so repräsentativ für das Informationsangebot aus dem Tribunal – bis heute:

> Wie er auf dem himmelblauen Haager Zeugenstuhl mit den Worten ringt, scheint es aber auch, als wolle Erdemović sich mit aller Gewalt endlich von einer schweren Last befreien: indem er die Wahrheit offenlegt. Stockend, oft kaum hörbar, erzählt Erdemović, wie er mit seiner Einheit zu einem Bauernhof bei Pilica geschickt wurde. Was dort zu tun war, wurde klar, als Busse ankamen: fünfzehn oder zwanzig, alle voll mit Männern. „Sie wurden in Zehnergruppen vor uns aufgereiht, und wir mussten sie erschießen. Ich habe mich gewehrt, aber dann hieß es, wenn mir diese Leute leid täten, sollte ich mich doch gleich zu ihnen stellen. Ich wusste, dass das keine leere Drohung war." Mancher Kamerad, sagt der Soldat, dachte so wie er – ein Wort des Widerstands wagte in diesem Moment keiner. (…) „Ich konnte nicht anders, als mitzutöten", wendet sich Erdemović beschwörend an die Richter: „Und wenn ich mich gewehrt hätte, so hätte es an ihrem Schicksal nichts geändert. Das hatten doch andere, über mir, längst entschieden." (…) Aber am Ende jenes Sommertags hat er sich doch noch einmal aufgebäumt. Als alle Busse leer sind und der Boden mit Leichen übersät ist, kündigt der Truppenführer an: „In der Stadthalle von Pilica wartet noch mehr Arbeit – 500 Muslime." – „Da habe ich gesagt, ich bin kein Hinrichtungsroboter. Andere Kameraden haben mir zugestimmt."
> (…)
> Sein später Widerstand wird Erdemović fast zum Verhängnis – der Prahler Stanković wird auf ihn angesetzt und verletzt ihn so schwer, dass nur die Intervention eines Vorgesetzten, der ihn zur Operation nach Zagreb schickt, ihm das Leben rettet. „Haben Sie eine Vorstellung, warum man auf Sie geschossen hat?" will der Ankläger schließlich von Erdemović wissen. „Ja. Ich glaube, mein Truppenführer hat meinem Kommandeur von meinem Verhalten berichtet. Vermutlich hatten sie Angst, dass ich das tue, wozu ich heute hier bin: gegen die Täter aussagen."[21]

Frau Stelzenmüller zweifelt auch keine Sekunde an der Wahrhaftigkeit dessen, was ihr hinter dem Panzerglas am „Ort der Wahrheit" dargeboten wird. Warum sollte sie auch? Sie berichtet

---

[21] Constanze Stelzenmüller: Der General war überall, in: Die Zeit 29/1996.

korrekt und wortgetreu, was sie gesehen und gehört hat. Nur mit der Operation ihres tragischen Helden in Zagreb ist ihr ein kleiner Fehler unterlaufen. Der Kronzeuge artikuliert ganz deutlich, dass man ihn zur Operation ins Belgrader Militärkrankenhaus gebracht hat. In Belgrad soll einem verwundeten Kroaten geholfen worden sein? Möglicherweise dachte Frau Stelzenmüller, falsch gehört zu haben und hat es stillschweigend richtig gestellt, indem sie aus Belgrad Zagreb machte.

Von seinem Widerstand erzählt Erdemović in der Anhörung am 31. Mai 1996 und auch am 22. Mai 1996 als Belastungszeuge im Mladić-Karadžić-Prozess. Er habe sich zunächst der Erschießung widersetzt, sagt er, worauf ihm Gojković („der Kommandant der Gruppe, bevollmächtigt vom Kommandanten Milorad Pelemiš") gedroht habe, ihn erschießen zu lassen: „Wenn sie dir leid tun, steh auf, stell dich bei ihnen auf und dann töten wir auch dich." (1, S.32) In der guilty-plea-Anhörung am 19. November 1996 hat die Drohung einen etwas anderen Wortlaut – Erdemović soll sein Gewehr abgeben und sich zu den Gefangenen stellen: „Wenn du nicht willst, wenn du – du kannst einfach gehen und dich bei ihnen aufstellen. Du kannst uns dein Gewehr geben." (3, S.185) Einen Tag später, am 20. November 1996, wiederholt Erdemović die Androhung, allerdings bekommt sie einen merkwürdigen neuen Inhalt, der zunächst nicht gut verständlich ist: „Wenn du es nicht tun willst, stell dich zu denen, die von ihnen übrig sind, und gib anderen dein Gewehr, damit sie dich erschießen können." (4, S.231) („If you don't wish to do it, stand in the line with the rest of them and give others your rifle so that they can shoot you.") Etwas später bringt Erdemović zum dritten Mal die Androhung seines angeblichen Kommandanten, dann besteht sie aber aus zwei alternativen Momenten: Entweder erschieße ich dich, oder du gibst dein Gewehr den Gefangenen, und sie erschießen dich. Die Stelle lautet:

> „Leute", sagte ich, „ich will das nicht, seid ihr noch normal?" Nichts. „Herr Erdemović" – das ist es, was mir Brano sagte – „wenn du es nicht tun willst, stell dich zu ihnen, so dass ich, so dass wir dich töten können, oder gib ihnen Waffen, damit sie dich erschießen können" (4, S.293)

In der am 22. Mai 2000 im Prozess gegen General Krstić vorgetragenen Variante des Widerstandes erfährt aber die Drohung von Gojković eine besonders merkwürdige Aspektverschiebung:

> Dann sagte Brano zu mir: „Wenn du es nicht tun willst, stell dich zu ihnen oder gib ihnen dein Gewehr, und dann wirst du sehen, ob sie dich nicht erschießen werden." (7, S.3125)

Ist das noch eine Drohung? Wie soll man sich denn ihre praktische Ausführung vorstellen? Und zu allem Überfluss wiederholt Erdemović diesen Satz auch im Milošević-Prozess am 25. August 2003, indem er Gojković sagen lässt:

> „Stell du dich zu ihnen in die Reihe und gib ihnen dein Gewehr, und dann wirst du schon sehen, ob sie nicht auf dich schießen werden." (8a, S.25154, 8b, S.301)

Es ist eine Drohung, die keinen Sinn macht. Und sollte sie tatsächlich ausgesprochen worden sein, würde man sie nicht ernst nehmen. Wie dem auch sei – Am 31. Mai 1996 lautete die Drohung von Gojković: „Wenn sie dir leid tun, stehe auf, stell dich zu ihnen und dann töten wir auch dich", am 22. Mai 2000 hingegen lautet sie: „Stell du dich zu ihnen in die Reihe und gib ihnen dein Gewehr, und dann wirst du schon sehen, ob sie nicht auf dich schießen werden." Es ist ein beachtlicher Unterschied, und niemand konfrontiert Erdemović mit dieser neuen Variante seiner Geschichte. Hier droht nämlich nicht mehr ein Befehlshaber, den Befehlsverweigerer erschießen zu lassen. Vielmehr handelt es sich um die Situation einer fehlenden militärischen Rangordnung, bei der einer, der sich der Gruppensolidarität entziehen will, unter Druck gesetzt wird: soll er doch sein Gewehr den zu Erschießenden abgeben, damit er sehe, was „dann" geschehen würde! Von Verhör zu Verhör hat die Geschichte von Erdemović eine Entwicklung durchgemacht, sie ist gewissermaßen eine Entwicklungsgeschichte, an der Erzähler und Ankläger beteiligt sind.

Wegen dieses Widerstandes von Erdemović habe der Kompaniechef Pelemiš einen Mordanschlag auf ihn befohlen. Auch Constanze Stelzenmüller berichtet, ein Soldat aus der Tätergruppe, Stanko Savanović, habe auf Erdemović geschossen, weil dem Kompaniechef von seinem Widerstand berichtet worden sei und dieser befürchtet habe, Erdemović werde gegen die Täter aussagen. (2, S.853; s.o., S.66)

Ferner erzählt Erdemović, er sei nicht der Einzige gewesen, auf den dieser Stanko geschossen habe. Er habe auch auf zwei weitere Angehörige seiner Einheit geschossen, die sich, wie er behauptet, Befehlen des Kommandanten widersetzt hätten. Näheres erfährt man aus dem Interview mit dem Kronzeugen am 24. April 1996, eine Art Vorbereitungsverhör für seine Zeugenaussage im Mladić-Karadžić-Prozess. In diesem Interview behauptet aber Erdemović zunächst, er wisse gar nicht, warum auf ihn geschossen wurde. Aus dem weiteren Verlauf des Interviews lässt sich folgende Variante des angeblichen Mordanschlags herauslesen:

Opfer des Mordanschlags seien drei Personen gewesen, sagt Erdemović: er, der sich am heftigsten dem Massaker widersetzt habe, Radoslav Kremenović, der sich als Leutnant und Stellvertreter des Kompaniechefs Pelemiš geweigert habe, einen Einsatz auszuführen, und Zijad Žigić, ein Muslim, der zur Gruppe von Kremenović gehörte und mit ihm die Ausführung dieses Einsatzes verweigert habe. Nach dem Massaker auf der Branjevo-Farm am 16. Juli habe Erdemović die meiste Zeit zu Hause bei Frau und Kind verbracht. Am 22. Juli habe er die Wohnung verlassen, um sich, wie er sagt, in der Stadt ein bisschen psychisch zu entspannen. Am selben Tag sei in Bijeljina die Gruppe eingetroffen, die die Ausführung des Einsatzes, von dem Erdemović nichts Näheres weiß, verweigert habe. Auch Kremenović sei dabei gewesen, mit dem er gut befreundet war. Sie gehen alle in eine Diskothek. Da erzählt ihm Kremenović von einer Versammlung in Vlasenica, und was da alles vorgegangen sei: dass man sich geweigert habe, den Einsatz durchzuführen, dass man ferner verlangt habe, sich von den Leuten in Vlasenica zu trennen und dass man nicht Dinge tun soll, wie man sie in Srebrenica getan habe. In der Diskothek ist auch Savanović mit von der Partie. Man habe viel getrunken. Nach Mitternacht habe man die Diskothek verlassen und weil man etwas beschwipst war, ist man in eine Nachtbar nebenan gegangen, um das Gespräch weiter fortzusetzen. Und plötzlich, nach keiner halben Stunde, habe Savanović eine Pistole gezogen und zu schießen angefangen: erst auf Žigić und Kremenović, und dann auch auf Erdemović. Das ist alles freilich eine ganz andere Szenerie als die eines vorsätzlichen Mordanschlags. Während Žigić und Kremenović nur leicht verwundet wurden, hat Erdemović drei Kugeln abgekriegt. Dennoch fragt man sich, weshalb Savanović erst auf die zwei anderen geschossen hat, wenn der Mordanschlag Erdemović gegolten haben soll. Dann stellt sich noch heraus, dass zurückgeschossen wurde. Ein Freund von Žigić namens Mladen zieht seinerseits auch die Pistole und schießt Savanović in den Bauch. Auch dieser habe seine Verwundung überlebt, teilt Erdemović mit.

Und nun die Variante, die die Richter bei der Anhörung am 20. November 1996 zu hören bekommen: Nach dem Massaker am 16. Juli 1995 habe Erdemović zu trinken angefangen. Er habe nicht viel Zeit zu Hause bei seiner Familie verbracht. (In der vorigen Variante hat er vorwiegend zu Hause bei Frau und Kind gesessen.) Am 22. Juli kommt sein Freund Radoslav Kremenović, Leutnant und Stellvertreter des Kompaniechefs Pelemiš, mit einer Gruppe von einem Einsatz zurück, dessen Ausführung er abgelehnt habe. Erdemović deutet an, dass Kremenović verweigert habe das zu tun, was man in Srebrenica getan habe. „They are not going to take me – they are not going to use me for their dirty business", habe ihm Kremenović gesagt. Näheres über diesen Einsatz wisse er aber nicht. (Kremenović hatte den Auftrag, einen Damm zu sprengen, das weiß Erdemović schon bei seiner Vernehmung in Novi Sad zu erzählen.) Daraufhin habe Erdemović aufgeschrien: „I have been abused!" Ferner habe ihm Kremenović anvertraut, es werde am nächsten Tag eine Besprechung geben, bei der man die Entfernung aller Nationalisten aus dem Vlasenica-Zug und die Versetzung von Pelemiš verlangen werde. (In der vorigen Variante hatte diese Versammlung schon stattgefunden.) Doch schon in derselben Nacht habe Stanko Savanović auf ihn, auf Kremenović und auf noch einen Kollegen geschossen, erklärt Erdemović, damit man den Zusammenhang mit der bevorstehenden Auflehnung gegen Pelemiš auch richtig sehen kann. Als man das Café verlassen habe, sei es schon Mitternacht gewesen. Erdemović sei ziemlich betrunken gewesen und wollte nach Hause, doch Kremenović wollte weiter reden. Wer weiß, sagte er mit düsterer Vorahnung, was am nächsten Tag noch alles passieren könne. Also, resümiert Erdemović am 20. November 1996, Stanko Savanović habe auf einen Kroaten, einen Muslimen und einen Serben geschossen. Wenn das kein nationalistischer Mordanschlag ist! (4, S.233) (Wo sich die Schießerei ereignet hat, ist allerdings in dieser Variante nicht ganz klar, sie scheint auf der Straße gewesen zu sein.) Am Tag davor traktiert Erdemović die Richter sogar mit einer kleinen Performance. Als ihn der Richter Riad fragt, warum er sich auf der Branjevo-Farm nicht einfach geweigert habe zu schießen, sagt er: „Euer Ehren, ich muss mich jetzt entschuldigen, besonders gegenüber den anwesenden Damen, und ich zeige Ihnen, was ich wegen meiner Befehlsverweigerung in Pilica bekommen habe." Dann steht Erdemović auf und reißt sich das Hemd vom Leib. „Das ist es!", sagt er und weist auf seine Schussnarben. Die Richter sind sprachlos. (3, S.197)

Und so lautet die erste Variante der Geschichte vom Mordanschlag, die Erdemović dem serbischen Untersuchungsrichter in Novi Sad am 6. März 1996 anvertraut:

> *Erdemović:* Am 22. Juli 1995 abends kam aus einem anderen Einsatz der Vizekompaniechef Kremenović mit seiner Gruppe, mit der wir in der Stadt zusammenkamen, und auf meine Frage, ob sie alle am Leben wären, antwortete er mir nur, dass sie noch leben, weil sie den Einsatz nicht ausführen wollten. Um was für einen Auftrag es sich genau handelte, weiß ich nicht, ich weiß, dass es darum ging, irgendeinen Damm zu sprengen. Danach gingen wir zur Diskothek in Bijeljina, wo wir Alkohol konsumiert haben, und dort blieben wir bis 24 Uhr, als wir in eine Nachtbar in Bijeljina gingen, und dort in der Nachtbar in Bijeljina, ich weiß nicht warum, kam es zum Streit zwischen Savanović Stanko und Mićić Živko. Ich weiß wirklich nicht, was der Grund für diesen Streit war. Zu einem bestimmten Zeitpunkt legte Mićić seine Pistole weg und schlug vor, sie sollten doch ihre Rechnung mit der Faust begleichen und er hat Stanko sogar einen Stoß versetzt, Stanko aber zieht seine Pistole und schießt auf Mićić Živko, auf mich und auf Kremenović. Alle drei hat er uns verwundet. Nur, dass Mićić und Kremenović am Arm verwundet wurden, ich aber bekam drei Schusswunden in der Bauchgegend und in der Schulter. (S.7, S.7)

Auch dem serbischen Untersuchungsrichter sagt Erdemović allerdings nicht, dass der angebliche Attentäter Stanko Savanović ebenso einen Bauchschuss abgekriegt hat. Und was diesen

Živko Mićić betrifft, so handelt es sich um Žigić Zijad, der zuerst in der Variante des Mordanschlags erwähnt wird, die Erdemović den Haager Ermittlern aufgetischt hat. Während des Bürgerkriegs hatte sich Zijad Žigić vorübergehend einen serbischen Namen zugelegt. Wohnhaft in Bijeljina, ist Zijad Žigić alias Živko Mićić Zeitungsberichten zufolge auch später sehr aktiv in der kriminellen Unterwelt. Er habe sich für mindestens 10 Morde zu verantworten, berichtet die Belgrader Zeitung *Blic* vom 13. Februar 2008. Nicht allerdings vor dem Tribunal, obgleich es genügend Anhaltspunkte gäbe. Stanko Savanović hingegen wurde 2004 in Belgrad zu dreieinhalb Jahren wegen Menschenhandels, Vergewaltigung und anderer Delikte verurteilt. Er braucht sich aber genauso wenig Sorgen zu machen, wegen eines Massakers auf der Branjevo-Farm 1995 angeklagt zu werden. Dies alles nur nebenbei. Wie allerdings Erdemović diese Rauferei und Schießerei einiger besoffener Söldner zu einem Mordanschlag auf ihn umzubeugen weiß, und zwar wegen seines angeblichen Widerstands während der Erschießung der Gefangenen, das ist einfach beachtenswert, und das darf auch Frau Constanze Stelzenmüller zur Bewunderung vorgelegt werden.

WIDERSPRÜCHLICHES AM VORABEND DES MASSAKERS

Der einfache Soldat Brano Gojković soll am 16. Juli 1995 ausnahmsweise den Befehl über ein Erschießungskommando geführt haben. Zu diesem Kommando zählen u.a. der Leutnant Franc Kos und der Sergeant Dražen Erdemović. Die Unglaubwürdigkeit seiner Darstellung versucht Erdemović erträglicher zu machen, indem er erzählt, man habe ihm kurz vor diesem Verbrechen den Rang abgenommen, und indem er den Offiziersrang von Franc Kos verschweigt. Den Vernehmungsprotokollen ist zu entnehmen, dass Ermittler und Ankläger sehr bald wussten, welchen Rang und welche Funktion Franc Kos gehabt hat. Im Gerichtssaal haben sie aber diese Angelegenheit mit keinem Wort berührt und auf diese Weise praktisch an der Darstellung von Erdemović mitgewirkt. Was Erdemović mit seiner falschen Darstellung bezweckt, ist klar: ein rangloser Soldat, konnte er sich nicht dem Befehl des angeblichen Kommandanten Gojković widersetzen. Und welches war das Interesse der Anklagebehörde, diese falsche Darstellung stillschweigend zu unterstützen? Sie wollte freilich die Glaubwürdigkeit ihres Kronzeugen aufrechterhalten. Was sie aber auch noch aufrechterhalten wollte, war vor allem das Bild einer unter militärischer Befehlsgewalt stehenden und handelnden Einheit. Diese habe mit der Erschießung der Gefangenen einen Befehl ausgeführt, den sie über die Kommandolinie aus dem Generalstab in Han Pijesak erhalten habe. Dass ein Sergeant und ein Leutnant unter dem Kommando eines ranglosen Soldaten gehandelt haben sollen, verträgt sich aber mit keiner militärischen Kommandostruktur. Auch nicht ausnahmsweise.

Erdemović ist nicht sehr gesprächig, wenn es um die Art und Weise geht, wie es zu der Zusammenstellung dieses Exekutionstrupps kam. Die dem 16. Juli 1995 vorausgehenden Ereignisse lassen sich aufgrund seiner Aussagen folgendermaßen zusammenfassen: Am 10. Juli geht Erdemović „zur Arbeit", anders gesagt, er erscheint vorschriftsgemäß um 8 Uhr in der Kaserne in Bijeljina. Der Zugführer Franc Kos sagt ihm, er solle sich fertig machen, denn es gebe einen Einsatz. Was kann er da als einfacher Soldat machen, erklärt Erdemović. Er holt eben sein Gewehr und zieht in den Einsatz. In seiner bisher letzten Zeugenaussage vom 4. Mai 2007, die er als Belastungszeuge im Popović-Prozess getätigt hat, erzählt Erdemović, dass er noch schnell nach Hause gegangen ist, um die richtige Felduniform anzuziehen und die benötigten Utensilien für die „persönliche Hygiene" einzupacken. Man bricht auf, ohne dass er weiß wohin, denn einen einfachen Soldaten habe man nichts wissen lassen, beteuert Erdemović öfters. (9, S.10939) Es ist 10 Uhr in der Nacht, als man die Wälder bei Srebrenica erreicht hat und dort übernachtet. Am nächsten Morgen rückt man mit anderen Einheiten in die nahezu menschenleere Stadt ein. Kein Widerstand, fast keine Bevölkerung, höchstens 200 alte Leute seien aus den Häusern herausgekommen. Das Kommando hat Kompaniechef Pelemiš, der ausdrücklich seine Soldaten warnt, sich auf keinen Fall an der Zivilbevölkerung zu vergreifen:

> *McCloskey*: Gab er (Pelemiš, d. A.) ihnen andere spezielle Anweisungen für die Behandlung der Zivilisten?

Erdemović: Ja. Er sagte uns, auf keinen Fall auf die Zivilisten zu schießen und dass wir sie vor uns her zum Stadion führen sollten. (9, S.10944)

Eine Weile später wiederholt Erdemović, was Pelemiš befohlen habe: "Dass wir nicht grundlos schießen sollten, dass wir den Leuten zurufen würden, aus ihren Häusern herauszukommen. Er sagte uns, nicht auf Zivilisten zu schießen." (9, S.10945) Kurz danach rennt plötzlich ein Mann aus einem Haus heraus und Pelemiš befiehlt einem Soldaten, ihm die Kehle durchzuschneiden. Einfach so, weil es ein Muslim im wehrfähigen Alter gewesen sei, erklärt Erdemović. Der Soldat, ein gewisser Zoran Maljić, tut es gehorsam an Ort und Stelle mit dem Messer. Nicht sehr konsequent ist aber dieser Pelemiš, denkt man sich als Beobachter im Zuschauerraum. Hat er doch soeben seine Soldaten wiederholt angemahnt, die zivile Bevölkerung zu schonen! Schade, dass niemand diesen Pelemiš darüber verhören will. Nach der Besetzung der Stadt wird die Ankunft von General Ratko Mladić erwartet und Pelemiš wendet sich an Erdemović mit den Worten: „Dražen, nimm dir vier Mann und kehre mit ihnen zurück in die Südstadt. Und wenn General Mladić die Stadt erreicht hat, lass uns das über den Rundfunk wissen!" In einer Art epischer Selbstvergessenheit erlebt sich der angeblich degradierte Erdemović plötzlich wieder als einen Sergeanten, der Aufträge seines Kompaniechefs entgegennimmt. Dann besinnt er sich aber schnell und korrigiert sich: „Nein, nein, nicht ich war gemeint, sondern ein anderer!" (4, S.290) Wer soll denn sonst gemeint sein, gibt es vielleicht noch einen anderen Dražen? Die Richter hören sich alles ziemlich lustlos an und merken gar nicht den kleinen Fauxpas des Kronzeugen. Bald sieht Erdemović drei Wagen ankommen, in einem davon kann er tatsächlich General Mladić erkennen, und dann funkt er die Nachricht seinem Kompaniechef weiter. Auftrag erfüllt.

Ansonsten geschieht in Sichtweite von Erdemović an diesem Tag nichts Besonderes in Srebrenica. Ist das die Stadt, die man so lange belagert hat? Erdemović kann es nicht fassen. Es muss 16 Uhr gewesen sein, als Pelemiš seine Mannschaft wieder um sich versammelt, um mitzuteilen, dass der Einsatz zu Ende ist. Man werde noch in Srebrenica übernachten und am nächsten Morgen nach Vlasenica zurückkehren. Unterwegs dahin, es ist der 12. Juli 1995, geht der LKW kaputt, auf dem Erdemović mit seiner Gruppe sitzt. Als man mit großer Verspätung in Vlasenica ankommt, erfährt Erdemović, dass der Transporter, in dem Pelemiš mit zwei weiteren Soldaten fährt, sich unterwegs überschlagen hat, wobei ein Soldat ums Leben gekommen ist. Erdemović habe sich gut mit dem umgekommenen Soldaten Dragan Koljivrat verstanden, sagt er. Daher will er ihn auf seinem letzten Weg begleiten. Koljivrat habe außerdem demselben Trupp angehört, dessen „vodnik" Erdemović gewesen war. Am 13. Juli gehört Erdemović zu den sechs Soldaten, die die sterblichen Reste des 25-jährigen seinen Eltern zurückbringen. Trebinja, das Geburtsdorf des Verunglückten, liegt an der Grenze zu Kroatien, 20 Kilometer von Dubrovnik entfernt. Der Weg dorthin und zurück ist lang und ermüdend, da er kriegsbedingt durch die Berge führt. Man kehrt ins Vlasenica-Camp am 15. Juli um 5 Uhr in der Früh zurück, man schläft den ganzen Tag und am 16. Juli in der Früh kommt Brano Gojković und fordert Erdemović auf, er solle sich zu einem Sondereinsatz fertig machen.

Diese letzte Szene vor dem Massaker kennt mehrere Varianten und Akzentverschiebungen. Dem serbischen Untersuchungsrichter in Novi Sad sagt Erdemović am 6. März 1996, dass Pelemiš persönlich Angehörigen der Gruppe befohlen habe, sich bei der Militärpolizei in Zvornik zu melden. Kommandeur der Gruppe sei Brano Gojković gewesen und nur er habe gewusst, was der Auftrag war:

> *Erdemović:* Am 20. Juli in der Früh, als wir aufgestanden waren, bekamen wir von Pelemiš den Befehl für einen neuen Einsatz bei der Militärpolizei in Zvornik, d.h. wir sollten uns bei der Militärpolizei in Zvornik melden. Kommandant der Gruppe war Gojković Brano und er wusste, um was für einen Einsatz es ging. (S.5, S.5)

Das dem serbischen Untersuchungsrichter genannte Datum 20. Juli statt 16. Juli wird bis zuletzt ein merkwürdiger Widerspruch bleiben. Den Haager Ermittlern erzählt Erdemović am 24. April 1996 eine etwas andere Geschichte. Ein Soldat namens Brano Gojković sei am 16. Juli 1995 in der Früh zu ihm gekommen und habe ihm gesagt, es gebe den Befehl, dass er und sechs weitere Soldaten eine spezielle Angelegenheit erledigen sollen. Erdemović und die anderen hätten keine Ahnung gehabt, worum es ging:

> *Erdemović:* Am 16. in der Früh, als ich aufstand, kam ein Soldat, Gojković Brano aus Vlasenica, und sagte mir, dass ich zu einem Einsatz mit ihm und weiteren sechs Kameraden beordert worden bin.
> *Ruez*: Gojković?
> *Dolmetscher:* Ja.
> *Erdemović:* Zu diesem Zeitpunkt wusste ich nicht, weder ich noch wer auch immer von den Soldaten, wohin wir gehen. (S.5, S.4)

In der Geschichte, die Erdemović im Karadžić-Mladić-Prozess am 5. Mai 1996 erzählt, geht es mit Nachdruck um „order and commander": es gibt den Kommandeur Brano Gojković, der die Befehle erteilt, doch eigentlich kommen diese Befehle vom Zentrum für Aufklärung beim Generalstab in Han Pijesak. Dies wird ausdrücklich betont, denn schließlich geht es jetzt um den internationalen Haftbefehl gegen Mladić und Karadžić:

> *Harmon:* Herr Erdemović, ich möchte nun Ihre Aufmerksamkeit auf den 16. Juli (1995, d. A.) lenken und Sie fragen, ob Sie und andere Soldaten Ihrer Einheit an diesem Tag einen Befehl bekommen haben, sich an einer speziellen Angelegenheit zu beteiligen.
> *Erdemović:* Nein, nein. Mir persönlich wurde keiner jener Befehle bekannt gegeben, sondern dem Kommandanten, der zu dieser Zeit die Befehlsgewalt innehatte, könnte irgendjemandem den Befehl zu diesem speziellen Auftrag erteilt haben.
> *Harmon:* Erhielten Sie überhaupt an diesem Tag von irgendjemandem einen Befehl, der einen Auftrag oder Einsatz betraf, den Sie letztendlich ausführten?
> *Erdemović:* Ja.
> *Harmon:* Von wem haben Sie diesen Befehl erhalten?
> *Erdemović:* Vom Gruppenkommandanten Brano Gojković.
> *Harmon:* Hatte er einen dafür normalen Dienstrang? (*Was he of normal rank?*) Verzeihung, ich werde die Frage umformulieren. War es eine normale Sache, dass er Ihrer Einheit Befehle zur Durchführung gewisser Einsätze erteilte, oder war dieser Fall eine Ausnahme?
> *Erdemović:* Ja, es war eine Ausnahme. (...)
> *Harmon:* Herr Erdemović, woher kamen normalerweise Ihre Befehle? Ich meine die Befehle, die an Ihre Einheit gerichtet waren?
> *Erdemović:* Sie kamen aus dem Zentrum für Aufklärung beim Generalstab in Han Pijesak. (2, S.839f.)

Bei der guilty-plea-Anhörung am 20. November 1996 ist die Kommandolinie nicht mehr so wichtig. In der Geschichte, die Erdemović da erzählt, geht es vorrangig um seine Entschuldung wegen offensichtlichen Befehlsnotstandes:

> *Erdemović:* Als ich am 16. in der Früh vom Begräbnis zurück kam, sage ich Ihnen, Pelemiš sagte mir nicht direkt, sondern Brano Gojković kam und sagte, „Erdemović, Kos Franc und Goronja Zoran, macht euch fertig. Ihr geht in einen Einsatz". Also, was konnten wir tun? Ich fragte, wann wir denn nach Hause gehen würden. Er sagte, „Ihr geht in einen Einsatz. Von was für einem Zuhause quatscht du da?" Also musste ich in diesen Einsatz gehen. Ich musste. (4, S.292)

In der Geschichte, die Erdemović am 22. Mai 2000 beim Krstić-Prozess erzählt, erwähnt er zum ersten Mal den Dienstgrad von Franc Kos und erspart sich den Kommando-Ton von Gojković:

> *Erdemović:* Brano Gojković kam und sagte uns, sagte mir, Franc Kos und Zoran Goronja, dass wir uns für unseren Auftrag vorbereiten sollten. Und als wir ihn fragten, wer denn gesagt habe, dass wir gehen sollten, sagte er, dass der Befehl von Pelemiš komme. (7, S.3116)

Auffallenderweise wird nun Gojković kein Kommandeur oder Kommandant mehr genannt. „Brano organisierte alles, was wir einzupacken hatten, holte alle notwendige Ausrüstung für die Operation." Er war „the leader", sagt Erdemović. (7, S.3118) Auch das stimmt aber nicht, der Zeuge Dragan Todorović wird später dieser Behauptung entschieden widersprechen, und er ist einer, der es wissen kann. Er persönlich hat die Ausrüstung aus dem Depot herausgegeben und dabei nicht den ranglosen Gojković, sondern den Leutnant Franc Kos für den Empfang unterschreiben lassen. (12, S.14037) Und im Milošević-Prozess am 25. August 2003 ist Brano Gojković nichts weiter als ein Vermittler. „Am 16. Juli hat Sie Branko Gojković über neue Anweisungen informiert, nicht wahr" – lautet die Frage des Anklägers Geoffrey Nice. „Genau gesprochen hat Brano Gojković nur gesagt, dass Pelemiš gesagt hat, wir sollen in den Einsatz gehen" – ergänzt Erdemović. (8a, S.25150, 8b, S.259)

ELF JAHRE SPÄTER

Am 4. Mai 2007 trägt Dražen Erdemović im Zeugenstand die bisher letzte Variante seiner Geschichte vor. Seine Überstellung nach Den Haag und die erste Variante seiner Geschichte liegen 11 Jahre zurück, und seit 7 Jahren lebt er mit neuer und „beschützter" Identität irgendwo in Nordwesteuropa. Bei seinem letzten Auftritt als Zeuge vor dem Tribunal geht es wiederum um eine Völkermordanklage, was sonst, diesmal im Megaprozess gegen sieben hohe Offiziere der bosnisch-serbischen Armee (VRS): Vujadin Popović, Ljubiša Beara, Vinko Pandurević, Drago Nikolić, Ljubomir Borovčanin, Milan Gvero und Radivoje Miletić. Die Anklage führt Peter McCloskey, der die Geschichte von Erdemović in allen Varianten kennt. Er war schon 1996 beim ersten Interview ihres Erzählers dabei und er hat ihn all die Jahre hindurch Prozess um Prozess zum Belastungszeugen für den Völkermord gleichsam großgezogen. Inzwischen ist es sieben Jahre her, da Erdemović mit neuer Identität und entlastetem Bewusstsein irgendwo ein normales Leben begann. Seine Zeugenaussage verläuft entspannt und irgendwie lustlos, sie ist ihm zur Routine geworden. Alles wie gehabt: die Kommandostruktur seiner Einheit und die Kommandolinie bis nach Han Pijesak wird vom Kronzeugen klar und übersichtlich dargestellt. Der Ausflug nach Srebrenica am 10. und 11. Juli 1995 kommt zur Sprache, Franc Kos habe den Bijeljina-Zug angeführt, dann habe in Srebrenica das Kommando Milorad Pelemiš übernommen, sein Verbot auf Zivilisten zu schießen wird erwähnt, gefolgt vom Befehl, einen jüngeren Muslim abzuschlachten. Die Nacht zum 12. Juli verbringt man in zwei Häusern am Stadtrand und in der Früh bricht man auf nach Vlasenica. Unterwegs geht der LKW kaputt, Erdemović kommt sehr spät in der Basis an und erfährt erst am 13. Juli in der Früh, dass sich der Transporter seines Kompaniechefs unweit von Vlasenica überschlagen habe und ein Soldat umgekommen sei. Es folgt die lange Reise nach Trebinja mit den sterblichen Resten des Koljivrat Dragan, das Begräbnis ist am 14. Juli, und am 15. Juli um 5 Uhr morgens ist man wieder in Vlasenica zurück. Endlich kann Erdemović todmüde ins Bett.

Wie er schon am 24. April 1996 den Ermittlern Jean-Rene Ruez und Peter Nicholson sagte, sobald sie am 15. Juli ganz früh am Morgen angekommen waren, wären sie alle sieben schlafen gegangen. (S.4, S.5) Er muss 24 Sunden geschlafen haben, denn vom 10. bis zum 15. Juli sei er praktisch ununterbrochen im Einsatz gewesen. An einer anderen Stelle in diesem Interview sagt Erdemović, er habe am 15. Juli im Vlasenica-Camp bis 17 Uhr geschlafen. Außerdem sei an diesem Tag die gesamte Einheit, der Bijeljina-Zug, dem Erdemović angehört, und der Vlasenica-Zug, im Vlasenica-Camp gewesen. Auch der Kompaniechef Pelemiš:

> *Ruez:* Also, Sie haben einen ganz normalen Tag in Vlasenica verbracht, Sie haben nichts gehört, was sich in den vorangehenden Tagen ereignet hat?
> *Erdemović:* Wissen Sie, ich habe bis ungefähr 5 Uhr abends geschlafen, ich war wirklich müde vom Weg, von allem.
> *Ruez:* Ist Ihr gesamter Zug an diesem Tag in Vlasenica gewesen?
> *Erdemović:* Ja.
> *Ruez:* Und war auch die gesamte Einheit anwesend?
> *Erdemović:* Die gesamte Einheit, ja.
> *Nicholson:* Betrifft das sowohl Ihren Kommandanten Pelemiš als auch seinen Stellvertreter Kremenović?
> *Erdemović:* Pelemiš war da, Kremenović nicht. Kremenović war überhaupt nicht in Srebrenica. (S.19, S.13)

Dies alles sei hier in Zusammenhang mit den späteren Aussagen der Zeugen Oberst Salapura und Dragan Todorović in Erinnerung gebracht.

Am 4. Mai 2007, in seinem bisher letzten Auftritt als Zeuge der Anklage im Prozess gegen Vujadin Popović u.a., bleibt Erdemović in groben Zügen bei seiner vorherigen Darstellung. Am 15. Juli 1995 sei er am frühen Morgen in Vlasenica eingetroffen, nachdem er seit dem 10. Juli kaum habe schlafen können. Daher habe er bis in den 16. Juli hinein geschlafen, als Brano Gojković in den Schlafraum gekommen sei und gerufen habe: „Du, Franc Kos und Zoran Goronja, nehmt eure Waffen und macht euch fertig für einen Auftrag!" (9, S.10962f.) Ist es nicht merkwürdig, dass ein gewisser Gojković diesen drei Befehle erteilt, wobei Franc Kos bereits als Zugskommandant erwähnt wurde? Die Richter wundert es nicht. Und was sei dann passiert, fragt der Ankläger McCloskey. „Wir taten es", sagt Erdemović, „und vielleicht eine halbe Stunde später verließen wir Vlasenica in Richtung Zvornik". Und dann nennt er wieder die Namen seiner sieben Mittäter. Merkwürdigerweise wundert es auch niemanden, wenn Erdemović erneut Franc Kos als einen der Mittäter nennt. Dabei hatte er gerade noch auf eine Frage des Anklägers McCloskey geantwortet, dass Franc Kos sein Zugskommandant war, „in charge of our detachment"! (9, S.1041) Diese Ungereimtheit scheint niemandem aufzufallen. Dann wird die Frage gestellt, wer beim Exekutionstrupp das Kommando hatte:

McCloskey: Wer hatte das Kommando? (*Who was in charge?*)
Erdemović: Brano Gojković.
McCloskey: Was war sein Rang, sollte er einen gehabt haben?
Erdemović: Soviel ich weiß, hatte er keinen. (9, S.10963)

Merkwürdig ist diese vorsichtige Antwort von Erdemović auf die Frage nach dem Rang von Gojković: soviel er wisse, habe Gojković keinen Rang. Als ob er nicht ausschließen wolle, dass Gojković eventuell doch einen geheimen Rang hätte. Noch merkwürdiger ist es, dass ein rangloser Soldat das Kommando über einen Leutnant und Zugführer gehabt haben soll, und dass diese Absurdität weder Ankläger noch Richter stört. Aber auch keiner der Anwälte der sieben Angeklagten wird später beim Kreuzverhör des Kronzeugen dazu Stellung nehmen! Die Glaubwürdigkeit des Kronzeugen scheint allen am Herzen zu liegen. Dann klärt McCloskey vor den Richtern auch die nicht weniger problematische Angelegenheit mit der Degradierung von Erdemović, dessen Dienstgrad jetzt auf Englisch nicht mehr Sergeant, sondern Korporal ist:

McCloskey: Welchen Rang oder welche Position hatten Sie zu dieser Zeit in der Einheit?
Erdemović: Vorher war ich Korporal der Armee der Republika Srpska. Ich war Korporal in der 10. Sabotageeinheit und wegen eines Konflikts mit dem Kommandanten unserer Einheit, Milorad Pelemiš, hat er mir den Rang abgenommen. Eigentlich war ich Kommandant einer Gruppe des Bijeljina-Zuges, doch zu dieser Zeit (am 16. Juli 1996, d. A.) war ich nur ein einfacher Soldat. (ebd.)

Ob man den serbischen Dienstgrad „vodnik" mit „Sergeant" oder „Korporal" übersetzt, ist egal. Auffallend ist aber, dass Oberst Salapura nicht mehr erwähnt wird, obgleich er in allen vorherigen Aussagen den ungehorsamen Sergeanten Erdemović persönlich degradiert haben soll. Auch dieses Abweichen des Kronzeugen von seinen bisherigen Aussagen scheint niemanden zu stören. Ob Erdemović dann wisse, wieso der ranglose Gojković das Kommando über diese Einheit hatte, fragt der Ankläger weiter:

> *McCloskey:* Und wußten Sie, wer Brano Gojković das Kommando über diese Einheit gegeben hat?
>
> *Erdemović:* Er sagte, dass Pelemiš gekommen sei und gesagt habe, wir sollen uns bereit machen, also nehme ich deswegen an, dass Pelemiš Brano sagte, was zu tun sei. (ebd.)

Auf diesem schmalen Wissensgrund behauptet Erdemović sowohl, dass Gojković im Auftrag vom Kompaniechef Pelemiš Kommandant des Exekutionstrupps war, als auch, dass an diesem Morgen, als sich der Exekutionstrupp auf den Weg nach Pilica gemacht hat, Pelemiš selber sich im Vlasenica-Camp aufgehalten hat:

> *McCloskey:* Haben Sie, bevor Sie zu diesem Auftrag wegfuhren, irgendeinen Offizier wie Pelemiš oder jemanden in höherer Position bei Vlasenica, wo ihr euch aufgehalten habt, gesehen?
>
> *Erdemović:* An diesem Morgen war Pelemiš da, aber in der Nacht, als wir aus Srebrenica nach Vlasenica zurück kamen, das war am 12. Juli in der Nacht, war Major Pećanac da. (ebd.)

An diesem Morgen war Pelemiš da, sagt Erdemović. Ist das eine Antwort auf die konkrete Frage, ob er Pelemiš auch tatsächlich „gesehen" hat? Es scheint, als ob es niemand genau wissen möchte.

WEITERE WIDERSPRÜCHE AM VORABEND DES MASSAKERS

Am 15. Juli 1995, einen Tag vor dem Massaker auf der Branjevo-Farm, sei die gesamte Einheit im Vlasenica-Camp gewesen,

Erdemović habe den ganzen Tag geschlafen und am 16. Juli, als er aufgefordert worden sei, sich für den Einsatz bereit zu machen, sei Pelemiš anwesend gewesen, Erdemović habe ihn gesehen.

Das sagt Erdemović am 4. Mai 2004 als Zeuge im Prozess gegen Vujadin Popović u.a. aus. Sehr spannend ist es aber, was Erdemović alles im Interview am 25. Juni 1996 dazu sagte. In diesem relativ kurzen Interview wollten nämlich die Ermittler die Frage klären, wann genau und wie oft Erdemović seinen Kompaniechef zwischen dem 12. und dem 16. Juli 1995 gesehen hat, d.h. zwischen dem Unfall von Pelemiš und dem Aufbrechen des Exekutionskommandos nach Pilica. Da sagt Erdemović, er habe Pelemiš auch schon am 15. Juli gesehen. Der Ermittler Jean-Rene Ruez will es nicht ganz glauben und fragt Erdemović erneut: Also, Sie haben ihn am 15. Juli gesehen? Ja, am Nachmittag, als Erdemović aufgestanden sei, nachdem er am frühen Morgen aus Trebinja zurückgekommen und todmüde schlafen gegangen war. Da habe er Pelemiš gesehen. Er habe einen Kopfverband getragen, ansonsten sei er aber gar nicht schwer verwundet gewesen, ergänzt Erdemović. Habe er gut ausgesehen, habe er normal gesprochen, habe er sich normal benommen? Anscheinend hat der Ankläger mittlerweile andere Informationen über den Zustand und den Aufenthaltsort von Pelemiš erhalten. Ja, er habe normal ausgesehen, er sei gar nicht schwer verwundet gewesen, wiederholt Erdemović:

> *Ruez:* Können Sie sich erinnern, ob Sie Pelemiš am 15. gesehen haben?
> *Erdemović:* Ich kann mich nicht erinnern, aber ich glaube nicht, dass ich ihn gesehen habe als ich zurück gekommen war, vielleicht aber 2-3 Stunden später, als ich aufstand, dann habe ich ihn gesehen, denn wir kamen am frühen Morgen, um ca. 5 Uhr sind wir aus Trebinja gekommen, um 5-6 Uhr.
> *Ruez:* Also, Sie haben ihn am 15. gesehen?
> *Erdemović*: Ja, aber am Nachmittag, als ich aufstand.
> *Ruez:* Wie sah er aus, körperlich?
> *Erdemović:* Normal.
> *Ruez:* Hatte er einen Verband um seinen Kopf?
> *Erdemović:* Ja, ja. Er hatte keine schweren Verwundungen.
> *Ruez:* Hat er normal gesprochen, hat er sich normal benommen?
> *Erdemović:* Ja. (S.4f., S.4)

Bei derselben Vernehmung behauptet Erdemović, dass er Pelemiš auch schon gesehen habe, bevor er am 13. Juli in der Früh nach Trebinja fuhr, um den verunglückten Koljivrat zu begraben. Da habe Pelemiš einen weißen Verband um den Kopf getragen, doch sonst habe ihm nichts gefehlt:

> *Ruez:* Wissen Sie, ob Pelemiš bei diesem Unfall verwundet wurde?
> *Erdemović:* Ja, leicht am Kopf.
> *Ruez:* Haben Sie ihn nach dem Unfall gesehen?
> *Erdemović:* Ja.
> *Ruez:* Wie sah er aus?
> *Erdemović:* Er war verwundet, er hatte irgendein Pflaster am Kopf.
> *Ruez:* War er schon geheilt? Ich meine, hatte sich schon irgendwer um ihn gekümmert?
> *Erdemović:* Ja. Nun, ich kam erst danach, wir haben uns hinter der Kolonne verspätet, unser Fahrzeug wurde beschädigt. Wir haben uns vielleicht um sieben Stunden verspätet.
> *Ruez:* Aber als Sie in Vlasenica angekommen sind, da haben Sie Pelemiš gesehen und Pelemiš sah OK aus?
> *Erdemović*: Ja, nur hatte er ein Pflaster und ich habe gehört, was passiert war.
> *Ruez:* Und danach sind Sie zum Begräbnis nach Trebinja gefahren?
> *Erdemović:* Ja. (ebd.)

Fassen wir zusammen: Erdemović behauptet, zwischen dem 12. und dem 16. Juli 1995 drei Mal Pelemiš gesehen zu haben: 1. nach dem Unfall mit dem Transporter am 12. Juli um 16 Uhr und vor der Abreise nach Trebinja am frühen Morgen des 13. Juli; 2. am 15. Juli, nachdem Erdemović nach seiner Rückkehr aus Trebinja aufgestanden war; 3. am 16. Juli, bevor das Exekutionskommando nach Pilica aufgebrochen ist. Schade, dass man dazu nicht auch Pelemiš vernehmen will. In seinem Interview für *Nezavisne Novine* vom 21. November 2005 sagt er nämlich Folgendes:

> Am 12. Juli (1995, d. A.) ungefähr zur Mittagszeit machten wir uns, ca. 30 Mann, auf den Weg nach Vlasenica, wo wir ein Trainingszentrum hatten. Wir sind in einem holländischen UNPROFOR-Transporter gefahren, den wir in Srebrenica gekauft hatten. Einige hundert Meter von unserer Vlasenica-Basis entfernt, kam uns ein LKW mit Anhänger entgegen. Wegen des Transporters dachte er wahrscheinlich, dass wir von UNPROFOR sind, sein

Anhänger schwenkte in unsere Richtung ab und schlug gegen den Transporter. Ich saß darin mit noch zwei Soldaten. Wir sind in den Abhang abgestürzt. Dort kam der Soldat Dragan Koljivrat ums Leben, Soldat Mladen wurde ebenso verwundet, er hatte einen offenen Beinbruch, während ich gebrochene Rippen und eine Kopfwunde bekam, als sich der Wagen überschlug. Das geschah alles am 12. Juli um ca. 16 Uhr. In bewusstlosem Zustand hat man mich ins Vlasenica-Krankenhaus gebracht. Weil es voll mit Verwundeten war, hat man mich dieselbe Nacht von Vlasenica nach Šeković gebracht, dort blieb ich bis zum 21. Juli, und dann ging ich nach Belgrad, wo ich zu Hause gepflegt wurde. (...) Am 23. Juli brach ich meinen Krankenurlaub ab und kehrte zurück zu meiner Einheit.[22]

In Srebrenica habe man sich einen holländischen Transporter gekauft, sagt Pelemiš. Das muss ein Scherz sein, es handelt sich um einen erbeuteten Transporter, der dem niederländischen Bataillon „Dutchbat" gehörte. Pelemiš hat ihn ohne ausreichende Erfahrung selbst gefahren. Ferner behauptet er, Ermittler des Tribunals hätten die Dokumentation im Krankenhaus eingesehen und überprüft, wo er sich am 16. Juli tatsächlich aufgehalten habe. Sollte dies alles stimmen, kann ihn Erdemović unmöglich am 16. Juli gesehen haben. Auch nicht am 15. Juli, als er angeblich den ganzen Tag geschlafen habe. Und auch nicht unmittelbar nach dem Unfall und vor seiner Abreise nach Trebinja, denn man habe Pelemiš in bewusstlosem Zustand ins Krankenhaus gebracht. Vielleicht lügt aber auch Pelemiš, denn unvorsichtiger Weise sagt er etwas später in diesem Interview, er habe Erdemović zum letzten Mal am 12. Juli gesehen, als er um 16 Uhr der Truppe zehn freie Tage gegeben habe. Erdemović habe er erst im Oktober wieder gesehen, als dieser vom Krankenhaus zurückgekehrt sei:

Was Srebrenica betrifft habe ich ihn (Erdemović, d. A.) zum letzten Mal am 12. Juli um 16 Uhr gesehen, als ich ihnen (der Einheit, d. A.) dienstfrei gegeben habe, und im Oktober, als er nach Krankenhausbehandlung in die Einheit zurück kam. (ebd.)

---

[22] „Bili smo profesionalci, a ne plaćenici" („Fachleute waren wir, keine Söldner"), in: *Nezavisne Novine* (Banja Luka), 21.11.2005.

War nun Pelemiš am 12. Juli um 16 Uhr bewusstlos oder nicht? Wer von beiden die Wahrheit spricht, wissen wir nicht. Das könnte man freilich ganz einfach klären. Dazu bräuchte es eine Gegenüberstellung der beiden, wie es bei der Wahrheitsfindung in einem regulären Strafverfahren üblich ist. Wer weiß aber, was alles dabei herauskommt. Oder weiß man das, und man verhört Pelemiš deshalb nicht?

DER ZEUGE DRAGAN TODOROVIĆ UND DER RÄTSELHAFTE 15. JULI 1995

Natürlich möchte sich Pelemiš das Massaker, das seine Soldaten begangen haben, möglichst fern vom Leib halten. Zu diesem Zweck lassen sich auch Krankenhausdokumente manipulieren. Es gibt aber einen weiteren Zeugen, der die krankenhausbedingte Abwesenheit von Pelemiš bestätigt: der Logistik-Korporal der 10. Sabotageabteilung, Dragan Todorović, der zwei Monate nach Erdemović, am 21. August 2007, im selben Prozess als Zeuge der Anklage gegen Vujadin Popović u.a. ausgesagt hat. Dragan Todorović ramponiert mit seiner Aussage ziemlich gründlich die Geschichte, die Erdemović von der Rekrutierung des Exekutionskommandos erzählt. Die Aussage von Dragan Todorović ist umso überzeugender, als sie von der Anklagebehörde gar nicht intendiert worden war. Vielmehr kam sie als ein Nebenprodukt seiner eigentlichen Aussage zustande, die die Frage zum Gegenstand hatte, ob der in diesem Prozess angeklagte Vujadin Popović am 15. Juli 1995 im Vlasenica-Camp anwesend war oder nicht. Todorović scheint übrigens Dražen Erdemović ganz gut zu kennen. Als ihn Ankläger McCloskey gleich zu Beginn seines Verhörs überraschenderweise nach Erdemović fragt, weiß der Zeuge dies und jenes von ihm zu erzählen. Man erfährt auch, dass die Vlasenica-Soldaten immer schon den Bijeljina-Zug, dem Erdemović angehört, etwas verdächtig fanden, weil dieser mehrheitlich aus Kroaten und Muslimen bestanden habe. Man mochte einander nicht sonderlich:

McCloskey: Können Sie uns sagen, wer Franc Kos war?

Todorović: Er gehörte zu der Gruppe in Bijeljina, zum Bijeljina-Zug. Ich hatte nicht viel Umgang mit ihm. Ich kannte ihn eigentlich gar nicht. Diese Einheit hatte eine gemischte Zusammensetzung. Ich spreche vom Bijeljina-Zug. Er bestand aus Muslimen, Kroaten. Es gab einen Slowenen, es gab Leute aus Serbien, während wir in Vlasenica ein serbischer Zug waren, alle Leute trugen serbische Namen, und daher hatten wir nicht viel Vertrauen zu ihnen. (13, S.13998f.)

Zusammengefasst erfahren wir von Todorović Folgendes: Am 10. Juli 1995 zieht auch er mit einigen Logistiksoldaten nach Srebrenica und beteiligt sich am 11. Juli an der Einnahme der weitgehend verlassenen Stadt. Es sei wie ein Spaziergang durch den Park gewesen, einfach lächerlich, meint Todorović („it was just a walk in the park, that would be ridiculous",12, S.10965). Die Nacht zum 12. Juli verbringt er mit seiner Logistik-Gruppe außerhalb der Stadt und am nächsten Morgen treten sie ganz früh die Rückreise an. Im Vlasenica-Camp, das sich in der Ortschaft Dragaševac bei Vlasenica befindet, müssen sie nämlich rechtzeitig alles auf die Rückkehr der Truppe vorbereiten: warmes Essen, warmes Wasser und was sonst noch dazu gehört. Mit den anderen Logistiksoldaten ist Todorović zur Mittagszeit schon im Camp und man macht sich an die Arbeit. Einige Stunden später kommt der Bericht, dass sich kurz vor Vlasenica eines der heimkehrenden Fahrzeuge überschlagen habe und dass es einen Toten und zwei Verwundete gebe. Einer der Verwundeten sei der Kompaniechef Pelemiš. Todorović eilt zum Unfallort, wo andere Soldaten sich bereits um die Verwundeten kümmern, derweil er den umgekommenen Dragan Koljivrat ins Krankenhaus fährt, wo man formell seinen Tod bescheinigt. Danach habe er mit den Eltern des Umgekommenen telefoniert und alles Nötige für sein Begräbnis organisiert. Am nächsten Tag, es ist der 13. Juli, machen sich sieben Soldaten, darunter Todorović und Erdemović, in einem schwarzen VW-Minivan auf den Weg nach Trebinja, dem Geburtsdorf des Umgekommenen, wo auch seine Eltern wohnen. Die sterblichen Reste des 25-jährigen Dragan Koljivrat folgen in einem Kühlwagen. Todorović erzählt ausführlicher und eindrucksvoller als Erdemović von der langen Reise, vom Begräbnis am 14. Juli, von den verzweifelten Eltern und von der Nachtreise zurück nach Vlasenica, wo sie am 15. Juli zwischen 10 und 11 Uhr vormittags ankommen (12, S.14011). Nicht um 4 oder 5 Uhr morgens, wie Erdemović behauptet (7, S.3115). Der Wagen wird geparkt, die Soldaten bekommen frei und Todorović macht sich auf die Suche nach dem Kompaniechef Pelemiš, weil er einige Geschenke für ihn von den Eltern des Verunglückten mitgenommen habe. Und er stellt fest:

> *Todorović:* Er war nicht da. Ich fragte den Soldaten am Eingang, wo Pelemiš sei, und er sagte mir, dass er entweder in Bijeljina oder im Krankenhaus sei. (13, S.14011f.)

Pelemiš war also nicht da, behauptet Todorović. Es ist der 15. Juli 1995, Erdemović ist soeben mit Todorović und den anderen Soldaten aus Trebinja im Vlasenica-Camp eingetroffen und hat wie alle anderen frei bekommen. Kurz danach – berichtet der Zeuge Todorović weiter – sei Major Dragomir Pećanac eingetroffen. Todorović habe ihn flüchtig als einen der Sicherheitsoffiziere gekannt, dessen Funktion ihm nicht ganz klar gewesen sei. Jedenfalls sei Pećanac immer in der Nähe von General Ratko Mladić zu sehen gewesen. Todorović wird kurz danach Zeuge einer heftigen Streiterei zwischen diesem Pećanac und einem Soldaten der 10. Sabotageeinheit namens Zoran Obrenović. Pećanac habe Obrenović angeschrien und von ihm verlangt, er solle ihm einige Soldaten für irgendeinen Auftrag besorgen. Das habe Todorović sehr gewundert. Major Pećanac habe nämlich keinerlei Befehlsbefugnis über die 10. Sabotageeinheit gehabt. Nur Pelemiš habe Soldaten seiner Kompanie in einen Einsatz schicken können, und sonst niemand. (12, S.14028f.) Nach Obrenović habe Pećanac auch den Soldaten Brano Gojković angeschrien. Auch von ihm habe er verlangt, er solle ihm einige Soldaten zur Verfügung stellen. Todorović habe versucht, die Streitenden zu beschwichtigen, doch als er gefragt habe, worüber sie sich denn stritten, habe Pećanac ihn einfach ignoriert und das Camp verlassen. Branko Gojković habe es geschafft, aus den wenigen anwesenden Soldaten eine Gruppe zusammenzustellen und Todorović habe aus dem Depot die für einen Einsatz übliche Ausrüstung herausgegeben: zwei Raketenwerfer „Zolja", ein Maschinengewehr M-84, eine Kiste Munition, Wasserflaschen und Ration für 48 Stunden. Der von Franc Kos unterschriebene Empfangschein liegt den Richtern vor. Warum er Kos habe unterschreiben lassen, fragt der Ankläger. Weil er einen Dienstrang gehabt habe, antwortet Todorović. Danach habe die Gruppe in einem Minivan das Camp verlassen, sieben bis acht Mann mit dem Fahrer. Der Kompaniechef sei nicht anwesend gewesen, ohne seine Zustimmung sei es niemandem erlaubt gewesen, das Camp zu verlassen, aber Pećanac habe offensichtlich die Verantwortung auf sich genommen, berichtet Todorović. (12, S.14039) Wer alles der Gruppe angehört habe, fragt der Ankläger, und schon wieder wird mit der Antwort die Glaubwürdigkeit des Kronzeugen Erdemović in Mitleidenschaft gezogen:

> *McCloskey:* Okay. Können Sie uns einige der Soldaten nennen, die an diesem 15. Juli in diesem Minivan weggefahren sind?
>
> *Todorović:* Franc Kos, ich glaube, er übernahm das Kommando (*the duty of the leader*), obgleich jener (Pećanac, d. A.) Brano angeschrien hatte, doch Brano hatte keinen Rang. Er war ein einfacher Soldat (*foot soldier*). Dann gab es Gojković, glaube ich. Selanović. Boris Popov. Marko Boškić. Und Herrn Dražen Erdemović, der sich der Gruppe etwas später anschloss. (13, S.14040)

Das Kommando habe Franc Kos gehabt, meint Todorović und nennt ferner Gojković, Selanović, Boris Popov, Marko Boškić und Dražen Erdemović, der sich etwas später dieser Gruppe angeschlossen habe. Die Gruppe habe das Camp im selben schwarzen VW-Minivan verlassen, mit dem man zum Begräbnis von Koljivrat gefahren war.

Der Ankläger scheint mit seinem Zeugen nicht ganz zufrieden zu sein. Wer habe zu wem geschrien? Worüber habe man sich gestritten, könne der Zeuge bitte dies alles den Richtern etwas näher erklären. Der Zeuge versucht es. Das ganze Geschrei habe mit einem Befehl zu tun gehabt, von dem nur Pećanac Näheres gewusst habe. Alles habe sich um das Anwerben einiger Soldaten gedreht, die mit einem Auftrag irgendwohin geschickt werden sollten. Was aber dieser Auftrag beinhaltet habe, das wisse er nicht. Vielleicht habe man irgendwo irgendeine Operation durchführen, eine führende Person bewachen oder einen Weg absichern müssen. Weder habe ihm das jemand gesagt, noch sei es erlaubt gewesen, darüber Fragen zu stellen. Es habe zu diesem Zeitpunkt eine groß angelegte Offensive der bosnisch-muslimischen Armee gegeben, vielleicht habe dieser Einsatz damit zu tun gehabt. Dann zählt der Zeuge ganz konkret auf, was er wusste und was er nicht wusste:

> *Todorović:* Ich weiß nur, dass sie das Camp verließen, dass sie für einen Auftrag ausgerüstet worden waren, aber ich weiß nicht, wohin sie gingen. Ich weiß, dass Herr Gojković keine Befehlsgewalt hatte, dass er keinen Rang hatte, dass er keinen einzigen Angehörigen der Sabotageeinheit kommandieren konnte. Er konnte nicht befehlen, er war nicht in der Position, auch einem Einzigen der Soldaten dort einen Befehl zu erteilen. (13, S.14042)

11 Jahre sind eine lange Zeit. Wer außer McCloskey hat denn im Gerichtssaal noch in Erinnerung, was der Kronzeuge Dražen Erdemović alles vom Kommandeur Gojković erzählt hat? Wie dieser ihn z.B. auf der Branjevo-Farm wegen Befehlsverweigerung habe erschießen wollen? McCloskey hört sich jedenfalls die Darstellung seines neuen Zeugen regungslos an und wiederholt daraufhin die Frage, die er schon seinem Kronzeugen Erdemović gestellt hat: „Who was in charge of the group", fragt erneut McCloskey, wer hatte die Verantwortung. Die Antwort, die er bekommt, ruiniert die Aussage von Dražen Erdemović, aber wen kann das 2007 noch kümmern:

> *Todorović:* Franc Kos, der ein Oberleutnant (*second lieutenant*) war, unterschrieb für die Ausrüstung. Und wenn er nicht anwesend gewesen wäre, dann hätte Dražen Erdemović ein Dokument wie dieses unterschreiben müssen. (13, S.14041)

Denn, so könnte man hinzufügen, Dražen Erdemović war der Zweite in der Gruppe, der einen Rang hatte. Er war eben nicht degradiert, wie er in jeder seiner Aussagen behauptet hat. McCloskey versucht, diese Darstellung seines Zeugen in Zweifel zu ziehen, was sehr problematisch ist, denn Todorović ist eben „sein Zeuge", ein Zeuge der Anklage. Will er ihn ins Kreuzverhör nehmen, um seine Glaubwürdigkeit in Frage zu stellen, müsste er ihn erst zum „feindlichen Zeugen" erklären. So verlangt es die Prozessordnung. Das könnte aber zu anderen unerwünschten Konsequenzen führen. Also versucht er zumindest eine Bestätigung zu bekommen, dass Erdemović sich unter Zwang der Gruppe angeschlossen habe, und erreicht das Gegenteil:

McCloskey: Und Sie haben erwähnt, dass sich Dražen Erdemović etwas später dieser Gruppe angeschlossen habe.
Können Sie uns sagen, was Sie darüber wissen, wie
es denn dazu kam, dass er Angehöriger dieser Gruppe
wurde?

Todorović: Nun gut, er hatte keine Lust, sich selbst
überlassen im Camp zu bleiben. Die Eingreifgruppe war
schon weg. Einige Soldaten hatten Urlaub. Anstatt allein
nach Bijeljina zu gehen, schloss er sich der Gruppe an,
die gerade das Camp verließ. (13, S.14061f.)

Um weiteren Schaden zu vermeiden, verweist McCloskey lediglich darauf, dass Dražen Erdemović der Einzige aus dieser
Gruppe war, der die lange Reise nach Trebinja hinter sich hatte.
Erdemović sei die ganze Nacht unterwegs gewesen und müsste
todmüde sein, also habe man ihn wahrscheinlich gezwungen,
sich an diesem Einsatz zu beteiligen. Erdemović habe doch keine Steine schleppen müssen, antwortet Todorović. Er habe nicht
selber am Steuer gesessen. Es habe in der Gruppe zwei Chauf-
feure gegeben, und Erdemović habe die ganze Zeit im Auto geschlafen. McCloskey unternimmt einen letzten Versuch, dem
Zeugen eine erträglichere Antwort zu entlocken, und scheitert
erneut:

McCloskey: Aber Erdemović war doch der Einzige, der nach
Trebinja gereist war und dann am 15. Juli in diesen Einsatz ging.

Todorović: Er ging freiwillig. Er wollte vermeiden, allein
im Camp zurückzubleiben. Niemand hat ihn ausgewählt.
Niemand hat ihn ausgesucht. Er ist freiwillig mitgegan-
gen. (13, S.14042)

Zur Veranschaulichung dieser Diskrepanz seien nur zwei Aussagen von Erdemović in Erinnerung gebracht, die er nacheinander
innerhalb von einer Stunde am 20. November 1995 getätigt hat:

Ich kam also am Abend des 15. Juli zurück, ich und
meine Kollegen, die mit mir zum Begräbnis gingen. Und
in der Früh am 16. stehe ich auf und Gojković Brano, der
zur dieser Zeit Kommandant der Einheit war, sagt uns, in
ein Fahrzeug einzusteigen, um einen Auftrag auszuführen
(…). (4, S.228)

Als ich am 16.(!) in der Früh vom Begräbnis zurück kam,
sage ich Ihnen, (den Richtern, d. A.) dass Pelemiš mir
nicht direkt sagte, sondern dass Brano Gojković kam und
sagte: „Erdemović, Kos Franc und Goronja Zoran, macht
euch fertig. Ihr geht in einen Einsatz." Also, was konn-

ten wir tun? Ich fragte, wann wir denn nach Hause gehen würden. Er sagte: „Von was für einem Zuhause quatscht du da?" Also musste ich in diesen Einsatz gehen. Ich musste. (4, S.292)

Von einem Einsatz am 15. Juli sagt allerdings Erdemović nichts. In keiner seiner Dutzenden Aussagen erwähnt er auch nur ein einziges Wort darüber. Er spricht ausschließlich von einem Einsatz am 16. Juli, als die Erschießung von 1200 Gefangenen auf der Branjevo-Farm stattgefunden haben soll. Am 15. Juli habe er geschlafen, sagt er. Einmal hat sich Erdemović vermutlich versprochen, als er sagte, er sei erst am 16. Juli in der Früh vom Begräbnis in Trebinja zurückgekommen (s.o.). Der 15. Juli 1995 scheint ihm ein Problem zu sein. Den Anklägern und Richtern am Ort der Wahrheit offensichtlich nicht.

Das Problem aber bleibt, ob die Richter es ignorieren oder nicht, und es sieht folgendermaßen aus: Am 21. August 2007 musste Dragan Todorović als Zeuge der Anklage bestätigen, dass der angeklagte Vujadin Popović, stellvertretender Sicherheitschef des Drina-Corps der bosnisch-serbischen Armee, sich am 15. Juli 1995 im Vlasenica-Camp der 10. Sabotageeinheit aufgehalten hat. Die Aussage dieses Zeugen hat also nur indirekt etwas mit Erdemović zu tun. Ankläger ist McCloskey, der mit der Sache Erdemović bestens vertraut ist. Am 15. Juli 1995 war Todorović Zeuge einer merkwürdigen Anheuerung von Soldaten der 10. Sabotageeinheit zu einem Einsatz in Abwesenheit ihres Kommandanten. An diesem Einsatz hat sich auch Erdemović beteiligt, und zwar freiwillig, indem er der angeheuerten Gruppe buchstäblich hinterher gerannt ist. Todorović weiß zwar nicht, was der Auftrag der angeheuerten Gruppe war, ihre Zusammensetzung und Bewaffnung erinnert aber an das Exekutionskommando, das einen Tag später, am 16. Juli 1995, das Massaker auf der Branjevo-Farm verübt hat. Nur: Erdemović behauptet, am 15. Juli 1995 den ganzen Tag geschlafen zu haben, und in keiner seiner Dutzenden Aussagen erwähnt er auch nur ein Wort über einen Einsatz. Auch nicht am 4. und 7. Mai 2007, als Erdemović drei Monate vor Todorović als Zeuge der Anklage im selben Verfahren ausgesagt hat. Wer von beiden sagt die Wahrheit über den 15. Juli 1995? War Erdemović einen Tag vor dem Massaker auf der Branjevo-Farm vielleicht auch an einem anderen Massaker beteiligt? Hat sich vielleicht Todorović im Datum geirrt und den 16. Juli 1995 gemeint?

Genau diese Problemlösung fiel der Nachrichtenagentur SENSE zu, die ihren Sitz beim Tribunal hat. Mit der finanziellen Unterstützung der Europäischen Kommission, des „Open Society Institute" des George Soros, der niederländischen Regierung, der Bundesrepublik Deutschland und anderer Geldgeber erfüllt Redaktionschef Mirko Klarin seit 1998 den öffentlichen Auftrag, jeden Tag in englischer und serbokroatischer Sprache über die laufenden Prozesse zu berichten. Im Bericht zum Popović-Prozess vom 21. August 2007 lesen wir:

> War der Angeklagte Vujadin Popović an der Aufstellung eines Erschießungskommandos zur Exekution von über 1.000 bosniakischen Gefangenen bei der Branjevo Farm am 16. Juli 1995 beteiligt?
>
> Dragan Todorović ist nach der Sommerpause der erste Zeuge im Prozess gegen die sieben bosnisch-serbischen Armee- und Polizeioffiziere, denen Verbrechen in Srebrenica und Zepa angelastet werden. Im Juli 1995 war er in der 10. Sabotageeinheit der Armee der Republika Sprska (VRS).
>
> Todorović war im Vlasenica-Zug und hatte die Aufgabe, für die 10. Einheit, die direkt dem Generalstab der VRS unterstellt war, logistische Unterstützung bereitzustellen. Der zweite Zug der 10. Einheit war aus Bijeljina und war aus Leuten mit unterschiedlichem ethnischem Hintergrund zusammengesetzt – Slowenen, Bosniaken, Kroaten und Serben. Die Vlasenica-Abteilung „traute ihnen nicht besonders", sagte Todorović. Dražen Erdemović war in der 10. Einheit. Er hat mehrmals über die Rolle der 10. Sabotageeinheit in der Exekution von etwa 1.000 bosniakischen Gefangenen bei der Branjevo Farm am 16. Juli 1995 als Zeuge ausgesagt. Erdemović bekannte sich schuldig, an dem Verbrechen beteiligt gewesen zu sein, und hat seine Strafe von fünf Jahren verbüßt.
>
> Heute bestätigte Todorović, dass am 16. Juli eine Gruppe von sieben oder acht Angehörigen der Einheit, Erdemović eingeschlossen, aus dem Dragasevic-Standort [des Vlasenica-Zuges] geholt wurde, und zwar auf Veranlassung von Major Dragomir Pećanac, dem Chef von Mladićs persönlicher Sicherheitstruppe.[23]

---

[23] http://www.sense-agency.com vom 21. 8. 2007.

Todorović hat sich im Datum geirrt, wird sich Mirko Klarin gedacht haben, als er diesen Bericht am 21. August 2007 verfasst
hat. Todorović hat zwar immer und nur vom 15. Juli 1995 gesprochen, er müsste aber eigentlich den 16. Juli gemeint haben,
denn das ist das Datum des von Erdemović bezeugten Massakers. Daher hat Mirko Klarin einfach das Datum „korrigiert"
und schon im Titel aus dem 15. Juli einen 16. Juli gemacht.
Für die englische und für die serbokroatische Fassung seines
Berichts. Todorović hat einfach Mirko Klarin zufolge die Vor-
bereitung zum Massaker am 16. Juli 1995 beobachtet und inso-
fern hat er Erdemović bestätigt. Sollte man jetzt vielleicht nicht
auch das Gerichtsprotokoll dementsprechend korrigieren und
aus dem 15. Juli einen 16. Juli machen? Dann wäre jede Gefahr
für die Glaubwürdigkeit des Kronzeugen Dražen Erdemović ab-
gewendet. Will jemand noch wissen, warum wir unabhängige
Nachrichtenagenturen wie „Sense" finanzieren und wozu sie
gut sind?

Fassen wir zusammen: Todorović hat beobachtet, wie am 15.
Juli 1995 im Vlasenica-Camp auf Veranlassung eines gewissen
Majors Dragomir Pećanac eine Einsatzgruppe von 7 bis 8
Mann zusammengestellt worden ist und am selben Tag mit
einem unbekannten Auftrag in einem schwarzen VW-Minivan
das Camp verlassen habe.[24] Todorović meint, dass diese Gruppe
von Franc Kos angeführt worden sei, denn er ist der Rangälteste
gewesen, der daher auch für den Erhalt der Ausrüstung habe
unterschreiben müssen. Zu dieser Gruppe gehören ferner
Dražen Erdemović und Brano Gojković. Todorović nennt aber
auch zwei Namen, die Erdemović nie erwähnt hat: irgendeinen
Selanović und irgendeinen Boris Popov. Die Einsatzgruppe, die
er am 15. Juli das Camp verlassen sieht, scheint nicht identisch zu sein mit der Tätergruppe vom 16. Juli, die Erdemović
in seinen Aussagen namentlich erwähnt. Daraufhin sei Todo-

---

[24] General a. D. Dragomir Pećanac, ehemaliger Adjutant von General Ratko
Mladić und sein Kanzleichef im Generalstab der Armee der bosnischen
Serben, scheint Medienberichten zufolge heute in Belgrad zu wohnen, wo
er eine Sicherheitsfirma betreibt. Er könnte mit Sicherheit mehr Licht ins
Dunkel bringen, z.B. was die Art des Einsatzes betrifft, die er als Major
Dragomir Pećanac am 15. Juli 1995 befohlen hat. Daran besteht aber beim
Jugoslawien-Tribunal offensichtlich kein Bedarf.

rović nach Srebrenica gefahren, um Proviant zu holen. Als er spät in der Nacht aus Srebrenica zurückgekommen sei, habe er gemerkt, dass die Gruppe mit Franc Kos, wie er sich ausdrückt, inzwischen von ihrem Einsatz zurückgekehrt sein muss, denn der schwarze Minivan sei ordentlich geparkt gewesen. Die Soldaten habe er aber nicht gesehen. Todorović vermutet, dass sie in die Stadt gegangen sind, denn alle Cafés seien offen gewesen. Und am nächsten Morgen, es ist dann der 16. Juli, habe er ebenso niemanden von dieser Einsatzgruppe gesehen. Das habe ihn weiter nicht gewundert, denn die ganze Einheit habe bis zum 18. oder 19. Juli frei gehabt. Er habe keine Ahnung, was diese Einsatzgruppe am 16. Juli getrieben hat, behauptet Todorović.

Todorović zufolge hat also am 15. Juli 1995 Dražen Erdemović *nicht* den ganzen Tag bis in den nächsten Morgen hinein geschlafen, er hat den abwesenden Pelemiš *nicht* sehen können, *nicht* Brano Gojković sei der Kommandant der Einsatzgruppe gewesen und niemand habe Erdemović gezwungen, sich dieser Einsatzgruppe anzuschließen. Außerdem ist zu dieser Zeit nicht die ganze Truppe auf dem Vlasenica-Camp gewesen, wie Erdemović behauptet. Viele hatten Urlaub, behauptet Todorović, und Erdemović sei der von Gojković zusammengebrachten „Gruppe von Kos" hinterhergelaufen, weil er sonst alleine auf dem Camp geblieben wäre, und das wollte er nicht.

Will jemand noch wissen, weshalb man am „Ort der Wahrheit" nichts von den Mittätern des Kronzeugen Dražen Erdemović wissen will?

Zum Schluss noch dies: am 7. Mai 2007 beginnt der Anwalt Nenad Petrušić sein Kreuzverhör von Erdemović, Zeuge der Anklage im Prozess gegen Vujadin Popović u.a. Ganz unvermittelt will er schon mit seiner ersten Frage wissen, ob der Zeuge den Namen Dragan Todorović kenne. Ob der Name Dragan Todorović ihm vertraut sei, ob ihm dieser Name etwas sage. Ob er vielleicht eine Person mit diesem Namen kenne.

„Nein", sagt Erdemović. „An diesen Namen kann ich mich nicht erinnern." (10, S.10999)

Schade. Diese endlose Strapaze nach Trebinja, die verzweifelten Eltern des Dragan Koljivrat und die lange Nacht zurück nach Vlasenica, zwei Tage und Nächte zu sechst im schwarzen

VW-Minivan, darunter Dražen Erdemović und Dragan Todorović. Alles umsonst. Nachher kennt man sich nicht mehr.

OBERST PETAR SALAPURA UND DAS
FREIZEITMASSAKER

Man sieht, was ein einziger Zeuge mit der Geschichte von Erdemović anzurichten vermag. Dabei handelt es sich um einen
Zeugen, der aus einer gewissen Distanz das Geschehen am 15.
Juli beobachtet hat und gar nicht zum Fall Erdemović vernommen wurde. Und wie, wenn man jemanden vernehmen würde,
der als Mittäter am Geschehen beteiligt war? Was würde dann
von dieser Geschichte übrig bleiben? Darüber kann man, dem
Tribunal sei Dank, nur spekulieren.

Dražen Erdemović kennt den Dragan Todorović nicht, sagt
er, obgleich er seiner Einheit angehört hat und drei Tage in einem Wagen mit ihm unterwegs gewesen ist. Oberst Petar Salapura kennt er aber, und zwar nicht nur, weil ihn dieser „big
boss" seiner Einheit eigenhändig degradiert haben soll. Interes-
santerweise kommt dieser Oberst a. D. Petar Salapura als Zeuge und nicht etwa als Angeklagter nach Den Haag. Salapura
ist Zeuge der Verteidigung im Prozess gegen Vidoje Blagojević
und Dragan Jokić, zwei hohe Offiziere der bosnisch-serbischen
Armee. Dabei behauptet mehrmals der Kronzeuge Erdemović,
dass Salapura eine direkte Kommandoverantwortung für das
Massaker auf der Branjevo-Farm trage. Das scheint aber keine
Wirkung zu haben. Als ihn im Interview vom 24. April 1996 der
Ermittler Jean-Rene Ruez fragt, ob es sich Erdemović überhaupt
vorstellen kann, dass Pelemiš und Salapura nicht vom Massaker an den muslimischen Zivilisten gewusst haben, antwortet
der Kronzeuge ganz dezidiert: „Niemand könnte uns über Salapura hinweg einen Befehl geben." (S.47, S.30)[25] Wenn Erdemović die Wahrheit sagt, gibt es keine Erklärung dafür, dass Salapura nicht angeklagt oder zumindestens verhört wird. Er ist
doch kein „kleiner Fisch", wie die Anklagebehörde mit Bezug

---

[25] Das sagt Erdemović in der serbokroatischen Fassung. In der englischsprachigen sagt er: „Nobody else could give us any orders."

auf Marko Boškić erklärt hat, als sie seine Überführung nach Den Haag verweigerte. Und wenn Erdemović nicht die Wahrheit über Salapura sagt, ist seine Geschichte eine falsche Zeugenaussage. Diese Geschichte wird aber immer wieder in mehreren Prozessen vor dem Tribunal als Beweisstück für den Völkermord an den bosnischen Muslimen vorgetragen. Mit ihr wurde auch der internationale Haftbefehl gegen Karadžić und Mladić begründet. Oberst Salapura sollte aber diese Geschichte nicht ausreichend belasten können? Ist das nicht interessant?

Am 8. und 9. Juni 2004 ist Petar Salapura Zeuge der Verteidigung in einem anderen Verfahren: im Prozess gegen Vidoje Blagojević und Dragan Jokić, zwei hohe Offiziere der bosnisch-serbischen Armee. Seine Aussage vor diesem Gerichtshof hat nur entfernt mit der Geschichte von Erdemović zu tun. Gehört habe er von dieser Geschichte erst, als sie in die Medien kam, behauptet der ehemalige Chef des Aufklärungsdienstes der bosnisch-serbischen Armee. Was die Einsätze der 10. Sabotageeinheit betrifft, habe er in seiner Funktion als Aufklärungschef übrigens nur Vorschläge machen und Empfehlungen geben können. Ansonsten habe er als Aufklärungsoffizier dieser Einheit keine Befehle erteilen können. Wem soll man nun glauben? Salapura habe ihn persönlich degradiert, sagt mehrmals Erdemović. Er habe gar keine Befehlskompetenz über diese Einheit gehabt, sagt Salapura. Er habe lediglich Vorschläge und Anträge für einzelne Aufklärungseinsätze dieser Spezialeinheit machen können. (11, S.10524) Nun steht aber Salapura unter Eid am Ort der Wahrheit, und niemand fragt ihn, hat er denn oder hat er nicht. Hat er wirklich den Sergeanten Erdemović degradiert, weil dieser im August 1994 einen gefangenen kroatischen Militärpolizisten hat laufen lassen? Oder aus welchem Grund auch immer? Dutzende Male behauptet der Kronzeuge Erdemović, dass ihn Salapura persönlich degradiert habe und dass ihm seine Einheit direkt unterstellt war, die Aussage von Erdemović ist ein wichtiges Beweisstück in fünf Strafverfahren, und niemand konfrontiert nun den Zeugen Salapura mit der Behauptung des Kronzeugen Erdemović. Wieso will man so vieles gar nicht wissen? Ein merkwürdiger Gerichtshof.

Anscheinend findet es der Anwalt Michael Karnavas selber auch merkwürdig, dass die Anklagebehörde bisher kein besonderes Interesse für seinen Zeugen Petar Salapura an den Tag gelegt hat. Karnavas führt die Verteidigung von Blagojević und fragt seinen Zeugen, ob die Anklagebehörde jemals von ihm habe wissen wollen, was er über Srebrenica und über die 10. Sabotageeinheit aufgrund seiner Funktion alles zu sagen hätte. Nein, sagt Salapura, ihm sei nicht aufgefallen, dass sich diese Behörde für ihn interessieren würde. (11, S.10520f.)[26]

Dann berichtet er, was ihm von der Rolle der 10. Sabotageeinheit bei der Einnahme von Srebrenica bekannt ist. Alles zusammen ist es nichts Besonderes. Auch vom Unfall mit dem Transporter des Kompaniechefs Pelemiš weiß er zu berichten. Ein Soldat sei dabei umgekommen, weiß er, einige Verwundete habe es gegeben, einer davon sei der Kompaniechef selbst gewesen. Am 13. Juli habe Salapura mit dem Vlasenica-Camp telefoniert. Er habe den Kompaniechef Pelemiš sprechen wollen, doch vergeblich. Pelemiš werde wegen seiner Verwundungen behandelt, habe ihm ein Soldat am Telefon gesagt. Nur die Wachhabenden seien im Camp gewesen, alle Soldaten seien weg, sie hätten dienstfrei bekommen, sie hätten alle 10 Tage Erholungsurlaub. (11, S.522f.) Der Ankläger Peter McCloskey kann es nicht glauben. Als er am nächsten Tag das Wort zum Kreuzverhör bekommt, nimmt er schon mit der ersten Frage den Zeugen in die Zange: ob er denn tatsächlich behaupte, dass die Angehörigen der 10. Sabotageeinheit, die am Massenmord auf der Branjevo-Farm beteiligt waren, frei bekommen hätten, dass sie eigentlich Urlaub gehabt hätten, als sie gemordet haben. Ja, bestätigt der Zeuge. Woher will er das wissen, fragt McCloskey. Wahrscheinlich erwartet der Ankläger, dass der Zeuge erneut auf sein Telefongespräch mit irgendeinem Soldaten verweisen wird. Dann hätte er ein leichtes Spiel. Salapura hat aber für seine Behauptung auch eine andere Quelle:

---

[26] Salapura gibt sich bescheiden. Natürlich weiß er, dass ihn die Anklagebehörde einem bosnisch-serbischen „joint criminal enterprise" zugeordnet hat, einem kriminellen Verein, den sie mit General Ratko Mladić an der Spitze in mehreren Anklageschriften zitiert und als „work in progress" weiterführt. Wer einmal dazu gehört, hat den Status eines Verdächtigen, und ob er nicht eines schönen Tages als Angeklagter aufwacht, weiß er genauso wenig wie ein gewisser Herr K. im Roman „Der Prozess" eines Franz Kafka.

Salapura: Nun, sowie ich auf meinen Kommandoposten in Han Pijesak zurückkehrte, erfuhr ich, dass die Truppenteile, die an den Kämpfen um Srebrenica teilgenommen hatten, frei bekommen haben und die Erlaubnis hatten, in den Urlaub zu gehen. Der Kommandant (der 10. Sabotageeinheit, d. A.) war verwundet und fehlte aus Krankheitsgründen, und der Rest der Truppe bekam frei. Es blieben nur Wachposten zurück.

McCloskey: Und wann sind Sie zu dieser Information gekommen?

Salapura: Am 13., am 13. Juli in der Früh. (12, S.10582)

McCloskey gibt sich alle Mühe, den Zeugen zu verunsichern und ihn seine Behauptung relativieren zu lassen, dieser antwortet aber genauestens auf jede Frage und der Ankläger muss sich eben damit abfinden: Am 16. Juli 1995 haben die Acht von Pilica schon einige Tage Urlaub gehabt, wie auch der Rest der Angehörigen der 10. Sabotageeinheit, die an der Einnahme von Srebrenica beteiligt gewesen waren.

Übrigens bestätigt hiermit Oberst Salapura im Zeugenstand, was der Kompaniechef Milorad Pelemiš 2005 bereits in seinem Interview für *Nezavisne Novine* behauptet hat: „Am 12. Juli in der Früh bekamen wir den Befehl, dass wir bis 22. Juli frei sind und dass die Leute in den Erholungsurlaub gehen sollen, denn wir waren schon 15–20 Tage im Einsatz." („Ujutro 12. jula dobili smo nareðenje da smo slobodni do 22. jula i da ljudi idu na odmor, pošto smo bili angažovani već 15-20 dana.")[27] Auch der Zeuge Dragan Todorović erwähnt, obgleich ganz allgemein, dass am 15. Juli 1995 mehrere Soldaten weg waren, frei hatten, und erst am 18. oder 19. Juli die Einheit wieder antreten sollte. (13, S.14045)

Merkwürdig, dass der Kronzeuge Erdemović in seinen Dutzenden Aussagen diesen Erholungsurlaub kein einziges Mal erwähnt hat. Dem Ankläger McCloskey muss das aufgefallen sein, ist er doch bei den meisten Vernehmungen von Erdemović dabei gewesen. Wie erklärt er sich das Schweigen von Erdemović zu der Angelegenheit mit dem Urlaub, und auch zum Einsatz am 15. Juli 1995, an dem er Todorović zufolge beteiligt war, einen Tag vor dem Massaker-Einsatz auf der Branjevo-Farm?

---

[27] „Bili smo profesionalci, a ne plaćenici", in: *Nezavixne Novine,* 21.11.2005.

Wird er nun die Glaubwürdigkeit seines Kronzeugen in Zweifel ziehen? Nein, das wird er nicht tun.

Was ergibt sich aber aus dieser merkwürdigen Angelegenheit, sollte sie denn stimmen? Wie kann man diese Gruppe einordnen, diese acht Täter, die zwar der 10. Sabotageeinheit angehören, am Tag des Verbrechens aber Urlaub hatten und auf 10 Tage vom Dienst entbunden waren? Schauen wir uns das ganze Tableau aufmerksamer an, indem wir auch die Erkenntnisse heranziehen, die aus den Aussagen von Zeugen wie Todorović und Salapura, und auch aus späteren Geständnissen des Kronzeugen Erdemović gewonnen wurden:

Ein gewisser Dragomir Pećanac, Sicherheitsmajor im Umkreis von General Mladić, erscheint am 15. Juli 1995 am Nachmittag im Vlasenica-Camp. Der Kompaniechef Pelemiš ist abwesend, Pećanac hat keine Befehlsbefugnis über die 10. Sabotageeinheit. Dennoch verlangt er von Zoran Obrenović und später von Brano Gojković, beide einfache Soldaten, sie sollen ihm einige Soldaten für irgendeinen Einsatz zur Verfügung stellen. Im Camp gibt es nur wenige Soldaten, da sie Urlaub haben. Nach einer heftigen Auseinandersetzung, in deren Verlauf sich Obrenović verweigert hat, nimmt Gojković den Auftrag an und versammelt eine Gruppe von 7-8 Soldaten. Da er keinen Rang hat, muss er sie irgendwie angeworben haben. Einer davon ist der Zugführer Franc Kos, der als rangältester dieser Gruppe die übliche Ausrüstung – Waffen, Munition und Proviant – in Empfang nimmt. Mit einiger Verspätung schließt sich auch Erdemović dieser Gruppe an. Die Gruppe steigt in einen VW-Minivan und verlässt das Camp. Es scheint, als könnte es sich um dieselbe Tätergruppe handeln, die wir von Erdemovićs Geschichte kennen. Auch der Ankläger steuert das Zeugenverhör in diese Richtung. Zwar berichtet Erdemović von einem olivgrünen VW-Minivan und Todorović von einem schwarzen, doch man kann sich irren. Die an Kos herausgegebene Ausrüstung, einschließlich ein Maschinengewehr M-86, scheint dieselbe zu sein, die der Tätergruppe auf der Branjevo-Farm zur Verfügung stand. Andererseits handle es sich um eine Standardausrüstung, meint Todorović, der es wissen kann. Die Mannschaft scheint nicht ganz mit der Tätergruppe identisch zu sein, da Todorović zwei Soldaten nennt, die Erdemović nicht erwähnt. Auch hier könnte sich

Todorović irren. Gäbe es bloß diesen Unterschied von einem Tag nicht. Der Minivan mit Kos und Erdemović, den Todorović beobachtet hat, verlässt das Camp am 15. Juli 1995 nachmittags. Erdemović aber besteigt den Minivan, der ihn zu der Branjevo-Farm bringt, am 16. Juli 1995 in der Früh. Da hilft auch der redaktionelle Eingriff eines Mirko Klarin nicht.

Was ist das für ein Kommando von acht Soldaten, die dienstfrei haben und trotzdem auf dem Camp herumlungern, und die irgendein Major in Abwesenheit ihres Kompaniechefs zu irgendeinem Freizeit-Einsatz anheuert? Ein Major Pećanac, der kein Vorgesetzter dieser Soldaten war und der heute wie vom Erdboden verschluckt ist? Wieso, wenn er dienstfrei hat, hockt auch Erdemović im Camp, anstatt nach Hause nach Bijeljina zu Frau und Kind zu gehen? Gab es vielleicht durch eine Art Überstunden die Gelegenheit, extra zu verdienen? Und was ist das für ein Kommando, in der die Rangordnung aufgehoben ist, zu der ein Leutnant und ein Sergeant gehören, ein rangloser Soldat aber, der sie angeheuert hat, das höchste Wort führt? Was hat diese Gruppe noch mit einem militärischen Kommando zu tun, das eine Befehlsstruktur kennt und in eine Kommandolinie eingeordnet ist? Nichts. Es ist ein Haufen krimineller Söldner. Wie will man dann aber wissen, dass sie auf Befehl eines General Ratko Mladić gehandelt haben? Warum müssen sie überhaupt auf jemandes Befehl gehandelt haben, dazu auch noch in ihrer Freizeit, sozusagen? Will man es überhaupt wissen? Wenn ja, wo bleiben die anderen Angehörigen dieses Söldnerhaufens? Warum will man sie nicht einmal verhören?

Vom Ersten und Letzten

Die Frage, wo die Mittäter von Dražen Erdemović bleiben und wann sie dem Richter vorgeführt werden, wird im Gerichtssaal zum ersten Mal bei der Anhörung am 19. November 1996 gestellt. Es wird gleich auch das letzte Mal sein, dass ein Richter sie stellt. Schauen wir uns daher diese Stelle etwas genauer an.

Vor den Richtern Claude Jorda (vorsitzender Richter), Elizabeth Odio Benito und Fouad Riad legen die Ankläger Eric Östberg und Mark Harmon in Anwesenheit des Anwalts Jovan

Babić die Beweise vor, die sie zum guilty-plea-Verfahren gegen Dražen Erdemović zu bieten haben. Ihr wichtigster Zeuge ist der Ermittler Jean-Rene Ruez. Gegenstand seiner Aussage ist das Geständnis, das man Erdemović abgenommen hat, wie auch die Ergebnisse seiner Ermittlungen vor Ort zu den im Geständnis dargelegten Geschehnissen. Als Beweisstücke präsentiert er Obduktionsrapporte für die 153 exhumierten Leichen, Fotos und mehrere von den ja so unwiderlegbaren Satellitenaufnahmen des US-Geheimdienstes. Ruez fasst das Geständnis von Erdemović zusammen und erläutert die Beweisstücke. Die Richter wollen aber mehr wissen, sie fragen nach verschiedenen Details und bekommen als Antwort Erklärungen wie diese:

> *Ruez:* Soweit ich mich an unsere Ermittlungen und an das, was wir sonst in diesem Fall getan haben, entsinne, ist die Grundlage für diese Information das, was uns von Erdemović gesagt wurde. Das ist unsere einzige Quelle. (3, S.150f.)

Der vorsitzende Richter fragt nach Einzelheiten über die Art der 10. Sabotageeinheit und bekommt wiederum eine solche Antwort:

> *Ruez:* Alles, was ich Ihnen über diese Einheit sagen kann, basiert auf den Aussagen von Erdemović. Ich weiß nicht, ob sie aus Freiwilligen zusammengesetzt ist, oder ob Leute für sie zwangsrekrutiert wurden. Dražen Erdemović hat uns nur von seiner eigenen Situation erzählt. (3, S.152)

Es ist erstaunlich, wie Ruez als Ermittler der Anklage nichts anderes wissen will außer dem, was ihm Erdemović erzählen will. Weiß er zum Beispiel wirklich nicht, dass es sich bei der 10. Sabotageeinheit der VRS um eine Söldnereinheit handelt? Für die Richter ist das alles nicht einfach, denn sie führen zum ersten Mal ein guilty-plea-Verfahren, wo nun einmal das Geständnis des Angeklagten eine ausreichende Grundlage für ihr Urteil zu sein hat. Daher ist ihnen eine Beteuerung des Ermittlers sehr willkommen, die er statt einer Antwort von sich gibt. Er denke nicht, sagt Ruez, dass Erdemović irgendeine Information vor ihm verborgen habe. (3, S.153) Woher will er das wissen, möchte man ihn fragen, doch er weiß es ja nicht, er glaubt es. „Es gibt keine Widersprüche zwischen dem, was Dražen Erdemovié gesagt hat, und dem, was wir unabhängig davon im Laufe unserer Ermittlungen herausgefunden haben. Es gibt nichts, das dem widerspricht, was er gesagt hat. Zu allen Themen, die wir angeschnitten haben, hat er uns die volle Information geliefert." (ebd.)

Irgendwie möchten aber die Richter nicht so schnell die Idee aufgeben, dass das Geständnis eines einzigen Täters kein ausreichender Beweis sein kann. Schon gar nicht bei einem so schweren Verbrechen. Also will der vorsitzende Richter vorsichtig wissen, ob nicht vielleicht andere Ermittlungen im Gange sind, die Erdemović und seine Vorgesetzten betreffen. „Aber sicher, Euer Ehren", bestätigt Ankläger Harmon, „unsere Ermittlungen sind allumfassend". (3, S.154) Diese Ermittlungen, so der Ankläger, konzentrierten sich auf einige hochgestellte Individuen, die für die Hinrichtungen in und um Srebrenica verantwortlich sind. Der vorsitzende Richter bedankt sich und scheint beruhigt zu sein. Das gibt aber dem Richter Riad Mut, eine Weile später weiter zu fragen. Was ist mit dem unmittelbaren Vorgesetzten von Erdemović, will er wissen. Mit dem, der das Geschehen auf der Branjevo-Farm kontrolliert habe. (3, S.160) Der Richter meint freilich Brano Gojković, von dem Erdemović immer wieder als von einem Kommandanten spricht. Der Ermittler aber antwortet dem Richter nicht, wonach man ihn fragt, und es kommt zum folgenden Gespräch:

Ermittler Ruez: Nun, die Namen der Täter wurden bereits im Verlauf dieser öffentlichen Anhörung im Juli genannt. Dražen Erdemović hat immer die Namen der an diesen Verbrechen Beteiligten angegeben, d.h. er hat uns die Namen seiner Kameraden angegeben, die Namen der Leute, die an den Verbrechen mitbeteiligt waren.
Richter Riad: Und wie ist es mit Vorgesetzten, hat er Ihnen gesagt, wer seine Vorgesetzten waren?
Ermittler Ruez: Ja, er nannte den Anführer des Exekutionskommandos wie auch die sieben anderen Angehörigen dieser Einheit.
Richter Riad: Der Chef dieser Einheit, wo ist er? Was wissen wir über ihn?
Ermittler Ruez: Er wird wohl jetzt noch in Bijeljina sein.
Richter Riad: Hat man nicht vor, darüber zu ermitteln? Vielleicht kann Mr. Harmon antworten. Kann ich die Frage wiederholen?
Ankläger Harmon: Ja, bitte, Euer Ehren.

Richter Riad: Was die Vorgesetzten von Erdemović betrifft, oder seine unmittelbaren Vorgesetzten, haben Sie irgendwelche Information über sie und hat man eine Ermittlung eingeleitet?

Ankläger Harmon: Aufgrund der Information, die uns Herr Erdemović geliefert hat, haben wir manche der Vorgesetzten identifizieren können und unsere Ermittlungen konzentrieren sich auf diese Personen wie auch auf andere. Wie ich zuvor sagte, Euer Ehren, unsere Ermittlungen über diese Geschehnisse sind im Gang. Sie sind nicht beendet. (3, S.160f.)

Richter Riad bedankt sich und der Ankläger denkt, mit dieser ausweichenden Antwort davonzukommen. Der vorsitzende Richter hat aber aufgepasst und will die Frage seines Kollegen ergänzen. Im Namen seiner Kollegen will er hervorheben, sie seien überrascht, dass immer noch keine Anklage gegen diese Leute erhoben worden ist, zum Beispiel gegen den Anführer des Exekutionstrupps:

Richter Jorda: Ich möchte die Frage meines Kollegen ergänzen, Herr Ankläger. Man kann sich doch ziemlich wundern, dass schließlich Herr Dražen Erdemović hier auf der Anklagebank sitzt, da er selbst die Verbrechen gestand, die er begangen hatte, aber da Sie nun einmal im Endeffekt den Äußerungen von Dražen Erdemović große Wichtigkeit zusprechen und die Verhandlung zum großen Teil auf seinen Äußerungen beruht, kann man sich schon ziemlich wundern, dass trotz der Beschuldigungen gegen keinen der Leute, beispielsweise den Kommandeur des Erschießungskommandos, gerichtliche Schritte gesetzt wurden. Bisher habe ich ausschließlich vom Oberstleutnant gesprochen. Man könnte da im Übrigen sehr weit hinauf gehen (in der Befehlskette, d. A.). Das ist Ihre Arbeit, das ist nicht die Arbeit der Richter. Aber da, für die Mitglieder des Exekutionskommandos, die anderen Täter, ist Dražen Erdemović hier, er wird von uns verurteilt werden und das ist normal, dass er von uns verurteilt wird, aber die anderen Mitglieder des Exekutionskommandos? Da Sie nun einmal den Äußerungen von Dražen Erdemović so viel Glaubwürdigkeit geben, wenn er gegen sich selbst aussagt, kann man nicht umhin, sich zu wundern,- da spreche ich nicht mehr vom Oberstleutnant, denn diesbezüglich haben Sie uns eine entsprechende Antwort gegeben, aber bezüglich der anderen Mitglieder des Erschießungskommandos –, der Kommandeur des Erschießungskommandos, ist er identifiziert? Ist sein Name bekannt? Das Tribunal muss sich diese Frage stellen. Noch einmal, Herr Ankläger, das hat überhaupt nichts mit einem kritischen Blick auf die Arbeitsweise ihrer Abteilung zu tun, aber wir müssen über einen Menschen richten. Und um über einen Menschen zu richten, müssen wir ihn richten in der Gesamtheit des Kontextes jener Ereignisse, die sich abgespielt haben. (3, S.174f.; http://www.un.org/icty/transf22/961119IT.htm, S.165f.)

Nahezu unterwürfig bettelt der Richter den Ankläger an, seine Pflicht zu tun und auch die anderen Täter anzuklagen, und fordert damit den Ankläger heraus, klar zu machen, was hier vorgeht. Der Ankläger meint, aufgrund der präsentierten Beweise könnte man Erdemović und seine Rolle im ganzen Geschehen ohne Weiteres in Perspektive und Relation zu anderen Personen sehen. Und was die Frage betrifft, wann die Anklagebehörde beabsichtige, weitere Anklagen zu erheben, so muss er sagen, dass in seiner Behörde selbstverständlich darüber diskutiert werde. Er würde es aber vorziehen, zur Zeit dies nicht in aller Öffentlichkeit mit dem Gerichtshof zu besprechen, sagt Mr. Harmon. Das geht euch alles nichts an! – meint man herauszuhören.

Er werde sich seine Antwort notieren, sagt der vorsitzende Richter Claude Jorda zum Ankläger Mark Harmon. (3, S.175) Es ist der 19. November 1996. Ob er seinen Notizblock noch bewahrt hat?

Das Urteil

An 29. November 1996 haben die Richter der 1. Strafkammer des Tribunals Claude Jorda (vorsitzender Richter), Elizabeth Odio Benito und Fouad Riad den bosnischen Kroaten Dražen Erdemović wegen „Verbrechen gegen die Menschlichkeit" zu 10 Jahren Haft verurteilt. Er muss sich ganz schrecklich gefühlt haben. Gestanden hat er, 70 bis 100 Gefangene eigenhändig erschossen zu haben, und das würde bedeuten, dass er für je 7 bis 10 persönlich Erschossene ein volles Jahr absitzen muss. Dražen Erdemović geht in die Berufung, da er nicht gut über die Modalitäten des guilty-plea-Verfahren aufgeklärt worden ist und sich daher irrtümlicherweise der „Verbrechen gegen die Menschlichkeit" schuldig bekannt hat. Das ist ein Schuldtatbestand, der explizit auch Mord einschließt. Er hätte aber auch wählen können, sich „Verletzungen der Gesetze und Gebräuche der Kriegsführung" schuldig gemacht zu haben. Mit der Begründung, dass Dražen Erdemović nicht korrekt und genügend über seine Rechte informiert worden sei, legt seine Verteidigung am 23. Dezember 1996 Berufung gegen dieses Urteil ein. Am 7. Oktober 1997 entscheidet die Berufungskammer, die Angelegenheit an eine neue Kammer der ersten Instanz zurückzuweisen, damit sich Dražen Erdemović für das richtige Schuldbekenntnis entscheiden kann. Im Zuge einer neuen Anhörung zieht der Ankläger den Anklagepunkt der „Verbrechen gegen die Menschlichkeit" zurück, am 14. Januar 1998 plädiert Dražen Erdemović auf schuldig im Anklagepunkt der „Verletzungen der Gesetze und Gebräuche der Kriegsführung", und am 5. März 1998 lautet das Urteil der neuen Strafkammer auf 5 Jahre Gefängnisstrafe. Für jemanden, dem strafrechtliche Immunität in Aussicht gestellt war, wie dem Artikel von Renaud Girard in *Le Figaro* zu entnehmen ist, muss freilich sogar auch dieses unglaublich milde Urteil eine Enttäuschung sein.

Das Urteil in 2. Instanz am 5. März 1998 der Richter Florence Ndepele Mwachande Mumba, Mohamed Shahabuddeen und Wang Tieya bleibt eine interessante Lektüre, besonders die Kapitel 16 und 17: „Strafmildernde Umstände" und „Nötigung". Hier wird nämlich die für einen juristisch unbedarften Laien wunderliche Milde des Urteils begründet. Bei Begründungen wie dieser darf er sich allerdings weiter wundern:

> Der Angeklagte ist ausgebildeter Schlosser und wurde in den Strudel der Gewalt hineingezogen, der das ehemalige Jugoslawien überflutete. Er hat sich zu pazifistischen Überzeugungen bekannt und gibt an, gegen Krieg und Nationalismus gewesen zu sein. Er gibt an, dass er der BSA (bosnisch-serbischen Armee) beitreten musste, um seine Familie zu ernähren. Im Juli 1995 war er ein einfacher Soldat in der 10. Sabotageeinheit, in der er keine Kommandoposition innehatte. Abgesehen von einer zweimonatigen Periode als Sergeant in dieser Einheit war er ein einfacher Soldat, dessen Distanz zu einer Parteinahme für irgendeine ethnische Gruppe durch die Tatsache bewiesen wird, dass er abwechselnd widerwillig Mitglied der Armee der Republik Bosnien-Herzegowina, auf die im Weiteren als „ABH" Bezug genommen wird, des Kroatischen Verteidigungsrates, auf den im Weiteren

als „HVO" Bezug genommen wird, und der BSA war. Die Möglichkeit, dass es sich bei ihm um einen Glücksritter (*soldier of fortune*) handelt, ist von keiner Seite nahe gelegt worden. (s. Quellenverzeichnis, Seitenzahl fehlt.)

In den Strudel der Gewalt hineingezogen (die Richter hüten sich davor, von Bürgerkrieg zu sprechen) hat also der „Pazifist aus Überzeugung" Dražen Erdemović nichts Besseres zu tun, als nacheinander die Armeen aller kriegführenden Parteien auszuprobieren. Das wiederum soll aber nicht heißen, er sei ein „soldier of fortune" gewesen. Welch ein Wort für einen Söldner, was er zweifelsohne war! Ferner akzeptieren die Richter als strafmildernden Umstand, dass Erdemović beim Massaker ein rangloser Soldat gewesen ist („a private"), nachdem er zwei Monate lang den Dienstgrad eines Sergeanten gehabt hätte. Das ganze Degradierungsepos bleibt damit schön aus dem Blickfeld. Als einfacher Soldat konnte sich Erdemović gar nicht dem Mordbefehl des Kommandanten Gojković widersetzen: „Das Gericht befindet, dass ein reelles Risiko bestand, dass der Angeklagte getötet worden wäre, hätte er den Befehl missachtet. Er äußerte seine Ansicht, aber erkannte, dass er in der Angelegenheit keine Wahl hatte: Er musste töten, oder er würde getötet werden." Ein weiterer strafmildernder Umstand ist der Charakter des Angeklagten. Das Strafgericht zitiert die Ansicht der Verteidigung, wonach Erdemović ein Opfer des Wirbelwinds des Krieges und ein Opfer seiner eigenen Taten sei („a victim of the whirlwind of war and a victim of his own deeds"), und man müsste ein Herz aus Stein haben, um dem nicht zuzustimmen. Ob es auch ohne Erdemović und seine Gesellen diesen „Strudel" und diesen „Wirbelwind" des bosnischen Bürgerkriegs gegeben hätte? Wer will das schon wissen, am wenigsten die Richter. Was aber die Richter ferner wissen, ist, dass Erdemović serbischen Zivilisten aus der Region Tuzla geholfen habe, in die Republika Srpska zu fliehen, und damit bewiesen habe, ein guter Mensch zu sein. Mit dieser Art von Hilfeleistung hat im bosnischen Bürgerkrieg auf allen Seiten manch ein guter Mensch gut verdient, das ist wahr. Hätte man ihn dabei nicht erwischt, wäre der gute Erdemović gar nicht dazu gekommen, anderswo am Krieg zu verdienen.

Was aber als strafmildernder Umstand am meisten zählt, ist die Zusammenarbeit des Angeklagten mit der Anklagebehörde.

Das Lob der Richter umrankt gleichsam das Lob des Anklägers darüber:

"Die Bereitschaft des Dražen Erdemović zur Zusammenarbeit war absolut exzellent."

Das sind Worte, die der Ankläger selten über einen Angeklagten ausgesprochen hat.

Die Richter versuchen, soweit überhaupt noch möglich, den Ankläger sogar zu übertreffen, indem sie lobend erwähnen, dass der Angeklagte auch seine Vorgesetzten und seine Mittäter identifiziert habe ("his commanders and fellow executioners"). Man fragt sich bloß, wozu. Damit sie vielleicht nicht durch Zufall verhaftet und an das Tribunal ausgeliefert werden? Es ist der 7. Oktober 1998 und es ist ein Jahr her, seit der Richter Claude Jorda sich notiert hat, dass gegen die identifizierten Mittäter bald Anklage erhoben werden soll.

THE FRENCH CONNECTION

Am 25. August 2003 ist Dražen Erdemović Belastungszeuge im Prozess gegen den letzten jugoslawischen Präsidenten Slobodan Milošević. Wie üblich hat der Kronzeuge mit seiner Aussage Personen zu belasten, die des Völkermordes angeklagt sind. Er selbst ist als unmittelbarer Teilnehmer an einem Massenmord, der vom Tribunal zum Völkermord erklärt wurde, gar nicht des Völkermordes angeklagt worden, auch nicht des Mordes, obgleich er seinem Geständnis zufolge persönlich zwischen 70 und 100 Gefangene erschossen haben soll, sondern nur der "Verletzungen der Gesetze und Gebräuche der Kriegsführung". Er darf aber Personen wie General Krstić, Milošević und andere mit der Schuld des Völkermordes belasten, die von seinem Tatort auf der Branjevo-Farm nicht einmal gewusst haben.

Aus Gründen, die in geschlossener Sitzung geklärt werden, muss das Verhör des Kronzeugen im Milošević-Prozess am 25. August 2003 sehr schnell über die Bühne gehen. Diese Eile soll etwas mit seiner Beschäftigung zu tun haben, hören wir, bevor der Monitor im Gerichtssaal verstummt, mit irgendeiner Beschäftigung in irgendeinem Land, wo er mit neuer Identität und entlastetem Gewissen als freier Mann, na ja, wie man das so nennt, eine neue Existenz führt und so ab und zu nach Den Haag zum „Ort der Wahrheit" kommt, wo er mit elektronisch entstellter Stimme hinter der spanischen Wand seine Geschichte zum Besten gibt. Denn Dražen Erdemović ist ein beschützter Zeuge und wir kennen sein scheues Gesicht nur noch aus den Sitzungen, in denen er als Angeklagter saß. Ob er in seiner zweiten Existenz sein Geld als Schlosser verdient, in dem Beruf, den er im untergegangenen Jugoslawien erlernt und nie ausgeübt hat, weil man als Söldner im Bürgerkrieg besser über die Runden kam?

Der Ankläger Geoffrey Nice schreitet schnell zur Sache. Erstaunlicherweise lautet aber seine erste Frage, was der Kronzeuge von der Behauptung halte, der französische Geheimdienst hätte irgendetwas mit den Srebrenica-Morden zu tun gehabt. Der Angeklagte Milošević habe nämlich diese Möglichkeit angedeutet. Nein, sagt Erdemović, davon wisse er nichts, und damit ist dieses überraschende Thema abgehandelt. (8a, S.25123f.) Mit seinen weiteren Fragen handelt Nice in sachlicher Routine die bekannten Schwerpunkte der Geschichte des Kronzeugen ab. Dieser bestätigt ebenso sachlich die einzelnen Fragen oder antwortet einfach, er wisse es nicht. Das Ziel des Anklägers ist es, dem Kronzeugen Aussagen zu entlocken, die auf eine Beteiligung Belgrads am Kriegsgeschehen in Bosnien hinweisen, denn der Sinn des ganzen Verhörs ist, den Beweis zu erbringen, dass Milošević für den Völkermord an den bosnischen Muslimen mitverantwortlich ist. Der Ertrag ist jedoch sehr gering. Nirgends in Bosnien habe er Soldaten oder Polizisten oder Geheimdienstler aus Serbien wahrnehmen können, sagt Erdemović. Die verschiedenartige sonstige Unterstützung Belgrads für die Serben in Bosnien, die er bestätigen will, ist kaum nennenswert. Seinen Höhepunkt erreicht das Hauptverhör mit der Art, wie Hauptankläger Nice den Söldnerkontrakt seines Kronzeugen präsentiert, aus dem sein Dienstgrad eines Sergeanten ersichtlich ist. (8a, S.25166)[28]

Dann kriegt der Angeklagte Slobodan Milošević die Gelegenheit für ein sehr knapp bemessenes Kreuzverhör. Dieses

---

[28] Siehe das Kapitel „Rang und Anstand".

wird vor allem mit den Fragen in Erinnerung bleiben, die er dem Kronzeugen nicht stellen darf. Aber auch die Fragen, auf die der Kronzeuge nicht antworten will, sind beachtenswert. In Erinnerung wird auch bleiben, wie der vorsitzende Richter Richard May jedes Mal interveniert, wenn ihm eine Frage des Angeklagten zu weit führt oder die Glaubwürdigkeit des Kronzeugen gefährdet.

Slobodan Milošević hat schon bessere Kreuzverhöre hinter sich, wo auch die schützende Hand des Richters eine Blamage des Belastungszeugen nicht verhindern konnte. Einen wichtigen Platz in seinem Kreuzverhör nimmt eine inzwischen in Vergessenheit geratene Affäre ein, die am Vorabend seines Sturzes unter dem Namen „Pauk" („Die Spinne") für Schlagzeilen sorgte. Viele seiner Fragen an den Kronzeugen haben mit dieser Affäre zu tun und er benutzt für sie viel von seiner für das Kreuzverhör ohnehin sehr beschränkten Zeit, ohne mit diesem Zeugen viel erreichen zu können.

Am 11. November 1999 werden in Belgrad Jugoslav Petrušić, Milorad Pelemiš, Branko Vlačo, Rade Petrović und Slobodan Orašanin festgenommen. Es ist derselbe Pelemiš, der Kompaniechef der 10. Sabotageeinheit der bosnisch-serbischen Armee war und der Erdemović zufolge den Massenmord auf der Branjevo-Farm befohlen haben soll. Unter dem Namen „Pauk" („Die Spinne") habe diese Gruppe in gleich mehreren Varianten einen Anschlag auf den Präsidenten der SRJ Slobodan Milošević vorbereitet. Ferner hätten sie im Auftrag des französischen Geheimdienstes schon 10 Jahre lang Terrorismus, Anschläge, Morde und andere Verbrechen in Srebrenica, im Kosovo und an anderen Orten betrieben. Wie der damalige Informationsminister Goran Matić auf einer Pressekonferenz am 25. November 1999 zu berichten weiß, habe sich diese Gruppe während des NATO-Krieges gegen die SRJ im Kosovo aufgehalten und mehrere Verbrechen gegen die albanische Zivilbevölkerung verübt, um damit die jugoslawische Führung zu belasten. Matić zufolge seien die Festgenommenen Angehörige der 10. Sabotageeinheit der VRS gewesen, einer multiethnischen Einheit, die 1995 Kriegsverbrechen in Srebrenica auf dem Konto hätte und eigentlich unter der Kontrolle des französischen Geheimdienstes gestanden habe. Konkret erwähnt Matić den von Dražen

Erdemović gestandenen Mord an 1200 muslimischen Zivilisten.[29]

Jugoslav Petrušić, bekannt noch als „Colonel Yugo Dominik", ist ein ehemaliger Fremdenlegionär mit französisch-jugoslawischer Doppelstaatsbürgerschaft. Petrušić behauptet, im Dienst des französischen Geheimdienstes „La Direction générale de la sécurité extérieure" (DST) zu stehen, was sehr wahrscheinlich, obgleich von Frankreich nicht offiziell bestätigt ist.[30] Wie Matić ferner anführt, habe Petrušić 1996, also nach Beendigung der Kriegshandlungen in Bosnien, im Auftrag des französischen Geheimdienstes und unter der Mitwirkung von Milorad Pelemiš ca. 180 Söldner in Bosnien angeworben und nach Zaire (Kongo) gebracht, um im dortigen Bürgerkrieg an der Seite des Präsidenten Mobutu zu kämpfen. Die ganze Angelegenheit sei von der französischen Telekommunikationsfirma „Geolink" finanziert worden, wozu die Regierung in Belgrad Beweise habe.[31]

Die gesamte Affäre, bekannt auch noch als „French connection", ist ein undurchschaubares Knäuel von Wahrheiten, Halbwahrheiten und Phantasien, wie es immer der Fall ist, wo Geheimdienste die Finger im Spiel haben. Was alles hat Belgrad mit dem Aufbauschen dieser „französischen Spur" an Paris signalisieren wollen? Wie zuverlässig ist die Grundlage für die Behauptung, Ex-Fremdenlegionäre hätten im Auftrag des französischen Geheimdienstes die Srebrenica-Morde inszeniert? Würde man alle bekannten Täter verhören, könnte man vielleicht etwas Licht ins Dunkel werfen, was aber nicht der

---

[29] Vgl. u. a. Čudesni svet spijunaza. Afera „Pauk" (Die wunderliche Welt der Spionage. Die Affäre „Die Spinne"), in: *Vreme* (Belgrad) vom 4. Dezember 1999.

[30] Im Prozess gegen den ehemaligen Präsidenten Serbiens Milan Milutinović bestätigte am 7. September 2007 der Zeuge Branko Gajić, ehemaliger Vizechef der jugoslawischen Konterspionage, dass nach Erkenntnissen seiner Behörde Jugoslav Petrušić seit 1986 für den französischen Geheimdienst tätig war.

[31] Über die von Petrušić und dem französischen Geheimdienst organisierte Beteiligung von Pelemiš und anderen Söldnern aus der 10. Sabotageeinheit an Kriegshandlungen in Kongo berichteten mehrere französische Zeitungen wie *Le Monde* vom 30. November 1999 und *Libération* vom 3. Dezember 1999.

Fall war und ist. Dann bleiben nur die zugänglichen Gerichtsdokumente, und daraus ist Folgendes zu entnehmen:

Am 12. Mai 2000 hat das Bezirksgericht Belgrad gegen die fünf Anklage erhoben. Es wurde ihnen unter anderem Spionage zugunsten des französischen Geheimdienstes während des Kosovo-Krieges zur Last gelegt, wie auch der Mord an zwei nicht identifizierten Kosovo-Albanern. Von einem Anschlag gegen Milošević ist allerdings nicht mehr die Rede. Auch nicht von den Srebrenica-Morden. Das Urteil erfolgt am 13. November 2000, also kurz nach dem Sturz von Milošević am 5. Oktober. Jugoslav Petrušić (38), Milorad Pelemiš (36), Slobodan Orašanin (44), Branko Vlačo (28) und Rade Petrović (26) sind der Anklage der Spionage gegen die SRJ freigesprochen. Auch die Anklage des Doppelmordes, erhoben gegen Petrušić, Pelemiš und Petrović, hat man aus Mangel an Beweisen fallenlassen. Orašanin bekommt ein Jahr wegen unerlaubten Waffenbesitzes und Pelemiš bekommt eineinhalb Jahre wegen Nötigung und unerlaubten Waffenbesitzes. Das Gericht hat also nur die Nötigung als bewiesen erachtet, an der Petrušić, Pelemiš, Vlačo und Petrović beteiligt gewesen sind, indem sie von zwei Kosovo-Albanern durch Misshandlungen und Drohungen 20.000 DM erpresst haben. Die Urteilsverkündung findet genau ein Jahr nach der Festnahme der Angeklagten statt, und sie werden auf der Stelle freigelassen. Später hat aber der Oberste Gerichtshof dieses Urteil wegen Unzuständigkeit des Gerichtshofs für nichtig erklärt und das Strafverfahren einem militärischen Gerichtshof überreicht. Dieser hat sich zunächst auch seinerseits für nicht zuständig erklärt, und wie es die Bürokratie so will, kommt es erst Jahre später zu einem neuen Strafverfahren vor der militärischen Abteilung des Belgrader Bezirksgerichts. Dabei ist auch von neuem Beweismaterial die Rede. Am 22. Januar 2009 sollen also Jugoslav Petrušić, Milorad Pelemiš, Branko Vlačo, Rade Petrović und Slobodan Orašanin wegen Spionage, zweifachen Mordes, Nötigung und unerlaubten Waffenbesitzes erneut vor Gericht stehen. Die Srebrenica-Morde scheinen aber kein Gegenstand der gerichtlichen Untersuchung zu sein.

Milošević scheint indes fest davon überzeugt zu sein, dass hinter den Srebrenica-Morden eine geheimdienstliche Verschwörung steckt. Warum auch nicht? Die gegen ihn erhobene Anklage lautet, er habe eine großserbische Verschwörung angeführt, und die Richter nehmen diese Anklage ganz ernst. Auch, dass er von Belgrad aus als Anführer dieser großserbischen Verschwörung einen Völkermord in Bosnien eingefädelt hat, finden sie überhaupt nicht lächerlich. Im Gegenteil, der Ankläger Geoffrey Nice hat im Hauptverhör mehrere Stunden seinen Kronzeugen Dražen Erdemović darüber befragt, um Beweise für die Anklage des Völkermordes gegen Milošević zu produzieren. Jetzt aber, da Milošević im Kreuzverhör den Kronzeugen nach Personen mit französischen Pässen und nach geheimen Sitzungen mit französischen Generälen fragt, finden die Richter es irrelevant, nicht seriös und die reinste Zeitverschwendung. In Wirklichkeit erwartet Milošević selber auch nicht, dass Erdemović ihm Näheres über Jugoslav Petrušić oder einen gewissen Philippe Rondeau sagen kann, oder gar über die französische Telekommunikationsfirma „Geolink". Seine Fragen sollen weit außerhalb des Gerichtssaals gehört werden, in Paris etwa, und sie sollen seine mehrmals geäußerte Androhung glaubhafter machen, er werde, wenn es einmal so weit ist, restlos die geheimdienstlichen Machenschaften aufklären, mit denen in Bosnien ein Völkermord inszeniert worden ist.

Irgendwann hat der vorsitzende Richter May genug davon und will sich dies alles nicht mehr anhören. Darauf reagiert der Angeklagte sehr emotionell: „Herr May, ich werde es beweisen, ich brauche es nicht über diesen Zeugen zu tun, was der Hintergrund von dem allem ist, und dass der französische und andere Geheimdienste damit zu tun haben, während die Täter... denen wurde versprochen..." Richter May unterbricht ihn hier erneut und nahezu versöhnlich: "Wir werden uns alles über Ihre Beweise anhören, wenn die Zeit dazu kommt, doch jetzt wollen wir es mit diesem Zeugen zu Ende bringen, bitte." (8a, S.25216, 8b, S.342)

Die Zeit, seine Ankündigung wahr zu machen, wird Milošević nicht mehr haben, und schon gar nicht der Richter May, um sich das anzuhören und ihm gegebenenfalls auch das Mikrophon abzuschalten.[32]

---

[32] Richard May ist nach einer plötzlichen Erkrankung am 1. Juli 2004 verstorben. Slobodan Milošević ist ihm am 11. März 2006 gefolgt.

Rache und Geld?

Doch so ertraglos, wie es nach dem Bisherigen scheinen könnte, ist das Kreuzverhör nicht, ganz im Gegenteil. Um weiter zu kommen, müssten aber alle verhört werden, die am Massaker beteiligt waren, was eben nicht passiert. Daran kann auch Milošević nichts ändern. Doch immerhin, es ist diesmal überhaupt das erste Mal, dass die Geschichte des Dražen Erdemović in einem Kreuzverhör hinterfragt wird, und ihre Unglaubwürdigkeit wird schon zu Beginn vor Augen geführt. Er habe sich angehört, so Milošević, was der Zeuge im Hauptverhör gesagt hat. Wenn er richtig verstehe, habe ein gewisser Brano Gojković, Angehöriger derselben Einheit, den Befehl geführt, wobei der Zeuge behaupte, dieser Gojković habe seinerseits die Befehle von einem unbekannten Oberstleutnant des Drina-Corps empfangen. Ob das so stimme. Ja, bestätigt der Kronzeuge. Ob seine Einheit dem Drina-Corps angehört habe, fragt weiter Milošević. Nein, sagt der Kronzeuge, worauf der Angeklagte mit einer rhetorischen Frage die volle Absurdität dieser Sachlage vor Augen führt:

> *Milošević:* Es kommt also ein unidentifizierter Oberst aus dem Drina-Corps und gibt euch den Befehl, 1.000 Menschen umzubringen, und ihr führt diesen Befehl aus. Ist es das, was Sie behaupten wollen? Kann ein normaler Mensch das glauben? (8a, S.25185, 8b, S.321)[33]

Der Zeuge gibt sich alle Mühe, mit einem Wirrwarr von Erklärungen diese Absurdität annehmbar zu machen: Wahrscheinlich, sagt er in einem ziemlich verwirrten Satz, habe Gojković eigentlich auf Befehl von Pelemiš diesen Oberstleutnant in Zvornik aufgesucht, nicht dieser sei also zu ihnen gekommen, sondern gerade umgekehrt. Der Kronzeuge würgt an einem unverständlichen Satz, bis ihm der Richter heraushilft: „Nächste Frage, bitte." Die Frage nach dem Tatmotiv lässt aber dem Angeklagten keine Ruhe, er möchte, scheint es, auch für sich selbst eine Erklärung für dieses an sich sinnlose Massaker

---

[33] In der englischen Vorlage sagt Milošević: „Can a normal person do that?" Das muss ein Fehler sein, denn auf Serbokroatisch sagt Milošević eben: „Kann ein normaler Mensch das glauben?" („Dali neko normalan može to da poveruje?")

finden. War vielleicht Rache die Triebfeder? Der Kronzeuge hatte schon am 5. Juli 1996 ausgesagt, einer der Täter, Savanović, habe geprahlt, eigenhändig 250 Gefangene erschossen zu haben, weil er seinen von den Muslimen umgebrachten Bruder rächen wollte. Ob es vielleicht Rache war? „Gab ihm vielleicht jemand den Befehl, aus Rache zu töten?", fragt hämisch Milošević. (8a, S.25194) So habe er gesprochen, stottert der Kronzeuge als Antwort. „Überlegen Sie", bohrt Milošević weiter, „was kann der Grund sein, so etwas Wahnsinniges zu tun! Haben Sie vielleicht eine Erklärung dafür?" – „Nein, ich habe keine Erklärung dafür", antwortet der Kronzeuge. (8a, S.25194, 8b, S.326f.) Und schon eilt ihm der Ankläger zur Hilfe: "Euer Ehren, ich finde, die Anspielung, der Zeuge sei irgendwie inkonsistent in seinen Antworten gewesen, ist durch die gestellten Fragen in gar keiner Weise begründet und durchaus unfair. Ich bin nicht sicher, ob Sie die Passage gefunden haben, aus der er zitiert." Dann wird schnell nach der einschlägigen Passage gesucht und der Ankläger liest sie vor:

> Wir können sehen, wie es zu den Antworten des Zeugen kam, auf die sich der Angeklagte beruft. Die Frage, „Was war die Einstellung anderer Mitglieder Ihrer Sondereinheit, die an den Erschießungen beteiligt waren?", führte zur Antwort, „Nun, die Einstellung einzelner Mitglieder war fast so wie die meinige, nämlich dass das nicht getan werden sollte. Ich weiß es nicht. Einzelne hingegen taten, was sie taten, aus einer Art von Rache." Gefragt, ob es welche gegeben habe, die prahlten, antwortete er, dass es solche gab. „Können Sie das weiter ausführen?": Darauf berichtete der Zeuge von demjenigen, der sagte, dass die bosnischen Muslime seinen siebzehnjährigen Bruder getötet hatten. Auf diese Weise ergab es sich, und es gibt keine Frage irgendeiner Inkonsistenz auf Seiten des Zeugen. (8a, S.25196)

Genau diese Stelle habe er doch zitiert, empört sich seinerseits der Angeklagte Milošević. Er habe vom Zeugen nur eine Stellungnahme dazu verlangt. Doch schon hat ihm der vorsitzende Richter May wieder das Mikrofon ausgeknipst. Er kann auch selbst alles lesen, sagt Mr. May und legt eine Pause ein.

Könnte vielleicht Geld die Triebfeder der Täter sein? Den Unterlagen, die ihm der Ankläger zur Verfügung gestellt hat, konnte Milošević entnehmen, dass tatsächlich einige Male von

Geld die Rede ist, das man den Tätern zugesagt habe und nach dem Massaker einigen ausgezahlt hätte. Erdemović scheint dabei leer ausgegangen zu sein. Zum ersten Mal redet er darüber im Interview mit den Ermittlern des Tribunals am 24. April 1996: Er habe gehört, sein Kompaniechef Pelemiš habe für die Erschießungen den Tätern „Gold aus Srebrenica" versprochen:

> *Erdemović:* In diesen Tagen hörte ich in Bijeljina manche erzählen, wie viele Leute sie getötet hätten und weshalb, und dann kam ich zu der Erkenntnis, ein Soldat hat es mir gesagt, der dem Kommandanten nahe stand, dass unser Kommandant den Leuten für diese Erschießung irgendein Gold aus Srebrenica versprochen hat, was weiß ich. Ich habe das nicht gesehen, nur gehört habe ich es von jemandem aus unserer Einheit, der es erzählte. Nach einigen Tagen in Bijeljina, genauer am 22. in der Nacht, hat eine Person aus unserer Einheit in einem Café 3 Kugeln auf mich abgeschossen. Ich weiß nicht, warum, niemand hat es mir erklärt. Er sagt, es sei nicht absichtlich gewesen, ich weiß es nicht. (S.7, S.5f.)

Es ist freilich sehr schade, dass man beim Tribunal nicht wissen will, was es mit diesem Gold auf sich hat. Pelemiš z.B. dürfte Näheres darüber wissen, nur will ihn niemand verhören, geschweige denn anklagen. Milošević geht dieses heikle Thema vorsichtig mit der Frage an, welches Gehalt der Kronzeuge als Soldat der 10. Sabotageeinheit erhalten habe, kriegt aber keine Antwort:

> *Milošević:* Bezogen Sie ein Gehalt?
> *Erdemović:* Habe ich, manchmal. Manchmal haben wir auch keines bekommen.
> *Milošević:* Was war Ihr Gehalt?
> *Erdemović:* Ich kann mich jetzt nicht mehr erinnern.
> *Milošević:* Nicht einmal ungefähr?
> *Erdemović:* Nicht einmal ungefähr.
> *Milošević:* Das ist doch ganz unglaubwürdig, dass Sie sich nicht mehr erinnern können, wie hoch Ihr Gehalt war.
> *Erdemović:* Es ist nicht ganz unglaubwürdig, ich sage die Wahrheit. Ich kann mich nicht erinnern und ich will nicht etwas sagen, das sich später als unwahr erweist. Wüsste ich es, dann würde ich es Ihnen sagen. (8a, S.25205, 8b, S.334f.)

Erdemović scheint auf dieses Kreuzverhör gut vorbereitet zu sein. Er weiß nicht mehr, was sein Gehalt war, nicht einmal ungefähr, da kann man nichts machen. Schließlich ist es sieben

Jahre her, da er bei der 10. Sabotageeinheit war. Dann macht Milošević mit der „French Connection" weiter, über die der Zeuge natürlich nichts zu sagen weiß. Er tut es aber, um seine zunächst deplaciert erscheinenden Fragen in die einmünden zu lassen, ob der Zeuge etwas von einer Besprechung wisse, bei der Vertreter der muslimischen Regierung und der französische General Janvier vereinbart hätten, Srebrenica kampflos aufzugeben. Bei dieser Besprechung sei auch von Geld für die 10. Sabotageabteilung die Rede gewesen, „um diese Drecksarbeit zu verrichten", sagt Milošević; was wisse der Zeuge davon? „Das ist das erste Mal, dass ich davon höre", antwortet der Zeuge erwartungsgemäß. (8a, S.25210, 8b, S.338) Doch Milošević lässt nicht locker, er ist jetzt dort, wo er hin wollte: Wisse der Zeuge wirklich nichts von irgendeinem Geld, von irgendeinem Gold und so weiter? Ja, davon habe er gehört, antwortet zu jedermanns Überraschung Erdemović. Was habe er denn gehört, will der Angeklagte, der selbst überrascht ist, auf der Stelle wissen, und Erdemović erklärt:

> *Erdemović:* Ich habe gehört, dass danach Pelemiš und einzelne Soldaten aus dem Vlasenica-Zug unter sich irgendein Geld verteilt haben, und dass sie irgendein Gold gefunden haben, aber ob das nun wahr ist, das weiß ich nicht. Gehört habe ich davon, als ich noch im Krankenhaus lag, im Belgrader Militärkrankenhaus. (8a, S.25210, 8b, S.338f.)

„Von wem haben sie dieses Geld bekommen, das Geld, das sie untereinander verteilt haben?" – fragt Milošević weiter. Erdemović weiß es nicht, und dann spielt Milošević seinen Trumpf aus:

> *Milošević:* Gut, dann will ich Sie daran erinnern, dass Sie Vanessa Vasic-Jenekovic, Journalistin bei ABC News, seinerzeit eine Erklärung abgegeben haben, in der Sie sagen, dass das Massaker in Pilica für Geld ausgeführt wurde. Sie haben sogar gesagt, dass irgendjemand Pelemiš 12 Kilogramm Gold für dieses Massaker in Pilica versprochen hatte. (8a, S.25210, 8b, S.339)

Das Gesicht von Erdemović sieht man nicht. „Ich sagte", stottert er, „ich sagte, was ich gerade jetzt auch Ihnen sagte, dass ich davon hörte, später, als ich im Krankenhaus war. Ich weiß es nicht genau." Vanessa Vasic-Jenekovic, deren Videokassette mit dem Interview mit Erdemović am 2. März 1996 auf dem Gepäckband des Belgrader Flughafens verschwunden war, scheint schon am 8. März 1996 mit den Haager Ermittlern gesprochen zu haben, und ihre Aussage liegt dem Angeklagten vor. Dann zitiert er die einschlägige Stelle: „Genauso hat er (Erdemović, d. A.) mir erklärt, dass jemand Pelemiš 12 Kilogramm Gold für das Massaker in Pilica versprochen hat und dass Pelemiš von diesem Versprechen gewusst hat, bevor es zu diesem Massaker kam." Dann greift endlich der vorsitzende Richter May ein. Habe Erdemović tatsächlich diese Journalistin gesprochen? Ob er sich noch daran erinnern könne oder nicht? Ja, antwortet Erdemović. (8a, S.25211f., 8b, S.339) Er hätte auch, wie zu erwarten wäre, „nein" sagen können, nein, er wisse es nicht mehr, aber offensichtlich übersieht er die rettende Hand des Richters May. Habe er tatsächlich gesagt, dass Pelemiš Gold für dieses Massaker versprochen wurde, wiederholt sicherheitshalber Mr. May: Ja, davon habe er gehört. Erst als er im Krankenhaus lag, habe er davon gehört, das habe er alles vorher nicht gewusst. Inzwischen ist aber Milošević wieder fündig geworden, er zitiert eine andere Aussage von Erdemović, in der er über den Besuch seiner Frau im Krankenhaus berichtet. Sie habe ihm gesagt, sie sei zufällig mit der Freundin von Pelemiš unterwegs gewesen, und diese habe ihr erzählt, wie Pelemiš und seine Freunde aus Vlasenica bei einem Juwelier schwere Goldketten bestellt hätten, durch die Belgrader Hotels gezogen seien, neue Autos gekauft hätten, von Gold sei die Rede gewesen. Und dann holt er für die entscheidende Frage aus:

> *Milošević:* Also, was wissen Sie darüber, Herr Erdemović? Wurden diese Menschen umgebracht, weil die Täter dafür bezahlt wurden, dieses Massaker zu verüben?
> *Erdemović:* Ich weiß jetzt nicht, was ich auf diese Frage antworten soll. Mir wurde nichts bezahlt. Die Personen aber, die ich jetzt erwähnt habe, das, was Sie soeben vorgelesen haben, das habe ich alles gehört, nämlich, dass sie das getan haben, und wahrscheinlich ist das alles wahr.
> *Milošević:* Gut. Also haben sie alle Geld bekommen, und das sind Ihre Vorgesetzten, nicht wahr?
> *Erdemović:* Ja. Pelemiš und einzelne Soldaten aus Vlasenica. (8a, S.25213, 8b, S.340)

Diese Antwort des Kronzeugen sollte man sich merken. Überhaupt ist der Ertrag aus diesem Kreuzverhör ganz beachtlich, und er regt zur folgenden Spekulation an: Die Tätergruppe besteht aus vier Söldnern des Vlasenica-Zuges und vier des Bijeljina-Zuges. Die Söldner des Vlasenica-Zuges, vorwiegend Serben, vertrauen ihren Kollegen aus Bijeljina nicht sonderlich, da sie vorwiegend Kroaten und Muslime sind. Das wissen wir z.b. vom Zeugen Dragan Todorović. Das Geld bzw. Gold, das vielleicht für das Massaker bezahlt worden ist, haben die vier aus Vlasenica mit Pelemiš möglicherweise untereinander verteilt. Das schafft böses Blut und erklärt möglicherweise den Grund für die Schießerei am 20. Juli 1995 in der Nachtbar in Bijeljina, bei der Erdemović schwer verwundet wurde. Dabei hat Savanović aus dem Vlasenica-Zug, der ihn angeschossen hat, ebenso einen Bauchschuss abgekriegt. Im weiteren Kreuzverhör kommt Milošević übrigens auch mit Fragen über diese Schießerei. Der Zeuge soll ihm bitte erklären, warum dieser Stanko Savanović auf ihn geschossen habe und was der Grund für die Streiterei gewesen sei, und es kommt zum folgenden Trialog, wobei wiederum die Interventionen des Richters May beachtenswert sind:

> *Erdemović:* Ich kann mich nicht erinnern, weshalb er geschossen hat. Das muss er wissen, ich kann es nicht sagen, denn ich spreche nur von dem, was ich weiß.
> *Milošević*: Er hat auf Sie geschossen, das wissen Sie doch, das haben Sie gerade gesagt. Warum hat er auf Sie geschossen?
> *Richter May:* Er hat Ihnen doch gerade gesagt, dass er sich nicht mehr erinnern kann.
> *Milošević:* Herr May, er beschreibt den Vorfall im Café, in dem sich offensichtlich eine Anzahl der Angehörigen der so genannten 10. Sabotageabteilung aufhielt, die dieses Verbrechen verübt hatten, und einer davon, also ein Kollege, den er, der Zeuge, als einen der Täter erwähnt, schießt auf drei von ihnen, und ich frage ihn, weshalb. Es muss doch einen Grund gegeben haben.
> *Richter May:* So vertut man nur Zeit. Er hat Ihnen gerade gesagt, er kann sich nicht erinnern. Gehen wir weiter. (8a, S.25222, 8b, S.348)

Wieso will der Richter May nicht wissen, was Erdemović hinter seinem Gedächtnisschwund zu verbergen hat? Seine erste Erklärung am 5. Juli 1996 im Karadžić-Mladić-Prozess lautete, es habe sich wahrscheinlich um einen durch Pelemiš arrangierten Mordanschlag gehandelt, damit er sich nicht dem Tribunal stellen und gegen ihn aussagen kann. (2, S.853) Dies ist vollkommen unglaubwürdig, denn als er nach seiner schweren Verwundung halbwegs wieder auf den Beinen war, kehrte Erdemović wieder zu Pelemiš nach Bijeljina zurück. Er hat an der Jubiläumsfeier seiner Einheit teilgenommen und angeblich sei er dabei von Pelemiš sogar befördert worden. (8a, S.25164, 8b, S.308) Was könnte dann aber der wahre Grund für diese Schießerei gewesen sein? Wieso will Richter May nicht Erdemovićs Gedächtnis auffrischen, indem er Stanko Savanović verhören lässt, der auf ihn geschossen hat und später ungestört in Belgrad seinen kriminellen Geschäften nachgeht? Sein Aufenthaltsort ist dem Tribunal bekannt, man braucht ihn nicht einmal zu suchen. Während Richter May den Kronzeugen Erdemović vor weiteren Fragen des Angeklagten Milošević in Schutz nimmt, läuft nämlich im Bezirksgericht Belgrad der Prozess gegen Stanko Savanović und andere wegen des illegalen Transfers von Mädchen aus Moldawien nach Italien, wo diese zur Prostitution gezwungen wurden. Savanović ist auch noch der Nötigung und Vergewaltigung angeklagt worden. Wie man der Presse entnehmen kann, habe Savanović die Anklage der Vergewaltigung mit der Behauptung verworfen, er sei infolge Verwundungen im Bauch und in den Genitalien impotent.[34] Es handelt sich wohl um den Bauchschuss, den er am 22. Juli 1995 bei derselben Schießerei erlitten hat. Abgesehen davon hätte er auch vom Massaker am 16. Juli 1995 auf der Branjevo-Farm erzählen können, an dem er mit Erdemović beteiligt war. Und auch, ob man dafür mit Geld und 12 Kilogramm Gold entlohnt worden sei. Und ob man bei der Verteilung dieser Belohnung Erdemović und andere Kumpel beschummelt hat. Richter May will aber den Grund für diese Schießerei nicht wissen.

Beim Unwillen des Tribunals, der Sache auf den Grund zu gehen, bleibt es bei den offiziell unbestätigten Gerüchten, dass für das Massaker am 16. Juli 1995 die Täter mit Geld und Gold entlohnt worden sind, dass bei deren Verteilung einige der Täter geprellt worden sind und dass dies zu der Schießerei in der

---

[34] Vgl. *Glas Javnosti* (Belgrad) vom 3. Juli 2003.

Nachtbar am 22. Juli geführt habe. Mit Sicherheit wissen kann man es nicht, und zwar aus dem einzigen Grund, dass man Savanović und seine Kumpane darüber einfach nicht verhören will. In seinem Interview vom 6. November 1996, das ein vorbereitendes Gespräch zu der Anhörung am 19. November ist, sagt aber Erdemović seinen Ermittlern etwas, was vor dem Hintergrund all dieser Spekulationen hellhörig machen darf:

> *Erdemović:* Ich habe mich entschlossen, gegen Pelemiš und Salapura auszusagen, und das ist vollbracht. Ich bin nun einmal so ein Mensch. Ich bin ein guter Mensch. Ich mag es, zu helfen. Ich denke, dass ich auch Ihnen bei mehreren Dingen geholfen habe. Merke ich aber, dass mich jemand über den Tisch zieht oder dass er mich, entschuldigen sie den Ausdruck, bescheißen will, dann ist es mir einerlei, dann kann mich die Wut packen und dann wird mir, dann kann mir alles egal werden. Denn jetzt ist mir wirklich alles egal. (S.8, S.8)

Der befohlene Wahnsinn

Man will also beim Tribunal nicht wissen, ob Geld und Gold eine Rolle beim Massaker auf der Branjevo-Farm gespielt haben. Gesetzt, die dafür sprechenden Indizien würden sich erhärten, so riefe das sofort die Frage auf, wer bezahlt hat und welches Interesse er gehabt haben kann, diesen Wahnsinn, wie Milošević sagt, zu unternehmen. Denn im bosnischen Bürgerkrieg, an sich schon ein Wahnsinn, wurden, abgesehen von allen Grausamkeiten, Gefangene ausgetauscht und nicht umgebracht. Das Umbringen von so vielen Gefangenen wäre aber auch im praktischen Sinne ein wahnsinniges Unternehmen: Mitten in einer groß angelegten und erfolgreichen Offensive der muslimischen und bosnisch-kroatischen Kräfte haben die bosnischen Serben nichts Besseres zu tun, als ihre knappen Ressourcen dafür zu verwenden, Tausende Gefangene zu erschießen, zu begraben und dann die Leichen in sekundäre und tertiäre Massengräber umzubetten.

Eine Weile, nachdem Milošević im Kreuzverhör den Aberwitz der Ausführung des Befehls jenes unidentifizierten Oberstleutnants herausgestellt hat („Kann eine normale Person das glauben?"), will er erneut wissen, wer diesen Wahnsinn wem befohlen haben soll, und die Erklärungen des Kronzeugen werden immer peinlicher:

Milošević: Sagen Sie mir, Herr Erdemović, unter wessen Kommando stand eure 10. Sabotageeinheit?

Erdemović: Unter dem Kommando des Generalstabs, Abteilung für Sicherheitsfragen und Aufklärung.

Milošević: Gut. Sagen Sie mir, hat denn jemand von dieser Abteilung oder vom Generalstab euch befohlen, diese Leute umzubringen?

Erdemović: Ich sagte schon früher, und ich sage es auch jetzt, mir persönlich hat es Brano Gojković befohlen.

Milošević: Sie haben erklärt, dass irgendein unbekannter Oberstleutnant gekommen sei und dass er es euch befohlen habe, dass er es Brano Gojković befohlen habe.

Erdemović: Ja, ich spreche davon, wer es mir persönlich befohlen hat, und außerdem weiß ich, dass uns dieser Oberstleutnant nichts hätte befehlen können, wenn es Pelemiš nicht erlaubt hätte, oder irgendjemand vom Generalstab.

Milošević: Wenn ich richtig verstanden habe, war Pelemiš der Kommandant eurer Abteilung, und er war nicht vom Generalstab. Wollen Sie sagen, dass irgendein Oberstleutnant, den Sie nicht kennen, der Vermittler zwischen Pelemiš und seiner Einheit war, der Sie selber auch angehörten?

Erdemović: Ich weiß nicht genau, wer dieser Oberstleutnant war und was er war. Ob er ein Vermittler war oder ob er von unserer Einheit etwas verlangt hat oder was auch immer, ich kann es nicht erklären, weil ich es einfach nicht weiß. (8a, S.25199, 8b, S.329f.)

Fassen wir zusammen: Ein den Soldaten unbekannter Oberstleutnant, der keine Befehlsgewalt über die 10. Sabotageeinheit hat, erteilt den Befehl für ein grausames Kriegsverbrechen, und dabei erteilt er diesen Befehl nicht direkt, sondern über die Vermittlung des ranglosen Soldaten Gojković, wobei diese Soldaten, wie mehrmals erwähnt, unter dem regulären Befehl stehen, nicht auf Zivilisten zu schießen. Und trotzdem führen sie diesen wahnsinnigen, vermittelten Befehl aus! Man wünschte sich einen Richter, der an dieser Stelle das Wort ergreifen und den Zeugen fragen würde, für wie blöd er eigentlich die Richter hält. Beim Jugoslawien-Tribunal scheint dieser Richter nicht zu finden zu sein.

Im Karadžić-Mladić-Prozess am 5. Juli 1996 hat übrigens Erdemović mit seiner Antwort auf die Frage, von wem der Befehl für das Massaker ausgegangen ist, noch den Beweis geliefert, mit dem der internationale Haftbefehl gegen die zwei Bösewichte begründet wurde. Es reichte zu sagen, die Befehle für die 10. Sabotageeinheit kamen vom Generalstab der bosnisch-serbischen Armee. Ein Kreuzverhör gab es bei dieser Anhörung allerdings nicht. Nun aber sagt der im Kreuzverhör in Bedrängnis geratene Kronzeuge klipp und klar, was er wirklich wisse, sei nur, was ihm, der zu der Zeit doch wohl den Rang eines Sergeanten hatte, ein rangloser Soldat namens Brano Gojković befohlen haben soll. Will jemand noch wissen, weshalb man Milošević schon im Voraus nur ein ganz kurzes Kreuzverhör eingeräumt hat? Man kann es übrigens auch diesem Dialog entnehmen:

> *Milošević:* In diesem Fall muss ich jetzt wirklich ganz kategorisch protestieren, denn wir haben hier einen Zeugen, der nach eigenem Eingeständnis 100 Menschen tötete und dies auf verschiedene Hintergründe zurückführt, und es gibt nicht genug Zeit für ein Kreuzverhör, er kann nicht bleiben. Ich kann diese Erklärung nicht verstehen und ich glaube, auch die Öffentlichkeit kann eine solche Erklärung nicht verstehen.
>
> *Richter May:* Sie haben die Entscheidung gehört. Sie berücksichtigt seine (Erdemovićs, d. A.) Zeugenaussage. Nun, bisher haben Sie nicht sehr viel davon angefochten. Das ist der entscheidende Punkt, nicht der Hintergrund des Zeugen, sondern wie viel von seiner Aussage Sie tatsächlich anfechten. Bisher war es sehr wenig. 50 Minuten sollten also mehr als angemessen sein. Verschwenden wir aber keine Zeit mit weiteren Diskussionen darüber.
>
> *Milošević:* Ich nehme an, dass es sowohl Ihnen als auch jedem anderen ganz klar ist, dass weder Serbien, noch ich persönlich mit diesen Vorfällen in Srebrenica irgendetwas zu tun haben, Herr May. Aber wenn das für Sie kein Anfechten der Zeugenaussage ist, so ist das Ihre Sache, so wie alles andere hier. (8a, S.25198, 8b, S.329)

Sollte bei einem Beobachter der Eindruck entstanden sein, dass in seinem Kreuzverhör Milošević die Glaubwürdigkeit des Kronzeugen ganz arg beschädigt hat, so muss er sich geirrt haben, meint der vorsitzende Richter May.

Die unzulässige Frage

Aufschlussreich ist aber das Kreuzverhör des Kronzeugen Dražen Erdemović durch den Angeklagten Slobodan Milošević vor allem hinsichtlich jener Fragen, die ihm vom vorsitzenden Richter Richard May untersagt werden.

Milošević ist eine merkwürdige Aussage des Kronzeugen aufgefallen, als dieser am 5. Juli 1996 im Mladić-Karadžić-Prozess aussagte. Als er gefragt wird, wie sich die Busfahrer während der Erschießung auf der Branjevo-Farm verhalten haben, sagt Erdemović, sie seien entsetzt gewesen, weil sie dachten, dass sie ihre Insassen zum Gefangenenaustausch fahren würden. Ob es wahr ist, dass die Busfahrer gar nicht wussten, was man mit den Gefangenen vorhatte, fragt Milošević. Sie dachten, sie seien unterwegs zum Gefangenenaustausch, habe er das richtig verstanden? Erdemović kann diese Frage nicht beantworten, sagt er, das wisse er nicht. Daraufhin liest nach einigem Suchen Milošević die betreffende Stelle vor: „,Erlauben Sie mir die Frage, Herr Erdemović, wie war die Einstellung der Busfahrer, die die Opfer zu der Pilica-Farm brachten.' Und Ihre Antwort, von der Sie jetzt sagen, Sie wüssten sie nicht, lautet: ,Nun, sie (die Busfahrer, d. A.) waren entsetzt, denn ich denke, diese Leute wussten nicht, dass sie die Gefangenen zur Erschießung fahren. Sie dachten wahrscheinlich, sie würden sie zu einem Gefangenenaustausch fahren, den man ihnen versprochen hatte, wie mir dieser Mann zwischen 50 und 60 sagte, mit dem ich gesprochen habe.'" Das vorgetragene Zitat bringt den Kronzeugen ziemlich durcheinander und es entspinnt sich folgendes Gespräch:

> *Erdemović:* Ja, ich habe… Jetzt haben Sie es vorgelesen. Ich sagte, dass ich mir das gedacht habe, mit Sicherheit gewusst habe ich es nicht.
>
> *Milošević:* Aber Sie sagen doch selber, dass Ihrem Eindruck nach diese Leute gar nicht wussten, wohin sie die Gefangenen fahren und dass sie entsetzt waren.
>
> *Erdemović:* Ja, das ist meine Meinung. Ich konnte das nicht, niemand hat mir eindeutig gesagt, „wir dachten, dass sie zum Austausch unterwegs wären". Jene Person, die älter war als 60 Jahre, sagte mir, dass sie dachten, zu einem Austausch unterwegs zu sein. (8a, S.25224, 8b, S.349)

Daraufhin sagt Milošević ganz offen, worauf er hinaus will: Sei es nicht eigentlich so, dass die Busfahrer dachten, die Gefangenen zum Austausch zu fahren, Erdemović und seine Kameraden aber diese Busse angehalten und die Gefangenen erschossen haben?

Erdemović: Das ist nicht wahr.
Milošević: Es ist also nicht wahr, was Sie gesagt haben.
Erdemović: Nein. Das, was Sie gesagt haben, ist nicht wahr.
Milošević: Na ja, nun scheint es also so zu sein, dass diese Busfahrer wussten, dass sie die Gefangenen zur Erschießung brachten, und Sie sagen, sie wären…
Richter May: Sie bringen den Zeugen nur durcheinander. Nun, er hat Ihnen gesagt, was er gesagt hat. Wir machen mit etwas anderem weiter. (*Let's move on to another point.*) (8a, S.25225, 8b, S.350)

Die Frage, weshalb die Busfahrer entsetzt waren, bringt den Zeugen nur durcheinander, der Richter will diese Frage nicht mehr hören.

Eine weitere Frage, die der vorsitzende Richter unangebracht findet, hat mit der Verurteilung des Kronzeugen zu tun. Er sei am 26. Februar 1996 nach Jugoslawien gekommen, und schon einige Tage später habe ihn die Polizei festgenommen, und zwar wegen desselben Verbrechens, das jetzt Gegenstand seiner Aussage ist. Ob das so stimme, fragt Milošević. Der Zeuge bestätigt es. Er habe gestanden, an der Erschießung von 1200 Menschen beteiligt gewesen zu sein, wobei er ungefähr 100 persönlich erschossen habe. Ob der Zeuge dies bestätigen will. Der Zeuge tut es. Also, Herr Erdemović, bohrt Milošević weiter, es steht nicht in Frage, dass Sie persönlich 100 Menschen getötet haben und an der Erschießung von mehr als 1000 beteiligt waren, und dass sie dafür fünf Jahre Gefängnis bekommen haben. Ja, sagt Erdemović. Richter May unterbricht das Kreuzverhör und will vom Ankläger Nice wissen, wie die Anklage gegen Erdemović gelautet habe. Nice findet nicht gleich die Anklage gegen Erdemović, er meint aber, man habe ihn der „Verletzungen der Gesetze und Gebräuche der Kriegsführung" angeklagt und verurteilt. Dann bekommt Milošević wieder das Wort und er fragt erneut: „Herr Erdemović, es steht also nicht in Frage, dass Sie persönlich 100

Menschen getötet haben und am Mord von mehr als 1000 beteiligt waren, nicht wahr?" Am Gesicht von Mr. May ist abzulesen, dass der Angeklagte ihm langsam auf die Nerven geht. Er habe nie in Abrede gestellt, dies getan zu haben, antwortet der Zeuge etwas beleidigt. Und erst jetzt macht Milošević klar, worauf er hinaus will: „Wie wir aber von Herrn Nice vernommen haben, sind Sie hier der ‚Verletzung der Gesetze und Gebräuche der Kriegsführung' angeklagt worden, also nicht einmal des Mordes, nicht wahr?" Bevor der Zeuge noch antworten kann, greift Richter May mit langsamer und irgendwie feierlicher Stimme ein: Er denke nicht, dass der Zeuge in dieser Frage behilflich sein könne. Es handle sich hier um juristische Formulierungen, sagt Richter May. (8a, S.25176, 8b, S.317) Inzwischen hat Mr. Nice die Anklageschrift von Erdemović und die Schuldvereinbarung gefunden, er werde sie Mr. May gleich vorlegen, etwas Geduld, bitte. Der Angeklagte will sich aber nicht gedulden, er will die volle Absurdität dieses Sachverhalts den Richtern klar machen: Man habe in der Person von Erdemović einen Zeugen, der gegen ihn, Milošević, gerade das als Belastendes vorbringen soll, weswegen gegen Erdemović schon in Jugoslawien ein Verfahren eingeleitet worden war! Es handle sich hier um etwas Absurdes, empört sich Milošević. Wie wage man es bloß, hier einen Zeugen zu bringen, der… Weiter kommt er nicht. Solche Ausdrücke verbiete er sich, sagt Mr. May. Wenn der Angeklagte eine Frage an den Zeugen habe, solle er sie doch stellen. Und Milošević stellt die Frage: „Also, Herr Erdemović, in Ihrer Schuldvereinbarung hat diese sogenannte Anklagebehörde, obgleich Sie selber gestehen, mehr als 100 Menschen getötet zu haben, von einer Anklage des Mordes abgesehen. Was denken Sie, aus welchem Grund?" Die Antwort übernimmt aber wiederum Richter May, und zwar mit einem Argument, das ihm an diesem Tag mehrmals behilflich sein wird: „Es ist nicht seine Sache, auf diese Frage zu antworten. Es ist Sache der Anklage." (8a, S.25179, 8b, S.318) Milošević kann aber seine Entrüstung nicht bändigen: „Gut, Herr May", sagt er, „ich denke, es ist vielleicht auch Ihre Sache, wahrscheinlich. Es ist ja so etwas von unglaublich, dass Sie mir hier einen solchen Zeugen vorsetzen, der nach einer Schuldvereinbarung…" Nein, sagt immer noch höflich Mr. May, der

Angeklagte solle sich bitte darauf beschränken, Fragen zu stellen. Gut, sagt Milošević, ereifert sich aber trotzdem noch eine Weile über das Schuldbekenntnis von Erdemović, bis er seine Frage stellt:

> *Milošević:* Sagen Sie, wie lange waren Sie insgesamt im Gefängnis für das alles, wofür Sie angeklagt und verurteilt wurden?
> *Erdemović:* Daran kann ich mich nicht erinnern. (8a, S.25181, 8b, S.319)

Der Zeuge weiß nicht mehr, was er bei der 10. Sabotageeinheit verdient hat, er weiß nicht mehr, weshalb Stanko Savanović auf ihn geschossen hat, und Richter May unterstützt ihn in seinem Nichtwissen, wie er nur kann. Und das kann er. Der Zeuge fühlt sich bei Richter May gut aufgehoben. Warum soll er dann auch nicht antworten, er wisse nicht mehr, wie lange er gesessen hat? Andererseits ist es auch keine richtige Frage, denn Milošević weiß genau, wie lange Erdemović gesessen hat, nämlich alles in allem dreieinhalb Jahre. Seiner Entrüstung will er sich aber trotzdem Luft machen, und auch der Welt vor Augen führen, was vor diesem Tribunal nicht alles möglich ist. Bis ihm der Richter May mit seinem schlagenden Argument endgültig Einhalt gebietet:

> *Milošević:* Nun, gut. Ist es denn nicht jedem klar, dass Sie für diese Massenexekution fünf Jahre bekommen haben nur unter der Bedingung, andere zu belasten, nicht wahr? Das Problem ist nicht Ihre Zeugenaussage, sondern dass Sie gelogen haben.
> *Erdemović:* Worüber denn gelogen?
> *Milošević:* Nun, darüber, dass dies auf irgendeinen Befehl des Generalstabs der VRS getan wurde. Das ist es ja, was Sie behaupten.
> *Richter May:* Er kann nicht darauf antworten. Der Zeuge kann darauf keine Antwort geben. (8a, S.25181f., 8b, S.320)

Ganz aufgeben will es Milošević trotzdem nicht, das ist nicht seine Art. Also versucht er ganz am Ende des Kreuzverhörs schnell noch einmal, den Zeugen zu einer Antwort zu bewegen. Richter May reagiert jedoch rasch und kategorisch:

> *Milošević:* Ich bitte Sie, der Sie ja wissen, was Sie getan haben, wären Sie denn in Serbien oder egal vor welchem Gericht in der Welt, das Ihnen einfällt, für diesen Mas-

senmord, den Sie hier selber gestanden haben, zu einer solchen Strafe verurteilt worden wie hier?

Richter May: Das ist keine angemessene Frage für diesen Zeugen. (8a, S.25238, 8b, S.357)

Die dritte Frage von Milošević, die Richter May mit seinem eisernen Argument für unzulässig erklärt, ist im Kern nur jene Frage, die schon einmal ein Richter an den Ankläger gestellt hatte, woraufhin ihm eine Zusage gegeben wurde, die der Richter sich notierte, auf dass sie kein leeres Wort bleibe. Der Richter hieß Claude Jorda, der Ankläger Mark Harmon und die Frage wurde am 19. November 1996 bei der Anhörung des damaligen Angeklagten Dražen Erdemović gestellt. Da fragt also sechs Jahre später der Angeklagte Slobodan Milošević den Kronzeugen Dražen Erdemović Folgendes:

Milošević: Nun gut, ist Ihnen bekannt, ob außer Ihnen noch irgendeiner der Beteiligten an diesem Verbrechen in Srebrenica zur Verantwortung gezogen wurde, ob gegen jemanden ein Verfahren eingeleitet wurde, ob jemand vor Gericht gestellt wurde, ob nach jemandem gefahndet wird?

Erdemović: Das weiß ich nicht. Ich kann nicht darüber sprechen, das... Es ist nicht meine Sache zu entscheiden, wer vor Gericht zu stellen oder gegen wen gerichtlich zu verfahren ist, oder wo und wann.

Milošević: Erscheint es Ihnen nicht ganz merkwürdig, dass nur Sie allein, den die jugoslawische Polizei verhaftete...

Richter May: Es ist nicht Sache des Zeugen, auf diese Frage zu antworten. (8a, S.25215, 8b, S.342)

Das also ist die Frage, die Milošević nicht stellen und Erdemović nicht beantworten darf. Die Frage, mit der offensichtlich kein Richter mehr am „Ort der Wahrheit" den Ankläger belästigen will und wird. Und während man aus Den Haag die Öffentlichkeit regelmäßig empören will mit dem Ruf nach Mladić und Karadžić, können Franc Kos, Marko Boškić, Zoran Goronja, Stanko Savanović, Brano Gojković, Aleksandar Cvetković und Vlastimir Golijan ruhig schlafen. Keiner von ihnen soll die Geschichte des Dražen Erdemović gefährden.

EINE GEGENGESCHICHTE

Acht Täter hätten in weniger als 5 Stunden 1000 bis 1200 Gefangene erschossen, und zwar in Gruppen von 10 – schon dies allein als möglich anzunehmen, signalisiert, dass es hier gar nicht um die Ermittlung des wirklich Geschehenen geht. Mühelos haben die Richter auch der Geschichte Glauben geschenkt, Erdemović sei zu dieser Erschießung erpresst worden, und rechnen ihm diese angebliche Nötigung als strafmildernden Umstand an. Als einfacher Soldat, zu dem er degradiert worden wäre, musste also der Sergeant Erdemović dem Befehl eines einfachen Soldaten namens Brano Gojković gehorchen. Ausdrücklich bescheinigen die Richter eine zufrieden stellende Kohärenz der Geschichte des Dražen Erdemović in all ihren Varianten. Genauer besehen meinen sie damit nur seine Darstellung der Massenerschießung und lassen zugleich diese Darstellung durch keinen Einzigen der anderen sieben Täter bestätigen. Nichts darf die Glaubwürdigkeit dieser Geschichte antasten, mit der die internationalen Haftbefehle gegen Mladić und Karadžić begründet werden.

Liest man allerdings aufmerksam alle zugänglichen Dokumente zum Fall Erdemović, so tritt eine höchst widersprüchliche und unglaubwürdige Geschichte zutage. Nicht einmal das Datum des Massakers ist gesichert, denn in allen Unterlagen der jugoslawischen Justiz ist immer nur vom 20. Juli 1995 die Rede. Sowohl Erdemović als auch Kremenović nennen dieses Datum nicht nur bei ihrer Vernehmung in Novi Sad, sondern auch in den Interviews mit den Journalisten Vanessa Vasic-Jenekovic und Renaud Girard. Den Den Haager Ermittlern nennt Erdemović aber ein neues Datum, den 16. Juli 1995, und seine Erklärung dafür ist keineswegs überzeugend. Ob die anderen Täter dieses Datum bestätigen würden? Das will man nicht wissen. Der Zeuge Dragan Todorović berichtet außerdem von einem Einsatz am 15. Juli 1995, den Erdemović mit keinem Wort erwähnt und der allen seinen Aussagen widerspricht, die er über diesen Tagesverlauf macht. Im ersten Urteil stellen die Richter noch fest, dass kein einziges Dokument über den Dienstrang von Erdemović Aufschluss gibt. Am 25. August 2003 präsentiert aber der Ankläger Geoffrey Nice den Kontrakt von Erdemović mit der bosnisch-serbischen Armee (VRS), in dem sein Dienstrang eines Sergeanten vermeldet ist. Unbestätigt und widerspruchsvoll bleibt nur, was Erdemović über seine Degradierung erzählt. Soviel zu der Kohärenz, die Richter und Ankläger seiner Geschichte bescheinigen.

Daher sei schließlich eine kurze Gegengeschichte erlaubt. Der bosnische Kroate Dražen Erdemović zieht 1992 in den Bürgerkrieg. Den Einberufungsbefehl der Jugoslawischen Volksarmee (JNA) lehnt er ab und im Juli 1992 wählt er zunächst die bosnisch-muslimische Armee (ABiH), wo er in einer Mortiereinheit dient. Im Oktober 1992 setzt er sich von dieser Armee in die bosnisch-kroatische Armee (HVO) ab, wo er als Militärpolizist nicht mehr an der Front steht und ihm bessere Bedingungen angeboten werden. Als Militärpolizist hat er auch die Gelegenheit, einen guten Nebenverdienst zu betreiben, indem er serbische Zivilisten aus dem von Muslimen und Kroaten kontrollierten Teil in den serbischen Teil Bosniens schleust. Das werden ihm die Richter später auch als strafmildernden Umstand anerkennen. Er habe nämlich bei jeder Gelegenheit Menschen „geholfen". Leider wird er bei diesem „Menschenhandel" von seinen Vorgesetzten erwischt und kommt in Untersuchungshaft. Eine kurzfristige Entlassung benutzt er, um im November 1993 mit seiner serbischen Frau in die Republika Srpska zu fliehen, wo er sich nach einigem Umherirren der bosnisch-serbischen Armee (VRS) anbietet. Im April 1994 wird er einer kleinen Söldnereinheit zugeordnet, die in Bijeljina ein gewisser Zoran Manojlović eingerichtet hat. Zusammengesetzt aus Kroaten, Muslimen und einem Slowenen führt diese Einheit aus erfahrenen und ortskundigen Söldnern im Auftrag des Generalstabs der VRS Sabotageakte im feindlichen Hinterland aus. Was man dabei verdient hat, ist unklar. Unbestätigten Behauptungen zufolge wurde man per Einsatz bezahlt, wobei der Betrag zwischen 2.000 und 4.000 DM variieren konnte, abhängig von Dauer und Schwierigkeit des Einsatzes.[35] Mit dem Einzug mehrerer Serben wächst diese Sabotageeinheit im Okto-

---

[35] Die einzige Quelle dazu bietet die Zeitschrift *Bosnia Report*, herausgegeben vom Londoner „Bosnian Institute". Im Heft September-November 2005 veröffentlicht diese Zeitschrift unter dem Titel „Mladić's monster finally talks" ein Gespräch mit einem anonymen Söldner, hinter dem man Zijad Žigić alias Živko Micić vermuten kann. Seine Darstellung ist allerdings mit großer Vorsicht zu genießen, denn in vielen Details ist sie evident unwahr.

ber 1994 zu der Zahlenstärke einer Kompanie an, und ihr Kommando übernimmt Leutnant Milorad Pelemiš. Am 1. Februar 1995 bekommen alle einen offiziellen Kontrakt mit der VRS. Aus dem Kontrakt des Dražen Erdemović ist ersichtlich, dass er den Dienstrang eines Sergeanten und die Funktion eines Vodniks, d.h. eines Gruppenkommandanten erhalten hat. Seine angebliche Degradierung ist nichts als eine Entlastungsgeschichte, mit der Erdemović später glaubhaft machen will, er habe bei der Erschießung der Gefangenen als rangloser Soldat im Notstand gehandelt.

Einige Tage nach der Einnahme von Srebrenica gibt es mehrere Massenerschießungen von muslimischen Gefangenen. Die Truppe, die am 16. Juli 1995 die Erschießung auf der Branjevo-Farm durchgeführt haben soll, besteht aus Söldnern, die sich für diesen Job freiwillig gemeldet haben. Die militärische Rangordnung ist aufgehoben, offiziell hat man sogar dienstfrei, und man erschießt die Gefangenen, weil man vermutlich dafür bezahlt wird. Von einem Notstand für den Sergeanten Dražen Erdemović unter dem angeblichen Kommando des ranglosen Soldaten Brano Gojković kann keine Rede sein. Dennoch habe Erdemović einen weiteren Erschießungsauftrag verweigert, der direkt von einem mysteriösen Oberstleutnant gekommen wäre. Erdemović hätte zu diesem höheren Offizier einfach „nein" gesagt, er wolle das nicht mehr, und habe sich hingesetzt. Der Oberstleutnant hätte ihn dann sitzen lassen, und die Erschießung der Gefangenen im Pilica-Kulturhaus anderen überlassen.

Einige Tage nach diesem Massaker kommt es zwischen einigen Söldnern in einer Nachtbar in Bijeljina zu einer Schießerei. Erdemović stellt sie als einen von Salapura und Pelemiš beauftragten Mordanschlag gegen seine Person dar, damit er nicht in Den Haag gegen sie aussage. Wahrscheinlicher ist, dass sich bei der Bezahlung des Massakers manche übergangen oder betrogen fühlten und dass man in der Hitze der Streiterei in besoffenem Zustand die Pistole gezogen hat. Die Gerüchte, es seien 12 Kilogramm Gold und große Geldsummen in Zusammenhang mit den Srebrenica-Morden verteilt worden, tauchen mehrmals in der Geschichte des Dražen Erdemović auf, wobei er behauptet, selbst nichts bekommen zu haben. Schwer verwundet und bedrängt, hat Erdemović irgendwann beschlossen, sich dem Jugoslawien-Tribunal als Zeuge anzubieten, nachdem er vom Zeugenschutzprogramm des Tribunals erfahren hat. Ob er tatsächlich bereits eine Zusage für strafrechtliche Immunität erhalten hat, wie Renaud Girard berichtet, wissen wir nicht. Er muss es ihm aber erzählt haben, denn warum sollte Renaud Girard sich dies aus dem Daumen gesogen haben. Die Praxis, Belastungszeugen strafrechtliche Immunität zu verleihen, gibt es beim Tribunal allemal. Damit hat auch Erdemović gerechnet. Dass ihm die Rechnung nicht ganz aufgegangen ist, hat einfach damit zu tun, dass er von der jugoslawischen Polizei festgenommen worden war und dass die jugoslawische Justiz ein Strafverfahren gegen ihn eingeleitet hatte, bevor er sich dem Tribunal hatte stellen können, um dort als einer der vielen anonymen und straffreien Belastungszeugen Verwendung zu finden. Daher musste man ihn anklagen und für 70 bis 100 gestandene Morde ganze dreieinhalb Jahre in einer norwegischen Zelle darben lassen.

SCHLUSSWORT

Wahrheitssuche und Wahrheitsfindung haben beim Jugoslawien-Tribunal nicht die höchste Priorität. Nicht im Fall von Dražen Erdemović. Wie soll man sich sonst erklären, dass seine Geschichte mit all ihren offensichtlichen Widersprüchen und Ungereimtheiten als zuverlässige Basis für ein unglaublich mildes Urteil akzeptiert worden ist, um sie dann als Beweisstück in mehreren anderen Verfahren des Tribunals zu verwenden? Es ist alles aber noch viel schlimmer. Bis auf den heutigen Tag scheint das Tribunal kein Interesse an den Mittätern von Dražen Erdemović zu haben, und allein schon diese Tatsache stellt in Frage, ob es seinen Auftrag ernst nimmt, wie er in Resolution 827 des UNO-Sicherheitsrats vom 25. Mai 1993 festgelegt ist: die strafrechtliche Verfolgung von schweren Verbrechen, die ab 1991 auf dem Territorium des vormaligen Jugoslawien begangen wurden. Die Begründung, mit der man z.B. die Auslieferung von Marko Boškić abgelehnt hat, kann man unmöglich ernst nehmen. Oder umgekehrt, man kann diese Ablehnung sehr ernst nehmen, und zwar als ein Indiz dafür, dass bei der Verfolgung von Kriegsverbrechen auf dem Gebiet des untergegangenen Jugoslawien das UN-Kriegsverbrechertribunal andere Prioritäten hat als diejenigen, die man der Resolution 827 entnehmen kann. Welche – darüber kann man nur spekulieren.

Bevor es ganz still um sie wurde, hat sich die ehemalige Chefanklägerin des Tribunals, Carla del Ponte, mehreren Medienberichten zufolge noch beklagt, die Verfolgung von Kriegsverbrechen in der modernen Welt sei im Grunde eine politische Angelegenheit. Viele Jahre hat aber Frau Del Ponte selbst als Chefanklägerin des Jugoslawien-Tribunals die politische Instrumentalisierung der internationalen Strafjustiz vorangetrieben. Schön, dies einmal auch von der Chefanklägerin selber zu vernehmen, obgleich sie dies offen auszusprechen erst wagte, als ihr Mandat abgelaufen war. Nur: ist sie denn nicht persönlich dafür verantwortlich gewesen, dass die Mittäter von Dražen Erdemović bis auf den heutigen Tag nicht einmal (öffentlich) verhört worden sind? Hatte das vielleicht auch mit politischen Auflagen und Interessen zu tun? Darüber verliert die als „Engel der Gerechtigkeit" und „Stimme der Opfer" gefeierte Chefanklägerin kein Wort. Auch nicht in ihrem umstrittenen Buch „Die Jagd"[36], mit dem sie sich um den Ruf einer unabhängigen Strafjuristin bemüht, die den Mächtigen dieser Welt tapfer die Stirn geboten haben will.

Sollte die Geschichte des Dražen Erdemović wahr sein – und das ist sie den Akten des Tribunals zufolge – so kann man sich schwer des Eindrucks erwehren, dass hier Personen in Schutz genommen werden, die im dringenden Verdacht stehen, am 16. Juli 1996 an dem Mord von 1200 Menschen beteiligt gewesen zu sein. Mit all ihren halben und ganzen Unwahrheiten und Unglaublichkeiten scheint die Geschichte des Dražen Erdemović die Wahrheit des Geschehens auf der Branjevo-Farm und seine Hintergründe eher zu verhüllen, anstatt sie aufzudecken. Und als wären Ankläger und Richter an dieser Verhüllung interessiert, sorgen sie, dass niemand außer Erdemović darüber aus erster Hand aussagt. Was es wohl zu verhüllen gilt, darf man sich dann nur noch hinzudenken. Die Gerüchte von Geld und geheim-

---

[36] Carla del Ponte: *La caccia. Io e i criminali di Guerra*, Milano 2008.

153

dienstlichen Machenschaften hinter den Srebrenica-Morden geben reichlich Stoff dazu.

Dass das Jugoslawien-Tribunal allen seinen Beteuerungen zum Trotz unter politischen Vorgaben arbeitet, dürfte jedem klar sein, der sich einigermaßen unbefangen in dessen Arbeitsweise vertieft hat. Die Entscheidungen, wer angeklagt werden soll und wer nicht, scheinen meist nicht strafrechtlich, sondern politisch motiviert zu sein, wie übrigens auch die Freisprüche. Für diese Erkenntnis benötigt man nicht die späten Bekenntnisse von Carla del Ponte und ihrer Sprecherin Florence Hartmann, und es erübrigt sich auch, hier die zahlreichen Belege dafür aufzuzählen. Dass sich professionelle Richter und Ankläger dafür hergeben, ist eine ebenso traurige Angelegenheit wie die Unempfindlichkeit unserer Öffentlichkeit für die Tatsache, dass in Den Haag hinter der Kulisse einer unabhängigen internationalen Strafjustiz politische Interessen im Spiel sind und als Rechtsprechung verkleidet werden.

Ob es sich bei der Nichtverfolgung der Mittäter von Dražen Erdemović nicht auch um eine politische Vorgabe handelt? Weigert sich das Tribunal, die anderen Angehörigen des Exekutionstrupps zu verfolgen, weil ihre Vernehmung die ohnehin unglaubwürdige Aussage des Srebrenica-Kronzeugen ruinieren würde oder weil es vermeiden will, dass dann auch politische und geheimdienstliche Machenschaften hinter den Srebrenica-Morden zutage treten? Einiges davon trat bereits unter dem Stichwort „French Connection" düster hervor, und zwar im von Slobodan Milošević geführten und vom vorsitzenden Richter Richard May behinderten Kreuzverhör des Kronzeugen Erdemović, bei dem sich dieser fleißig an nichts mehr erinnern konnte. Vielleicht bringen zukünftige Recherchen mehr Licht ins Dunkel. Die vorliegende beschränkt sich auf den Fall Erdemović – ein isolierter Einzelfall, ein Tropfen vielleicht, der aber, um eine bekannte Metapher Klopstocks zu bemühen, die Welt abbilden könnte. Die schöne neue Welt der neuen internationalen Strafjustiz, wie sie sich seit 1993 in der Gestalt des UNO-Strafgerichtshofs für das ehemalige Jugoslawien etabliert hat.

СК
КЕ

ЗАПИСНИК О ИСПИТИВАЊУ ОКРИВЉЕНОГ

Састављен дана __6.marta 1996.__ 199 ____ пред истражним судијом __Tomislavom Vojnovićem__
__Okružnog__ _____ суда у __NОvom SAdu__
кривичном поступку против ___okr.ERDENOVIĆ DRAŽEN___
Бог основане сумње да је извршио - ла * кривично дело из чл. __142.st.1.KZJ__ ....

ПРИСУТНИ СУ:

А

Истражни судиј..   Окривљени

Tomislav Vojnović   Erdenović Dražen
_____   _____

Записничар

Verica Bojić
_____

Испитивању окривљеног - не * присуствују
1) Јавни тужилац __zamenik OJI -Knežević Dušan__
2) Бранилац _____
3) Заступник оштећене радне организације _____

Започето у _____ ____ часова

1) Име и презиме __Erdenovi Dražen__
2) Надимак __"Džina"__
3) Име и презиме родитеља __Erdemović Viktor__
4) Девојачко презиме мајке * __Džinić ./ие__
5) Где је рођен - а * __SO Tuzla, selo Donja Dragunja__
6) Где живи __Bijeljina, Miloša Obilića br.144__
7) Дан, месец и година рођења __25.11.1971.godine__
8) Народност и држављанство __Hrvat , Srpska republika__
9) Занимање __bravar   bez posla__
10) Породичне прилике __oženjen, otac jednog mldb.deteta od 1,5 godine__
11) Да ли је писмен - а * __da__
12) Какве је школе завршио - ла * __zanat za bravara__
13) Да ли је, где и када служио војску, односно, да ли има чин резервног подофицира или војног службеника
__1990.godine u Beograd__
14) Да ли се води у војној евиденцији и у коме војном одсеку __U Bijeljini__
15) Да ли је одликован - а * __ne__
16) Каквог је имовног стања __nema__

00399964

* Непотребно прецртати

Erdenović Dražen (signature)

francuskim novinarem. I zaista, po dogovoru došli su ХХХХХ Dada i taj
francuski novinar. Ne znam mu ime, imam njegovu vizit kartu. Ispravljam
se utoliko što nije zvala Nataša već DАda. Kao što sam rekao taj francuski
novinar i Dada došli su u Bečej ne znam tačno koji je bio dan. Sastali
smo se u hotelu Fantast u Bečeju. Tu smo bili prisutni DАda, taj francuski
novinar, ja i Kremenović. Tom prilikom taj francuski novinar je rekao da
njegova agencija zna za masovne grobnice u Srebrenici i da će početi obelo-
danjivanje o tim grobnicama kada se otopi sneg. Tom prilikom taj francuski
novinar niti je snimao razgovor koji sam sa njim vodio niti je pravljen
neki zapisnik. Ja sam govorio srpski a Dada je prevodila. Taj razgovor
nije bio opširan, nisam ništa govorio o ovim streljanjima jer me za to nije
ni pitao. Ubrzo smo se rastali. Ja i Kremenović vratili smo se u njegovu
kuću u Bečej izmedju 23 i 24 časa. Odmah po dolasku kući ubrzo došli su
radnici MUPA Srbije iz žBečeja, a pre nego što su oni došli supruga Kreme-
novića je rekla da je Nataša par puta zvala i ostavila broj telefona na
koji treba da joj se javimo, pa joj je Kremenović na taj broj i nazzvao,
te mu je ona tada rekla da joj je na aerodromu nestala tašna sa video
kasetom i da treba da se obratimo Američkoj ambasadi, a da se ja negde
sklonim. Kao što sam rekao, posle toga ubrzo, stigli su radnici MUP-a
Srbije, te negde izmedju 23-24 časa, lišeni smo slobode ja i Kremenović,
te smo odvedeni dana 3.marta 1996.godine u zatvor u Novi Sad. Ustvari
inspektori su nas obojicu odveli na ispitivanje u Bečeju. Gde je posle
odveden Kremenović ja ne znam. Samnom je obavljen razgovor od strane
inspektora i u Bečeju a potom i u Novom Sadu. Zahtevali su od mene inspektori da im jednostavno sve ispričam. Ja sam im хх sve dobrovoljno
ispričao. Ispričao sam sve ono što i sada uvde u prisustvu branioca
koji mi je postavljen po službenoj dužnosti, zamenika OJT. Ja sam bio u
pritvoru u N.Sadu, prema meni se u pritvoru ponašalo krajnje korektno.
Nije bilo nikakvih prinuda, nikakvih pretnji, niti maltretiranja. Prema
meni nije primenjivana nikakva sila, niti je nešto iznudjeno. Čak šta više
mogu da kažem da su se prema meni i islednici ponašali krajnje korektno,
da su mi i obezbedjivali potrebne lekove. Jedino što sam od islednika ja
zahtevao to je bilo da me ne vrate natrag u Bijeljinu, što su oni i uslišili.
Sve to što sam danas ovde ispričao pred sudom ispričao sam i islednicima.
Sve je to istina, sve sam izneo. Zbog svega ovoga što sam počinio meni je
žao, ali tvrdim da nisam jedini. I da nisam svojevoljno to učinio. Sve sam
izvršavao po naredbi Peleniša i komandira koga mi je on postavljao.

    Pitanja nema, primedaba nema.

    Okrivljeni nahnadno izjavljuje: nemam nikakvih primedaba
na postupanje suda i postupajućeg sudije niti imam primedaba na postupanje
zamenika OJT u Novom Sadu, niti pak primedabas na postupanje moga branioca
koji mi je postavljen po službenoj dužnosti.

    Nemam više šta da izjavim.

    Zapisnik sam slušao prilikom diktiranja ne tražim da mi se
čita, te ga bez primedbe potpisujem kao svoju izjavu.

    Ukoliko protiv mene bude odredjen pritvor ja molim da se
o tome niko ne izveštava, jer je jednostavno nemoguće mislim na supругu i
roditelje izvestiti, ali jednostavno i ne tražim da se bilo ko o toj činje-
nici izveštava.

    Dovršeno u 22 časa.

ZAPISNIČAR: ISTRAŽNI SUDIJA: OKRIVLJENI:

                   Epgemoluti Lраксеои

                     00399972

156

No: KRI-163/96

RECORD OF INTERVIEW WITH THE ACCUSED

Compiled on 6 March 1996, before the Investigating Judge Tomislav VOJNOVIĆ of the District Court in Novi Sad, in the criminal case against the accused Dražen ERDENOVIĆ /as printed/ charged with a criminal offence recognised in Article 142 paragraph 1 of the Penal Code of Yugoslavia

IN THE PRESENCE OF:

Investigating Judge: Tomislav VOJNOVIĆ   Accused: Dražen ERDENOVIĆ
                                                                                    /as printed/
Clerk: Verica BOJIĆ

INTERVIEW WITH THE ACCUSED ATTENDED BY:

1) Deputy Public Prosecutor: Dušan KNEŽEVIĆ
Defence Counsel:

Commenced at: hrs.

1) Name and Surname: Dražen ERDENOVIĆ /as printed/
2) Nickname: DŽINA
3) Name and Surname of Parents: Viktor ERDEMOVIĆ /as printed/
4) Mother's Maiden Name: Ana DŽINIĆ
5) Place of Birth: Tuzla municipality, Donja Dragunja village
6) Resident of: Bijeljina, Miloša Obilića no. 144
7) Date of Birth: 25 November 1971
8) Nationality and citizenship: Croat, Serbian Republic
9) Occupation: Unemployed locksmith
10) Marital status: Married, the father of a year-and-a-half old child;
11) Literate: Yes
12) Education: Locksmith's training
13) Service in the army and rank: 1990 in Belgrade
14) Registered in the Military Register and where: Bijeljina
15) Decorations awarded: None
16) Property: None
17) Has he ever been sentenced, when and why: No
18) Has he served the pronounced sentence: -
19) Have other proceedings been initiated
    against him for another criminal offence: No

00404585

The accused was advised, pursuant to Article 218, paragraph 2 of the Law on Criminal Proceedings, that he is not obliged to say anything in his defence nor answer any questions. After this, as regards the case, he stated the following:

After having been informed of the content of the criminal charge issued by the Ministry of the Interior - State Security Centre in Novi Sad, number 2028, dated 6 March 1996, and of the fact that I am not obliged to say anything in my defence or answer any questions, and that, pursuant to Article 70 of the Law on Criminal Procedure, I have to have a defence attorney at the first interview, I wish to say that I am prepared to make a statement, but I have no means to pay for a defence attorney. Therefore I wish to have a defence attorney assigned to me.

It is noted that the accused Dražen ERDENOVIĆ /as printed/ was assigned a defence attorney, Mr. Jovan BABIĆ, an attorney from Novi Sad, who is present at my /as printed/ interview.

After having consulted with my defence attorney, whom I accept as such, I wish to say that I am prepared to make a statement.

I state the following:

I was born on 25 November 1971 in the village of Donja Dragunja, in Tuzla municipality. My last place of residence was in Bijeljina. I am a Croat by nationality. I am married and have a child who is one year and four months old. I am an unemployed locksmith. I finished a vocational school. I did my military service in Belgrade, in 1990. At present, I am registered with the Military Department in Bijeljina. I have no property whatsoever. I have never been sentenced before and no other criminal proceedings have been initiated against me. When I was in third grade of elementary school, I had jaundice. In this war, in 1995, I was wounded in the stomach and in the lungs. I do not drink nor take drugs.

I joined the Yugoslav People's Army on 19 December 1990, at the M. Tito Barracks in Belgrade, where I was assigned to the military police. Until July 1991, I underwent training, and then I was transferred to the Vukovar theatre of operations where I stayed until the liberation of Vukovar on 18 November 1991. After the liberation of Vukovar, I went home to Tuzla for a while on leave. On 15 December 1991, I returned to the barracks in Belgrade, and since I had finished my military service, I was assigned as a reservist to the % July /as printed/ Barracks in Belgrade. Two days after arriving in Vukovar, I was assigned to the military police in the Security Command in Petrovci village. Later, I went to Marinci village to secure the forward command post. At the end of March 1992, I went home to Tuzla where I stayed until 3 November 1993. During my stay in Tuzla, Muslim police, mostly from an extremist party, came around and persecuted me for being a Croat and, in their opinion, having taken the Chetnik side in Vukovar. In May 1992, I received call-up papers to join the Muslim army. Since I did not want to, I hid at relatives' and friends'. Sometime in December 1992, the HVO /Croatian Defence Council/ in Tuzla was set up. I was registered as an HVO military policeman, although I was not one, since I helped Serbs to escape. In October 1993, at Majevica, I attempted to take 76 Serbian civilians across /the lines/. I was captured by the HVO. The civilians were not

00404586

led across /the lines/. They were returned home and the men were taken to a remand prison.

When I was captured, I was taken to the HVO command and interrogated. I had to make statements. The Muslims were in charge and they asked the HVO to deliver me to the Muslim prison. Muslim abuse became frequent. They threatened to kill my family unless I told them how many civilians I had led across /the lines/. They beat and abused me. After 20 days in a Muslim prison, the head of the HVO military police whose name was Niko JURIĆ, an acquaintance of my father, made a request that I be returned to the HVO prison. The Muslims complied with this request. At my request and the request of my wife, Niko JURIĆ gave me five days to go home over a week end. So I went home for a week end. I used this opportunity to flee to the Republika Srpska. The military command and the Republika Srpska soldiers accepted me as a good person. However, after seven days, abuse started because I was a Croat. They threatened to kill me /the rest of the sentence is unclear, but could read: *it all originated from paramilitary units/*. My friend Zoran NIŠANDŽIĆ, helped me go to his mother in Titov Vrbas in Vojvodina, where I stayed from December 1993 until mid-February 1994. I had no money. Through my wife, I got in touch with her uncle, Nenad OGNJENOVIĆ, in Foča. I saved him, too. We arranged for me to go to Foča, to Nenad OGNJENOVIĆ. In Foča, I went to see the person who was in charge of Foča security. There were only Serbs there. I spoke with someone called Zoran whose surname I do not know. He advised me to go someplace where there were Muslims and Croats as he could not guarantee my safety in Foča. He suggested I go to Bijeljina. Since my wife was pregnant, I agreed to go. After seven days spent in Foča, I went to Bijeljina.

I went to the husband of one of my wife's relatives, Miodrag ARSENOVIĆ in the village of Balatun. This is where I heard about a special unit made up of Croats from Tuzla who had managed to escape the Muslim terror. Such Croats had also helped Serbs. I went to Bijeljina with two friends I met in town, Zoran PAVLOVIĆ and Marko MRKONJIĆ. I told them everything that had happened to me. Zoran PAVLOVIĆ and Marko MRKONJIĆ told me they would have a word with the man who was setting up the unit. At that time, I told them my wife was pregnant. The unit was being set up by Zoran MANOJLOVIĆ. Zoran PAVLOVIĆ and Marko MRKONJIĆ told me to stay with them for a few days until they heard from the man who was setting up the unit. Zoran MANOJLOVIĆ decided to take me into the unit. He did it on the recommendation of Zoran PAVLOVIĆ and Marko MRKONJIĆ. I was accepted into the Sabotage Unit where I remained in training until 30 April 1994.

The first action in which I took part was on 30 April 1994. We planted explosives in a Muslim factory in Tuzla where grenades were produced. Eight of us took part in this successful action and we all returned alive. Zoran MANOJLOVIĆ then made good his promise to help me financially so that I could bring my wife from Foča to Bijeljina. Ten days later, I brought my wife from Foča to Bijeljina and put her up with my friend Ljubo TEOFILOVIĆ. I returned for training for the next action which took place in July 1994. Together with Anto ŠIMIĆ and someone called Vladimir, a/k/a Ciga, whose surname I cannot remember, I destroyed an enemy mortar unit, i.e. enemy mortars. This action was also successful and all three of us returned alive. In September 1994, another action was to take place. We were trained in the field for fifteen days. Our task was to destroy the Zenica-Krivaja Corps bridge, i.e. the bridge over the river Krivaja between the Zenica and Tuzla Corps. We could not carry out this task. We returned without having completed the task. On 1 October 1994, I went home again to provide for my wife who was soon to give birth. Zoran

00404587

MANOJLOVIĆ approved this leave. When I returned, a change had taken place in the unit. Zoran MANOJLOVIĆ had been replaced by Lieutenant Milorad PELENIŠ. In a way, he was now responsible for helping me with housing, which he did. On 18 October 1994, he found housing for my wife and me in Bijeljina.

Since PELENIŠ was the new man who had replaced Zoran MANOJLOVIĆ in the unit, it was logical for the unit to rest until the new man made changes. I know that advertisements were published and people from the Republika Srpska reported to the unit, but it was difficult to set it up because it needed 60-70 men. On 1 February 1995, I signed a professional military contract and started training. I was given the rank of sergeant and appointed commander of the 1st Sabotage Group. I signed the contract with the Serbian army. On 7 March 1995, together with Franc KOS, Srećko KALINIĆ and Darko SALAMIĆ, I was given the assignment to kill the 2nd Muslim Brigade intelligence officers. That is, only the intelligence officer of the 2nd Muslim Brigade who knew all the actions in the Majevica region. As a commander, I was given information about the man, about his movements. We set off to carry out the assignment. We stayed near Tuzla, in the village of Breška where the command of the intelligence service was. We stayed there for two days, followed his vehicle and monitored the general situation and found out that it was impossible to carry out the action. The incidence and the number of civilians in that area were much higher than I had been told. The action was unsuccessful and we returned to Bijeljina without having completed it. I am certain that had we gone on with the action, we would not have returned alive. As commander, I submitted a report and said that we had been given false information about the stretch of the road. We were told there were no civilians on that stretch of the road but we found out there were many. I reported that the action had not been carried out. However, I submitted my report to the new man, PELENIŠ. Zoran MANOJLOVIĆ immediately said that our, that is, my report regarding the action was not true. That is when my conflicts with PELENIŠ started. He did not trust me anymore.

I forgot to say that in February 1995, the deputy commander was changed. The Deputy Commander of the 10th Sabotage Unit was Lieutenant Radoslav KREMENOVIĆ. As deputy commander of the 10th Sabotage Detachment, he was in charge of actions, while PELENIŠ was in charge of food and equipment supplies. That was an agreement between PELENIŠ and Deputy KREMENOVIĆ. The first action led by Radoslav KREMENOVIĆ was in April 1995. Deputy KREMENOVIĆ was involved, myself, Mlade MARINOVIĆ, Marko BOŠKIĆ, Zijad ŽIGIĆ who was a Muslim baptised as Živko MICIĆ. We went to Doboj where we were to capture two Muslim soldiers. In Doboj, we were joined by one of our soldiers, Ozren BOŽIĆ who had been on leave. We did not succeed in our attempt to capture the two Muslim soldiers. We were seen and fired at, but no one was hurt. The deputy commander and commander of the group KREMENOVIĆ, decided we should return to the unit which we did. I remained in the unit for some time.

In June 1995, the whole Sabotage Unit, about 60 of us, headed by PELENIŠ and KREMENOVIĆ entered Srebrenica. We entered Bratunac through the mine, and then through a 7 km long tunnel, we entered Srebrenica. When we entered Srebrenica, we actually put pressure on the Muslims by firing a certain number of rocket grenades at the buildings and frightening the population. That was PELENIŠ's order. I wish to add that in Srebrenica, I was no longer commander of the group because I was replaced after that unsuccessful action when KREMENOVIĆ arrived as deputy commander. We returned to Bijeljina. We remained in Bijeljina until we were called to carry out a new task, a new action. It was 14 July 1995 when we arrived in

00404588

Srebrenica. PELENIŠ led our group of 30. In the morning of 14 July 1995, since this Sabotage Unit was the best equipped, we were ordered to capture the town of Srebrenica. We went into the town of Srebrenica without any difficulty because only a few Muslims were left there who were not so well-armed. We entered Srebrenica without any real resistance. The women and the elderly surrendered without any resistance. The women and the elderly, who were Muslim, were directed to the football stadium in Srebrenica as ordered by PELENIŠ.

At that time, PELENIŠ personally ordered a soldier whose nickname was Maljić, to cut the throat of a 30-year old Muslim who was liable for military service. Maljić had to carry out PELENIŠ's order. That was that. Then, it was suspected that some Muslims had entered the tunnel to Bratunac and our sabotage group was asked to check and see whether there were any Muslims there. However, we refused. We stayed in Srebrenica for one night to guard the town. In the afternoon of the following day, we packed our things and returned to our base no. II in Vlasenica. I was in a vehicle which broke down, so that both vehicles were late in reaching the base in Vlasenica. We arrived at about 0030 hours. In the base in Vlasenica, we heard that Commander PELENIŠ had overturned in the APC on his way back, that he was slightly injured, that Dragan KOLJIVRAT, a soldier, had been killed in the accident, and that Mladen FILIPOVIĆ, a soldier, was seriously injured. On 17 July 1995, in the morning when I got up, we were told that six of us would attend Dragan KOLJIVRAT's funeral which was to take place in Trebinje. With two other colleagues and a driver, I was first to get foodstuffs for the late KOLJIVRAT's family. This is when I learned that PELENIŠ had ordered two soldiers to go to the Vlasenica prison, take out a Muslim called Mujo, who used to help us in surveillance in Srebrenica and kill him quietly, not with a rifle. These two colleagues had to do it. They were Zoran RAŠETA and a man nicknamed Kalaba whose name and surname I cannot remember. After this, the colleagues and I went to the morgue with a suit for KOLJIVRAT to be dressed in. After having delivered the suit, I returned to Vlasenica and was told in the base that at about 1400 hours that afternoon we would be setting off for Trebinje in a van as escorts, and that KOLJIVRAT would be transported in a refrigerated truck. We went to Trebinje where KOLJIVRAT was buried. We returned to Vlasenica on 19 July, at about 5 o'clock /as printed/. We were tired and went to bed.

In the morning of 20 July 1995, after we got up, PELENIŠ ordered a new assignment in the military police in Zvornik, that is, we were to report to the Military Police in Zvornik. The commander of the group was Brano GOJKOVIĆ who knew whom we had to report to and what the assignment was about. In addition to Brane GOJKOVIĆ who was the commander, other members of the group were Aleksandar CVETKOVIĆ, the driver, Marko BOŠKIĆ, Zoran GORONJA, Stanko SAVANOVIĆ, Vlastimir GOLIJAN, Franc KOS and myself. In Zvornik, Brano GOJKOVIĆ, the commander of the group, and Aleksandar CVETKOVIĆ, left the vehicle and went into the offices of the military police where they remained for a while. They came out with a lieutenant colonel and two military policemen whose names I do not know. The lieutenant colonel told us to follow him in our vehicle. We set off from Zvornik to Bijeljina. The drive took about 20 minutes. We arrived at a farm, before a place called Pilice. We left the vehicle and the lieutenant colonel whose name I do not know, told us that the first bus of captured Muslims would arrive within 15 to 20 minutes. Zoran GORONJA, Franc KOS and I, we immediately realised what was going to happen. The lieutenant colonel left as soon as he had told us about the arrival of the first bus of captured Muslims. Soon after his departure, maybe ten or fifteen minutes later, the first bus arrived with about 60 or 70 Muslims. They were all men between 17 and 60 years of age, mostly civilians. Only one wore army trousers. When the bus with the Muslims arrived, Brano GOJKOVIĆ, commander of the group, arranged the rest of us so we were about five paces from each other. There were two armed military policemen in the bus with the Muslims. These two policemen led the Muslims out in groups of ten. The policemen directed the men to Brane GOJKOVIĆ who led them to the meadow. In the meadow, the Muslims stood with their backs to us and at Brano GOJKOVIĆ's command, for he was the one who ordered the Muslims be shot in the head and the back /sentence as printed/. We carried out this command in such a way that the rest of us from the group fired our automatic weapons into the Muslims and killed them. If any of the Muslims showed signs of life, Stanko SAVANOVIĆ finished them off with his 7.62 mm pistol. I have to add that certain individuals from our Sabotage group swore and insulted the Muslims and beat them. I did not. There were cases when individuals fired at the men's legs.

So, groups of ten Muslims were led out of the bus and killed until all of them in the bus had been killed. A second bus soon arrived and the same was repeated. I have to add that certain individuals in our group consumed alcohol. The second group in the bus was killed in the same manner. I do not know how, but someone in the group came up with the idea that the killing should be done with an M-74 machine gun. Killing with automatic rifles was slow and it would be faster with a machine gun. That is what happened. A machine gun was fired. However, it only wounded and did not kill. In our group, eight of us started quarrelling over that and the machine gun was dropped as a means for shooting the Muslims. The killing continued with automatic rifles, except that Stanko SAVANOVIĆ with his pistol, as I mentioned before, finished off those showing signs of life. More buses kept coming and the procedure was the same for all individuals - Muslims who were brought on the buses. This lasted from 1015 until 1600 hours.

I wish to stress the case of a Muslim in one of the buses. He told us he had saved several Serbs who had then gone to the FRY /Federal Republic of Yugoslavia/. He showed us their telephone numbers. I took this Muslim aside, had a chat with him and gave him a cigarette. He told me what had happened in Srebrenica and asked me how I could do what I was doing, referring to the killing. I told him I HAD to do it. Vlastimir GOLIJAN came over to us and led the Muslim away saying he did not want a witness to this crime. That Muslim was also shot.

Before this group of Muslims was shot, near the end, a group of about ten Republika Srpska soldiers from Bratunac arrived and they continued the shooting. That unit was also shooting in order to help us in a way. A total of 15 to 20 buses carrying Muslims arrived. I cannot say precisely how many were shot then, but I would estimate there were about 1,200 Muslims. After we had finished shooting, the lieutenant colonel from Zvornik, whose name I do not know, came again. He told us that a group of 500 Muslims were imprisoned in the Cultural Centre in the village of Pilice. These Muslims were about to break out of the Centre's premises and he ordered us to go there and kill them. We refused to do it.

I really cannot say precisely how many Muslims I personally killed, but the number could range from 80 to 100.I did not count because I felt sick. All the Muslims killed were left in the meadow and I do not know where they were buried.

Since our sabotage group which committed these killings refused to go to Pilice and kill another 500 Muslims who had been detained, I know that the group from Bratunac did this. That same lieutenant colonel whose name I do not know, ordered us to go to a cafe in the centre of Pilice. While we were still on the meadow

00404590

where the killing took place, we could hear shots from the village of Pilice. This happened while we were still on the farm. As we entered Pilice in order to go to that cafe, we saw those Muslims dead on the street. We sat in the cafe for about 30 minutes and the lieutenant colonel ordered a drink for me. Later, the whole group got into the vehicles and returned to Vlasenica. We spent about two hours in Vlasenica and in the morning we were allowed to go home to Bijeljina. I stayed home for five days. Then I returned to Vlasenica.

On 22 July 1995, in the evening, Deputy Commander KREMENOVIĆ returned from an assignment with his group. We met in town and I asked whether all of them were alive. He told me they were and that they did not want to carry out the assignment. I do not know exactly what the assignment was, but I know there was talk that they should destroy a dam. Later, we went to a discotheque in Bijeljina and drank. We stayed there until 2400 hours and then moved to a night club in Bijeljina. I do not know why, but in the night club, a quarrel started between Stanko SAVENOVIĆ /as printed/ and Živko MICIĆ. I really do not know the reason for the quarrel. At one point, MICIĆ put down his pistol and told SAVANOVIĆ they should have a fist fight. He even pushed Stanko, but Stanko took out his pistol and fired at Živko MICIĆ, at me and at KREMENOVIĆ. He wounded all three of us. MICIĆ and KREMENOVIĆ were wounded in the arm, while I received three shots in the stomach and lungs. I was in a serious state and was transported to the hospital in Bijeljina. MICIĆ and KREMENOVIĆ were not even hospitalised. I was operated on in Bijeljina, but the operation was not successful. With KREMENOVIĆ's help, on 23 July 1995, I was transferred to the VMA /Military Medical Hospital/ in Belgrade where I was treated until 6 September 1995. While I was hospitalised at the VMA, only KREMENOVIĆ came to see me, and once they brought my wife and child for a visit.

I left the hospital on 26 September 1995 and went home to Bijeljina. I had no money to buy medicines and I asked Commander PELENIŠ to help me. He told me the unit had no money. I needed 120 DM for one round of medicines. To put it simply, PELENIŠ refused to help me financially. I decided to ask Zoran MANOJLOVIĆ for help, for 100 DM to buy medicines. He gave me the money. Time went by and I needed a new supply of medicines. I applied to Commander PELENIŠ who refused my request for financial assistance and who told me to ask MANOJLOVIĆ. He told me to bring receipts and then I would get the money. I brought the receipts, but he did not give me any financial help. I got the impression that some individuals in the unit were sorry I had survived.

With my wife and child I lived in Bijeljina where I was abused and threatened. The Serbs, Velimir POPOVIĆ and Vitomir KNEŽEVIĆ were the ones who threatened me the most. They kept saying I was an Ustasha who moved freely around Bijeljina. Before the New Year, I received my military salary for September, an amount of 280 dinars. After the New Year, a man whose name was Slaven joined the unit. He was a karate expert from Vojvodina. Actually, he was from Tuzla, but had been in Vojvodina. PELENIŠ brought him to the unit. Slaven came to my home and threatened me and my family. I realised the situation was becoming worse for me. I realised how serious the threats were since KOVAČEVIĆ and POPOVIĆ, as I mentioned, were saying that an Ustasha was strolling around Bijeljina. I decided to move my wife to Tuzla, to her parents and mine. My parents lived in Donja Draginja and hers in the village of Bukinje. My wife is a Serb. Just then, my mother and hers came to see us and I used the opportunity to send my wife and child with them. After their departure, I decided to flee to the FRY. I was afraid they would kill me if I stayed, especially after they found out that I had sent my wife and child away.

00404591

After having decided to flee to the FRY, I telephoned the Deputy/Commander/ Radoslav KREMENOVIĆ who was in Bečej. I was scheduled for another operation on 21 February 1996. Actually, that was to be an examination before the operation. KREMENOVIĆ agreed to my coming to Bečej, where I went on 16 February 1996. I stayed there until 19 February when I went to the VMA for the examination. They did not keep me in hospital because I needed to collect my medical papers from the hospital in Bijeljina. I returned to KREMENOVIĆ in Bečej. From Bečej, I telephoned my aunt, Slobodanka OGNJENOVIĆ in Bijeljina. She is my wife's aunt. I asked whether there had been comments regarding my departure and whether they were looking for me in Bijeljina. She told me that they were looking for me, that they had threatened to kill me, my child and my wife and that they had threatened to kill her children unless she told them where I was. /They said/ they would find me. She told me that Velimir POPOVIĆ and Vitomir KOVAČEVIĆ and Slaven had been looking for me. They had threatened me when I was still in Bijeljina. My wife's aunt told me that PELENIŠ had ordered that. At the time I spoke to my wife's aunt, she told me I should go abroad if I wanted to stay alive.

As I said, my examination at the VMA was postponed until 12 March. After returning to KREMENOVIĆ in Bečej, I asked him to find a foreign journalist who would help me leave Yugoslavia. He helped me and found two journalists, two sisters who were staying at the Intercontinental Hotel in Belgrade. One was called Duda and the other Dada. He got in touch with them. They exchanged telephone numbers and agreed to get in touch later. I really do not know how much later it was that Dada phoned KREMENOVIĆ and said she would be coming to Novi Sad and we were to meet at the Park Hotel. I was to give her an interview so that she would have it as proof when arranging the procedure for my leaving the country. She said it was a journalist whose name was Nataša and that it would be difficult /sentence as printed/. KREMENOVIĆ and I went to Novi Sad and met with Dada and Nataša, the journalist, in the Park hotel. As far as I remember, she said she was a journalist for some American news agency - ABS. I told her about everything that was done in Srebrenica. I told her about the killings which I spoke about today. When she asked me whether I was aware that I would be held responsible if her agency published this, I told her I was prepared to appear before the Tribunal in The Hague and answer any charges, if that would keep me alive. The journalist recorded everything on a video tape.

I did this because neither KREMENOVIĆ nor I had any more money to buy my medicines. Dada had even bought 500 dinars worth of medicines for me which she brought with her. As I said, this whole interview with Nataša, the journalist, in the presence of KREMENOVIĆ and Dada, took place in a room of the Park Hotel, where the interview was recorded on video tape. After the interview, KREMENOVIĆ and I returned to Bečej, Dada and Nataša to Belgrade. During the interview in the Park Hotel, I asked Nataša to arrange an operation for me somewhere abroad which she promised to do. Two days later, Nataša, the journalist, phoned KREMENOVIĆ and told him she would be coming to Bečej with a French journalist to meet with KREMENOVIĆ and me.

They came as agreed, Dada and the French journalist. I do not know his name, but I have his card. I wish to make a correction: it was not Nataša who called, but Dada. As I said, the French journalist and Dada came to Bečej, I do not know what day it was. We met in the *Fantast* Hotel in Bečej: Dada, the French journalist, KREMENOVIĆ and I. The French journalist said his agency knew about the mass graves in Srebrenica and that they would start reporting this information as soon as the

00404592

snow melted. The French journalist did not record the interview with me, nor was any report made. I spoke Serbian and Dada interpreted. It was not a detailed interview. I did not mention the killings because he did not ask me. We parted after a short time.

KREMENOVIĆ and I returned to his house in Bečej between 2300 and 2400 hours.

The employees from the MUP /Ministry of the Interior/ of Serbia from Bečej arrived soon after our return home. Before their arrival, KREMENOVIĆ's wife told us that Nataša had phoned several times and had left a phone number which we were to call. KREMENOVIĆ called her and she told him that her bag with the video tape in it had disappeared at the airport, that we were to contact the American Embassy and I was to hide somewhere. As I said, the employees from the MUP of Serbia arrived soon after and KREMENOVIĆ and I were arrested between 2300 and 2400 hours and on 3 March 1996 we were taken to the Novi Sad prison. Actually, the inspectors took both of us to Bečej for questioning. I do not know where KREMENOVIĆ was taken later. The inspectors talked with me in Bečej and in Novi Sad. The inspectors asked me to tell them everything. I told them everything of my own free will. I told them everything just as I have now told you in the presence of my officially appointed defence counsel and the Deputy Public Prosecutor.

I was detained in Novi Sad and was treated decently. There was no force used, no threats, no abuse. No force was used against me, nor was anything forced from me. Quite the contrary, I can say that the investigators were very decent to me and supplied me with the necessary medicines. The only thing I requested from the inspectors was not to be sent back to Bijeljina. They complied with this request. I told the investigators everything I have told the court now. Everything I have said is true. I am sorry for everything I have done, but I can say I was not the only one. And I did not do it of my own accord. I did everything as ordered by PELENIŠ and the commanders he appointed.

There are no questions and no comments.

The accused stated in addition: "I have no complaints regarding the court procedure or the judge, or the Deputy Public Prosecutor in Novi Sad, and no complaints against my officially appointed defence attorney."

"I have nothing more to say."

I listened to the report while it was being dictated and it does not have to be read back to me. I will sign it as mine without objection."

"If I should be detained, I wish no one to be notified of my detention. It is impossible to notify my wife and parents. In short, no one needs to be notified."

Completed at 2200 hours.

Clerk:	Investigating judge:	Accused:
/signed/	/signed/	/signed/

00404593

Bratunac who had been sent to kill them. (discussion here between Erdemović & Babić). And I saw the people who had been killed, the bodies. After about half an hour we went back to base in Vlasenica and we were told that our platoon from Bijeljina was being returned to Bijeljina and that we could go to our homes, for a holiday, that we were on leave. Then we went to Bijeljina. Do you want me to go on with the story.

JRR   Yes sure.

00861009

A   Back in Bijeljina I heard stories people were saying how many people they had killed, a soldier who was close to our Commander told me that the Commander had promised for these killings some gold from Srebrenica but I don't know what came of that and this is something I didn't see this is just something I heard. On the evening of the 22nd of July a man from our unit shot me in a cafe in Bijeljina. He fired fired at me fi.. three bullets. I don't understand why it nobody has explained why he said it was he said it had been an accident, I really don't know why it happened. I had very serious wounds. The operation in Bijeljina having been unsuccessful I was transferred to the military hospital in Belgrade. I was again operated on in Belgrade but I was in a serious condition because my wounds had been very grave. I was discharged from hospital on the 6th of September 95. I went home to where my wife and my child, a small a small son were living. Ever since I've I have been I started being maltreated by people from my unit they wouldn't help me buy medicaments, they even threatened to liquidate me because I was a Croat. So that I had to borrow money for medication from people who were not family and whom I had never even helped in anything. After that, after I was threatened I sent my wife with the child to her parents in Tuzla and I asked Kremenović to help me get out of the country and with his help I got in touch with the journalist who interviewed me and said that I wanted to come to and testify come to The Hague and testify before the International Tribunal. I was interviewed by a journalist I think of ABC, her name is Vanessa, and after a while I was arrested with along with Kremenović in Yugoslavia.

JRR   Do you want to make a break before we restart the process?

A   Yes.

JRR   Okay we are going to shut the video and give you a rest.

PN   Okay, the time is 11:51 and we are going to take a break.

- Return -

PN   Okay it's 12:58 and we are resuming the interview with Mr. Erdemović with the same people that were in attendance this morning here for the afternoon.

JRR   Now we are going to review the series of events as described, entering more deeply in some of the aspects.

TRANSCRIPT OF INTERVIEW BETWEEN OTP AND DRAŽEN
ERDEMOVIĆ, 24 APRIL 1996 AT SCHEVENINGEN.

00861021

JRR   When you returned to Vlasenica did you hear people making comments about the military operation of Srebrenica?

A   We arrived early in the morning and we were very tired from the journey so we went straight to sleep.

JRR   And in the evening with the people you met, did some of them make comments about their activity during the last days, did you inform yourself about the events of the last days?

A   There was only general talk, nothing, nobody said anything specific about what had been happening these days, so at that point I really didn't know what had happened while I was in Trebinje.

JRR   So you spent in fact a normal day in Vlasenica without learning anything about the events of the previous days?

A   I was really tired and I slept until something like 5:00 p.m.

JRR   All the platoon of your unit was present in Vlasenica that day?

A   Yes.

PN   And was all of the unit present?

A   Yes.

PN   Does that include your commander Pelemiš and the deputy commander Kremenović?

A   Pelemiš was there but Kremenović wasn't. Kremenović hadn't been to Srebrenica at all.

JRR   Do you know where he was during this period?

A   I don't know, I'm just a soldier, how could I know where he was, all I know is that he was with other people from our unit on another kind of detail. This kind of information in our unit was strictly confidential. You didn't know anything until you actually got to the spot where the operation was to be carried out.

PN   (addressed to JRR) I think it's time to change the tape.

JRR   Yes.

PN   Okay, it's thirteen forty eight 13:48 and we are going to have a brief break whilst we change the tape, and put a new one in.

Interview - Erdemović - II Tape B

- 19 -

A   It belonged to our unit, military.

JRR   So in total you were how many people?

A   Eight.

00861027

JRR   Did you have your weapons with you in the van?

A   Yes.

JRR   What kind of weapons did you have inside the van?

A   I had a Kalashnikov, some had Kalashnikovs and pistols and there was also an 84 machine-gun.

JRR   What amount of ammunition did you take in the van that day?

A   I don't know exactly, I can't say exactly.

JRR   Was somebody inside this team specifically in charge of bringing ammunition?

A   No. The ammunition was in the van with us and nobody was specifically in charge of it.

JRR   The presence of the machine-gun and of ammunition is a normal dotation, I mean how do you call it, a normal allowance?

PN   Yes, issue, normal issue.

JRR   I mean, a normal issue when this vehicle moves?

A   Our own platoon because we were engaged in diversions [T.N.: sabotage] did not use it, the one in Bijeljina; but the one in Vlasenica did because they were engaged in combat activities so it really depended on the kind of detail.

JRR   You don't have the knowledge of any kind of specific preparation for this mission of that day?

A   No.

JRR   So after the departure of the Lt. Col. the command was taken by Brano Gojković?

A   Yes. That's right.

JRR   Do you know the names of other members of this eight-members team?

A   Franc Kos, Zoran Goronja, Stanko Savanović, Marko Boškić, Vlastimir Golijan.

- 25 -

JRR   Only one is missing. Never mind, you might recall later.   00861028

JRR   Brano Gojković, wasn't he normally under the orders of Franc Kos?

A   No, Brano Gojković was from the Vlasenica platoon. I don't know why he
      was appointed commander on that occasion. And who appointed him and
      why.

JRR   All the other members of this team were usually under the command of Franc
      Kos?

A   Only myself, Zoran, Stanko and Marko were under Franc Kos's orders.

JRR   Dražen, Marko and Stanko ...

ID   And Zoran. Have you got the last one, that is Aleksandar Cvetković?

PN   Aleksandar is the first name?

JRR   The first name.

PN   So which ones were under Kos's orders?

JRR   Under Kos's orders Zoran ..

ID   Zoran, Stanko, Marko and Dražen.

A.   And the others were from Vlasenica.

JRR   So the Lt. Col. spoke only to Brano, or did he speak also to Franc Kos?

A   Only Brano.

JRR   So once the depart once the Lt. Col. is gone, Brano gives you the instructions
      to the team. How did he express the orders for the day?

A   I don't know what exactly he said, but when the first bus arrived, he just
      deployed us in a firing squad and the people were brought ten by ten [T.N.:
      add "accompanied by two policemen. Brano and Golijan would come with
      them."] and we had to shoot at them.

JRR   You told us this morning that Brano gave a few details, that you would wait
      for civilians who had surrendered in Srebrenica. How did he explain this to
      you?

A   Yes, in these very words, this is what we were all told.

JRR   He didn't give you any additional details on the reason why these people had
      to be killed?

- 26 -

00860413

DE: Da.
JRR /prevod/: Znate li imena ostalih iz grupe što su bili?
DE: Da, znam. Kos Franc, Goronja Zoran, Savanović Stanko, Boškić Marko, Golijan Vlastimir.
JB: Ovaj komandir? Gojković i još jedan?
DE: Brano...
JRR /prevod/: Jedan nam fali. Ništa, možda ćete se kasnije setiti.
JB: Stevanović Stanimir, je li?
DE: Stevanović Stanko... Marko Boškić, Zoran, Franc, ko je još bio? Eto, sad se ne mogu...
JRR /prevod/: Zar nije Brano Gojković obično, da li je njemu naređivao Franc Kos?
DE: Ne, Brano Gojković je bio iz Vlasenice, u vlaseničkom vodu. Ja ne znam zašto je on tada postavljen za komandira. I ko ga je postavio i zašto.
JRR /prevod/: A svi ostali su obično bili pod komandom Franca Kosa?
DE: Samo ja, Zoran i Stanko smo bili pod komandom, i Marko Boškić pod komandom Franca Kosa. Cvetković Aleksandar je još bio.
JB: Zoran, Marko i? Kako se zove ovaj posljednji? Cvetković Aleksandar?
DE: On nije bio pod našom komandom. On je bio u Vlasenici.
PN /prevod/: Ko je bio pod komandom Kosa?
JRR /prevod/: Zoran...
Đ: Zoran, Stanko, Marko i Dražen. Ostali su iz vlaseničkog voda.
JRR /prevod/: Da li je potpukovnik razgovarao samo sa Branom ili i sa Francom?
DE: Samo sa Branom.
JRR /prevod/: Znači, kad je otišao potpukovnik, Brano vam je davao instrukcije. Kako je on to formulisao? Kako je formulisao naređenja za taj dan?
DE: Ja ne znam kako je isformulisao, ali naredio nam je, kad je došao prvi autobus, rekao nam je da stanemo u stroj, dva policajca su iz autobusa upućivala po deset ljudi. Brano je, još i Golijan dolazili s njima. Mi smo pucali u ljude.
JRR /prevod/: Rekli ste nam jutros da vam je Brano dao neke detalje, da vam je rekao da čekate civile koji su se predali u Srebrenici, kako vam je to objasnio?
DE: Pa tako, eto, tim riječima. Svima nam je to rekao.
JRR /prevod/: Da li vam je išta rekao o tome zašto te ljude treba ubiti?
DE: Ne.
JRR /prevod/: Koliko ste dugo čekali prvi autobus?
DE: Ne znam sad, ne znam tačno, nisam imao sat. Ne mogu reći, možda 20 minuta možda pola sata, ne znam.
JRR /prevod/: Kada je stigao prvi autobus, gde se parkirao, gde se zaustavio?
DE: Ovdje, na livadu.
JRR /prevod/: Gde je streljački odred stajao?
DE: Iza ove garaže, dole. Tu. Sad ne znam... da li je to ista slika?
JRR /prevod/: Jeste. To je iza garaže.
DE: Tu negdje smo mi bili. Tu. Sad su tu ljudi dolazili.
JRR /prevod/: Jeste li vi bili okrenuti leđima garaži?
DE: Da.
JRR /prevod/: Znači, leđima ste bili okrenuti garaži.
PN /prevod/: Ovo je garaža, je li možete da nam nacrtate gde ste, kako ste bili postrojeni?
DE: Iza garaže dole je to bilo. Evo ovako smo bili postrojeni, okrenuti leđima ovako.

DE: Unfortunately no. Not the single surname....

JRR: The last point. We have to return at the date of 12 July 95, when you left the area of Srebrenica, there was the accident of the APC in which a soldier was killed.

DE: Yes.

JRR: Were you present in the vicinity of the accident, did you see what happened or were you told after the event what had happened.

DE: No I arrived several hours later, they told me that APC had turned over.

JRR: Do you know who was inside the vehicle ?

DE: The Commander of our unit and two soldiers, one died and the other one went to the hospital.

JRR: When you say the Commander, to who do you refer to precisely ?

DE: Miloslav PELEMIS, the Commander of our unit.

JRR: Do you know if PELEMIS has been wounded during the accident?

DE: A little bit in his head.

JRR: Did you see him after the accident?

DE: Yes.

JRR: How was he physically?

DE: He had a wound, he had some plaster on his head.

JRR: He was already healed ? I mean, somebody already took care of him ?

DE: I came later, we were late because our vehicle was broken down and we were late about seven hours.

JRR: But when you arrived in Vlasenica you saw PELEMIS and PELEMIS seemed to be O.K

DE: He just had the bandage or plaster. I heard what happened.

JRR: After that you went to the funeral in Trebenje?

DE: Yes.

4

PM: If one side gets heavier than the rest, it could hurt you in front of the court. It is a balance.

E.: I know all of this. You know what kind of man I am. I signed the statement. They only could kill me. The only reason /way/ for them to prevent me to come to The Hague, was to execute me, and that's the kind of man I am. I'm a good man. I like to help people. I think I helped you a lot. If I see that somebody is, excuse my language, fucking around with me then I can be, you know - angry. And I can really feel that everything is all the same to me, it was the others who ruined my life. I hope you understand. I never wanted any of this to happen, I was forced to go into this. I was in the war. The man whose life I saved, as a witness will come here. I saved his life by the very fact that I was the commander of the group. I did what I could. If there was anything I could have done for the people in Srebrenica, I would have done it. When the UN soldiers were unable to do anything then how could I, as an individual, could have done anything to prevent that. Even they themselves were maltreated and their cars were searched and...

PM.: We understand the situation you were in we will try to...

E.: It is a war. Is it better that five or six of us blew up this warehouse than to kill a person?

PM.: OK. Let me just go through this and we don't care about blowing up warehouses.

E: I said this only as an example. That's nothing, the things that you mentioned, that is nothing compared to the fact that thousands of people were killed.

PM.: Or even shooting an intelligence, or even going after an...

E: Not killing - capturing.

PM: That is where I want to get to because that is important. Let me go through this. OK. "Zoran ....

PM: Zoran Manojlović then made good his promise to help me financially so that I could bring my wife from Foča to Bijeljina.

E.: That is what I told you. That my wife and I were separated while she was pregnant.

PM.: "Ten days later I brought my wife from Foča and Bijeljina put her up with my friend Ljubo Teofilović?"

E.: Correct. [6] I slept in the barracks and I did not have any other place to put my wife than at my friends.

PM.: Then this is true?

E.: Of course is true!

---

[6] "I did not get an apartment ", not interpreted.

QUELLENVERZEICHNIS

I. Gerichtsprotokolle auf der Internetseite des Internationalen Strafgerichtshofs für das ehemalige Jugoslawien: http://www.un.org/icty/

1. Erste Anhörung von Dražen Erdemović am 31. Mai 1996: http://www.un.org/icty/transe22/960531ID.htm

2. Dražen Erdemović als Zeuge der Anklage in der Anhörung gegen Radovan Karadžić und Ratko Mladić am 5. Juli 1996: http://www.un.org/icty/transe5&18/960705it.htm

3. Zweite Anhörung von Dražen Erdemović am 19. November 1996: http://www.un.org/icty/transe22/961119IT.htm

4. Fortsetzung der zweiten Anhörung am 20. November 1996: http://www.un.org/icty/transe22/961120ED.htm

5. Urteil in erster Instanz am 29. November 1996: http://www.un.org/icty/erdemovic/trialc/judgement/erd-tsj961129e.htm

6. Urteil in zweiter Instanz am 5. März 1998: http://www.un.org/icty/erdemovic/trialc/judgement/erd-tsojsha980 305e.htm

7. Dražen Erdemović als Zeuge der Anklage im Prozess gegen General Radislav Krstić am 22. Mai 2000: http://www.un.org/icty/transe33/000522it.htm

8. Dražen Erdemović als Zeuge der Anklage im Prozess gegen Slobodan Milošević am 25. August 2003:

    8a. In Englisch: http://www.un.org/icty/transe54/030825 ED.htm

    8b. In Serbokroatisch: http://www.hlc-rdc.org/uploads/editor/file/Transkripti/Milosevic/transkripti%20po%20danima/HT%20VII%20Milosevic%2039/39_07_Ponedeljak,%2025.%20avgust%202003.%20-%20Svedok%20Drazen%20Erdemovic.pdf

9. Dražen Erdemović als Zeuge der Anklage im Prozess gegen Vujadin Popović u.a. am 4. Mai 2007: http://www.un.org/icty/transe88/070504ED.htm

10. Fortsetzung der Aussage am 7. Mai 2007: http://www.un.org/icty/transe88/070507IT.htm

11. Oberst Peter Salapura als Zeuge der Verteidigung im Prozess gegen Vidoje Blagojević und Dragan Jokić am 8. Juli 2004: http://www.un.org/icty/transe60/040608IT.htm

12. Fortsetzung der Aussage am 9. Juli 2004: http://www.un.org/icty/transe60/040609ED.htm

13. Dragan Todorović als Zeuge der Anklage im Prozess gegen Vujadin Popović u.a. am 21. August 2007: http://www.un.org/icty/transe88/070821ED.htm

II. Weitere Dokumente in chronologischer Reihenfolge, aus denen zitiert wird:

06. 03. 1996

Interview with the accused before the Investigating Judge Tomislav Vojnović of the District Court in Novi Sad.

Записник о изпитивању окривљењог дана пред изтражном судијом Томиславом Војновићом Окружног суда у Новом Саду.

24. 04. 1996

Transcript of Interview between OTP and Dražen Erdemović at Scheveningen.

Transkript intevja između kancelarije tužioca i Dražena Erdemovića u Scheveningu.

25. 06. 1996

Transcript of Interview of Dražen Erdemović, Scheveningen Prison, The Hage.

Transkript intervjua sa Draženom Erdemovićem, Zatvor u Scheveningu, Den Haag.

6. 11. 1996

Transcript of Interview between OTP and Dražen Erdemović at Scheveningen.

Transkript intervjua između kancelarije tužioca i Dražena Erdemovića.

13. 12. 2002

INFORMATION REPORT

KURZER CHRONOLOGISCHER ÜBERBLICK

April 1994 – Der bosnische Kroate Dražen Erdemović (1971) nimmt Dienst in einer Spezialeinheit der Armee der bosnischen Serben, die als „10. Sabotageeinheit" dem Generalstab der bosnisch-serbischen Armee unterstellt gewesen sei.

16. Juli 1995 – Erdemović und sieben weitere Angehörige seiner Einheit erschießen auf einer Farm nördlich von Sarajevo angeblich 1200 muslimische Zivilisten.

3. März 1996 – Festnahme von Dražen Erdemović durch die jugoslawische Polizei in Novi Sad.

6. März 1966 – Vernehmung durch die jugoslawische Justiz, in deren Verlauf Erdemović sein erstes Geständnis ablegt.

30. März 1966 – Auslieferung durch die jugoslawische Justiz an das Jugoslawien-Tribunal in Den Haag.

31. Mai 1966 – Erste Anhörung im guilty-plea-Verfahren gegen Dražen Erdemović vor dem Haager Tribunal mit Verlesung der Anklage. Dražen Erdemović bekennt sich schuldig der „Verbrechen gegen die Menschlichkeit".

27. Juni 1996 – Aussetzung des weiteren Verfahrens aufgrund eines psychiatrischen Gutachtens. Dražen Erdemović wird bis auf Weiteres für vernehmungsunfähig erklärt.

5. Juli 1996 – Trotz Vernehmungsunfähigkeit tritt der Angeklagte Dražen Erdemović als Zeuge der Anklage im Verfahren gegen Radovan Karadžić und Ratko Mladić auf. Mit seiner Aussage begründet das Jugoslawien-Tribunal den internationalen Haftbefehl gegen die beiden.

19. und 20. November 1996 – Zweite Anhörung im guilty-plea-Verfahren gegen Dražen Erdemović.

29. November 1996 – Dražen Erdemović wird wegen „Verbrechen gegen die Menschlichkeit" zu 10 Jahren Haft verurteilt und legt Berufung ein.

5. März 1998 – Eine neue Strafkammer verurteilt Dražen zu 5
     Jahren Haft wegen „Verletzungen der Gesetze und
     Gebräuche der Kriegsführung".
22. Mai 2000 – Erdemović ist Zeuge der Anklage im Prozess
     gegen General Radovan Krstić.
25. August 2003 – Erdemović ist Zeuge der Anklage im Prozess
     gegen Slobodan Milošević.
4. Mai 2007 – Erdemović ist Zeuge der Anklage im Prozess
     gegen Vujadin Popović und andere hohe Offiziere
     der bosnisch-serbischen Armee.

DER AUTOR:

Der Journalist und Literaturwissenschaftler Germinal Civikov
wurde 1945 in Russe (Bulgarien) geboren und lebt seit 1975 in
Den Haag (Niederlande), von wo aus er jahrelang als Redakteur
der „Deutschen Welle" in Köln tätig war. Im „Promedia Verlag"
ist 2006 von ihm das Buch „Der Milošević-Prozess. Bericht eines Beobachters" erschienen.